构建的认同

政治合法性的"祛魅"分析

CONTRIVED APPROVALS

DISENCHANTMENT OF LEGITIMACY

赵 滕 / 著

社会科学文献出版社
SOCIAL SCIENCES ACADEMIC PRESS (CHINA)

一个人（可以假设是你自己）被邪恶科学家施行了手术，他的脑被从身体上切了下来，放进一个盛有维持脑存活营养液的缸中。脑的神经末梢连接在计算机上，这台计算机按照程序向脑传送信息，以使他保持一切完全正常的幻觉。对于他来说，似乎人、物体、天空还都存在，自身的运动、身体感觉都可以输入。这个脑还可以被输入或截取记忆（截取掉大脑手术的记忆，然后输入他可能经历的各种环境、日常生活）。他甚至可以被输入代码，"感觉"到他自己正在这里阅读一段有趣而荒唐的文字。

　　有关这个假想的最基本的问题是："你如何担保你自己不是在这种困境之中？"

　　　　　　　　　　——希拉里·普特南：《理性、真理与历史》

序　言

　　政治合法性问题一直是政治学的研究热点。传统理论认为合法性是一种"应然"的规范概念，却忽视了合法性内涵中个体性与公共性的平衡。这种平衡是动态的，换句话说，合法性的规范程度是相对的而非绝对的。随着人类社会的变迁，网络、全球化等现代性因素深刻地改变了人们的社会结构和生存方式。多样化的第三产业对传统产业结构的巨大冲击，使社会分工无限多样化，人们的集体化存在逐渐被解构了，以往阶级意义上的共同诉求已越来越难以达成。科学技术也进一步以锋利的话语解构了道德与传统，在现代化语境中将人性格式化为可以用产品排列组合出的"个性"。

　　虽然人的价值本质不会改变，"单向度的人"在现实中并没有诞生，但是能够规范评断的个体一旦脱离了集体性，就会变成没有依据的孤岛。脱离了集体生态、丧失了公共性的个体即使有规范评断的能力，也无法正常发挥这一能力。于是人们就在自己的空间成为"理性胡闹"的个体，在个体理性和集体无理性的漩涡中挣扎。每个人都是极其个性的，但整体看来则毫无生机。

　　在此种背景下，传统代议制民主无法对空前多样化的政治意见进行有效整合，社会层面产生了合法性的真空。西方国家为了弥补这种真空，不得不运用国家的能力对合法性进行构建。这种构建也极具科技时代的特征，那就是"无为而无不为"的控制。资本主义国家运用各种现代手段以非政治的面貌出现在每一个公民面前，将惩戒和绩效完美结合，越过人们正在丧失的集体性逐个收服个体的认同——这种认同只是选票数字的累加，并非共意的凝聚。

　　这就是构建认同的逻辑，是整体控制下极端个体性脑海中的规范乌托邦。

本书是笔者博士论文的主要部分。在初创阶段，来自各方的批评意见不绝于耳，故在博士论文中对这种逻辑并未做突出阐释。感谢恩师王浦劬先生，他的言传身教给了笔者勇气去把握了学术的真谛——那是一片布满了皲裂的暗夜画布，我摸索着它的纹理，在那薄弱处以笔锋用力砸去，无限星河的光明才映入眼帘。

赵 滕

2017 年 10 月 17 日于畅春园

目　录

摘　要

在经典理论中，政治合法性是一个规范分析的概念。它代表应然意义上的价值，是公民在规范的价值评断基础上表示出"我愿意""我认同"的政治忠诚。理想中的规范分析将政治合法性推上了理念的神坛，公共权力如果不能获得政治合法性，那么它就是"非法的"，是立不住脚的昙花一现。从理论上说，合法性的概念联结着公民和政治共同体，公民的个体性和公共性之间的张力就体现在合法性的规范评断之中。从长期看，有何种品质的公民和共同体，就有何种规范水平的政治合法性：合法性与公民和共同体的德性（价值）紧密相连。

随着人类社会的进步，"二战"后以新科技革命为代表的现代性在资本主义社会占据了绝对的霸权。在科学技术的解构下，传统断裂了，价值找不到现实的对应内容，日益丧失了往日的先验意义和终极评断意义。整个资本主义社会进一步物化了，工业化社会生产了"整体的话语压制"，并击败了"否定性的逻辑"，个人的主体性已然在现代性所打造的貌似"极大丰富"的牢笼中溘然长逝。这就是所谓的"合法化危机"。面对这种危机，思想家们提出了多种规范视角的"救世"方案，从马尔库塞的爱欲解放、弗洛姆的心理革命到哈贝马斯的交往合理性，众多思想家努力通过"意义"重构的方式沟通人性与物性，希望合法性能在科学的"异化"权威下继续求存。

然而事实与理论所预想的并不相同。个人的规范评断并没有像著作家们所担心的，被科学技术的浪潮"消灭"。从某种意义上说，人的存在本身就意味着规范性质的价值。但是，科学时代的社会发展的确改变了以往资本主义社会的公民形态。公民内在的个体性和公共性之间的平衡被打破了，正义、自由、民主等德性衰微了，联结公民个体性和公共性的政治合法性的规范程度大大降低。原子化的公民替代了群体化的公民，价值极度多元化和政治"反"社会化并存。公民的规范政治评断不再是国家精神意义上绝对的、终极的公共善，而是变成了原子化的、极端的、可计量交易的价值，即公民在各自生活的果壳中自说自话，以自由为冕而称王。科学革命影响下的人类社会为个体的自由提供了丰富的物质基础，公民的个体性由此走向了极端：他们的价值变得狭隘而偏激，他们的规范认同局限于个体、局部利益的实现。原子化公民极端个体性的孤独，造成了公共性的缺乏。与此同时，传统的代议制民主无法整合星河般散布的原子化公民的政治意见，社会整体层面出现了公共性和合法性的真空，由此就形成了人为构建、组织政治认同的必要性。资本主义国家在科技和信息的时代逐渐掌握了"无为而无不为"的统治手段，顺应了原子化公民社会的趋势，逐渐变成了具有超强适变性的"多面怪"，以不同的面孔应对不同的原子化公民，用工具性价值作为话语、用诱导性绩效作为工具来说服、引导公民的规范认同。从这个意义上说，晚期资本主义社会的政治合法性带有极大程度的人为构建性。这不仅仅是必然的，也是必要的，因为原子化公民的认同已经很难上升为社会层面的整体认同，政治合法性必须通过某种构建的途径才能在社会意义上存在，否则政治共同体就将面临分裂。在构建的认同中，公民们仍然在进行着规范的评断，只不过这种评断是在"礼崩乐坏"的原子化形态下进行的。如同尼采语境中挑战终极价值这一巨龙的雄狮，原子化公民"单枪匹马"地面对着科学时代的利维坦并"无意识地"被其诱导并说服。原子化的偏狭价值体现为由于缺乏公共性而一叶障目，其认同中不可避免地渗透了资本主义国家无所不在的社会控制。需要注意的是，在科学技术的武装下，这种控制是隐蔽的、难以发现的，大多以市场产品和公共服务的面貌出现，带有绩效性诱导的特点。新时代的"赏"和"罚"已经难以区分，控制和认同也已经水乳交融。从理论上说，之所以会出现这种构建的合法性，与公民和共同体的德性有关。晚期资本主义社会的伦理道德在解构浪潮下已然崩坏，价值变成了原子化公民头脑中的个人极端需要，成了世俗的、空洞的、可以被计量和交易的标准。有什么样的公民和共同体，就会有什么样的合法性，此言不虚。

总体说来，晚期资本主义国家已然在被解构的传统社会的尸骸上重新建构了自身的政治合法性。这种建构，不是从复兴个人的公共性和重塑价值的规范性途径出发的，而是"将计就计"地在现实意义上顺应科学技术发展潮流的"无为而无不为"的建构。既然分工让大众日益原子化，那就继续原子化的趋势，达到老子所说的"其政闷闷，其民淳淳"的境界，给公民绝对"个性"的自由，让他们在各自孤立的果壳里以"自由"为冕而称王；既然政治价值已然空洞化，那就按照统治意图把价值变成宣传和灌输的堂皇名义；除此之外，资本主义国家综合运用绩效和惩戒的手段，以正义、品质和效率等价值为名用科学技术生产的丰富产品来诱导（并惩戒）着大众，使以往明显的压制变成"非政治面貌的"难以察觉的结构化控制。从这个层面上说，在由工具性价值、诱导式绩效和隐蔽性惩戒共同营造的社会结构中，公民内在的规范性认同和社会外在的结构性控制水乳交融了。一方面，信息时代的自由主义发展到了极致，脱去"类存在"意义的公民追求着极端自由而"个性"的一己之私，他们按照无限细分的价值标准进行着狭隘的评断；另一方面，这种认同则是当局在社会整体控制的构建中，利用科技的力量提供丰富的产品，通过诱导和惩戒对原子化的公民的各个击破。原子化的公民表面自信实则软弱，脱离类存在的公民很容易被资本主义当局的绩效诱导说服或者收买。换句话说，在尊重公民的主体性前提下，晚期资本主义政治系统已经可以自发地、内源地生产出支撑自身合理性的规范认同了。需要指出的是，这种构建的认同仍然是规范形式下的公民同意。公民并不是"单向度的人"，而是在信息时代进行着自由评断的人。只不过这种同意不是公民整体意义上的政治价值评断，而是在被科学原子化的社会结构中，公民极端个体化的局部判断和认同。在一个有无数选项的世界中，公民们所进行的自信而独立的选择，其过程是自由的、规范的，但选择的方式是孤立的，选择的价值标准是狭隘的，而选项则是外部结构性控制下的产品。对此，他们尚一无所知或者有所知而无能为力。从这个意义上说，"合法化危机"在这种新型的公民生态中消失了，资本主义政治统治又恢复了某种表面上的"生命力"。如果说工业化社会把公民单向度化为无智能的"机器人"，那么信息化社会则把公民变成了现代化梦境中的"自由人"。公民是在进行着自由的评断，只不过评断的价值标准是极端自私的；极度自由化的公民已经在价值和现实两个层面放弃了公共性，成为"理性胡闹"（rational irrationality）的存在。资本主义国家乘虚而入，在科学构建的解构大戏中压上了最后一根稻草——诱导式绩效和隐蔽性惩戒。在绩效和惩戒的水乳交融中，资本主义国家成功收服了成千上万的原子化公民；无数独立而自由的明亮恒星被逐个吸收，他们最终围绕在社会结构化控制的黑洞周围，无意识地向构建的合法性献上了规范的同意。在这样的统治逻辑中，构建的合法性即晚期资本主义的"洞穴之喻"；本书则是基于这种现实存在的建构逻辑，对政治合法性的规范概念进行的理论解构，是关于政治合法性问题的"祛魅"分析。

导　论

第一节　构建的认同——现当代的"洞穴之喻"

合法性（legitimacy），又被译为合理性、正当性、正统性等，是一个被广泛运用的概念。从含义上看，合法性首先是指被统治者对统治者的规范服从。究其文字起源，合法性源于拉丁语 legitimare，即"秉受天命，承继大统"之意，其最初含义是指国王具有一种正当的即位身份。如中国古代的"天命所归"概念，每当改朝换代的时候，人们就引用种种"祥瑞"或者"理论依据"来证明新皇帝的合法性。从这种最初的意义上来看，合法性一词从诞生之日起，就具备了一种"统治理由"的应然性内涵。也就是说，政治统治者凭什么统治，被统治者为什么服从，就是合法性问题的核心。可见，"合法性即是对统治权利的承认"①，它关注的是一种统治者的统治权利与被统治者的服从义务之间的关系。在理想的规范状态下，汇集并总结服从的理由，是政治权力的应然生命力。所有的政治权力都必须依赖社会大众对自身在同意基础上的服从，否则这种政治权力必将昙花一现。从"祛魅"的意义上说，公共权力本身还意味着要达成社会的现实服从，因为权力就是"一种有意努力的产物"②，这种产物"意味着在一种社会关系里哪怕是遇到反对也能贯彻自己意志的任何机会，不管这种机会是建立在什么基础上"③。如果不能贯彻自身的意志，不能达成某种程度上的服从，那么公共权力就是没有意义的傀儡。所以，权力本身就意味着服从，没有服从，就没有权力。可以说，权力与服从是相伴而生的，公共权力自身要存在就必须通过一种方式，建立社会对自身的服从，这是合法性

---

① 〔法〕让·夸克：《合法性与政治》，中央编译出版社，2002，第12页。

② 〔英〕罗素：《权力论》，东方出版社，1988，第23页。

③ 〔德〕马克斯·韦伯：《经济与社会》（上册），商务印书馆，2006，第81页。

问题另一面的"实然"意义。

近代话语中的政治合法性是从反封建的斗争中生成的。其代表的价值导向，是反抗君主自身的构造权威。事实上，构建的合法性（权威）并不是一个多么新颖的概念。传统社会中就普遍存在君权为自身人为构建的合法性。不够文明的政治权力，哪怕是最为专制的君主，也需要建设自身权力在规范意义上的合法性。如卢梭所说，"即使是最强者也决不会强得足以永远做主人，除非他把自己的强力转化为权利，把服从转化为义务"。①武则天即位之初，对于各地敬献上来的各种几近荒唐的"祥瑞"物品一概笑纳；袁世凯窃国称帝时也用了同样的把戏，上演了一出出"天命降临"的闹剧；英王查理一世傲慢地叫嚣"国王只对上帝负责"，法王路易十六也坚持"君权神授"的政治话语，认为自己"受命于天，既寿永昌"；即便是法国大革命的"旗手"拿破仑，在加冕典礼上仍然凭着从教皇手中夺下皇冠，自己戴在自己头上，来彰显自己的实力。面对封建君主们的自我标榜和虚幻的合法性构建，西方资产阶级在反抗君主专制的斗争中进一步解读了合法性的概念。为了反抗君主自封的合法性，资产阶级将政治合法性的规范内涵绝对化了，即指在特定价值观念指导下进行独立判断的公民发自内心的服从，这种服从是一种社会精神的整体汇聚，体现为个体上升为共同体，公民个体即是国家的超验意义。在"应然服从"的政治理念下，资产阶级领导社会大众进行了长期的斗争，最终取得了胜利。

综上所述，政治合法性从一开始主要是指规范意义（normativism）下"应然"的价值内涵，构建的"实然"内涵虽然存在但屈居次要地位。在资本主义时代，政治合法性的规范意义被推上了神坛。从启蒙思想的理论上看，政治合法性强调服从一个公共权力的合理依据，是"我应当""我愿意"的"心服"。公民服从某个公共权力，乃是因为认同甚至信仰某种终极的价值，这种价值可以概括一个社会的本质灵魂。可以说，这种意义上的服从，是基于公民认同基础上整个共同体统一的政治忠诚。规范的合法性体现了个人精神向共同体精神的汇聚，对公民个体意见的尊重汇集为社会整体的共同意志。在这个意志中，每一个人都是共同体，共同体也代表每一个人。个体的尊严和社会的尊严是同一价值的两个方面，它们相辅相成，不可分割。在这样的规范合法性中，个体利益和群体利益是统一

---

① 〔法〕卢梭：《社会契约论》，商务印书馆，2008，第9页。

的，人民的意愿可以毫无阻碍地汇集成社会、国家和民族层面的绝对精神。

严格地说，这种见解只是描述了理论上的理想情况。政治合法性联结公民和政治共同体，而公民和共同体的德性水平与政治合法性的规范性成正比。作为政治共同体的基本单位，公民内在的个体性和公共性之间的联结与共同体的政治合法性血脉相连。公民与政治共同体的德性、价值直接影响着政治合法性的规范性。历史上不乏规范程度高的"王政"时代，也不乏规范程度低的"暴政"时代，正同亚里士多德所分析的"常态政体"和"变态政体"一样，政治合法性的规范程度与公民与共同体的德性密切相关。没有绝对规范的政治合法性；如果公民和政治共同体的政治价值"礼崩乐坏"，那为了保持共同体的整体存在，政治合法性中就不可避免地会掺入构建的因素。换句话说，政治合法性的规范性并不是恒久不变的，它随着政治价值的整体化统合能力的强弱而变化：当政治价值能够在社会层面整合公民的政治意见时，合法性的规范性程度较高。反之，如果公民的个体性被过分强调，其公共性在社会整体层面被忽视时，那么合法性就缺乏规范的途径将公民的意见汇集成为共同体意义上的同意。此时，就必须利用外界的力量来干预、建构这种社会整体意义上的认同，否则共同体就会面临分裂的风险。

晚期资本主义社会就是这样，在政治价值被严重解构和稀释的解构主义盛行的时代，科学技术大行其道，社会大众日益原子化，理想中绝对规范的政治合法性已经消逝。尤其是"二战"后，随着人类社会的飞速发展，公民的个体性在与公共性的角力中占据了绝对的上风，极度自由的个体在使政治意见和政治价值极端原子化的过程中令公共空间的公共权威产生了真空，而原有的意见汇集机制面对极度分裂的公民意见分布又显得无能为力。在"欺骗"的意义上，相对的政治合法性——构建的合法性产生了。理想状态中公民独立政治价值判断下对公共权力的授权变成了经验意义（empiricism）上人为建构下大众的"自愿"① 认同。这种合法性是科学时代的必然产物，科学技术以网络、信息技术、城市化等现代性物质因素作为武器，以不容置疑的权威抹平了政治价值的经济基础和社会基础的差

---

① 形式上是自愿的，但是大众没有意识到潜在的控制，也缺乏足够的价值标准来衡量服从是否符合自身的真实需要——作者按。

距，使政治价值于社会层面被碎片化了。在这个背景下，终极意义的政治价值日益苍白和消逝。政治价值在公民的头脑中缺乏现实存在的经济社会基础，正义、权利、自由等人性关怀被科学的快捷、功利等物性计算所掏空，已经变成了空洞的、碎片化的话语外壳。与此同时，科学技术时代下爆炸发展的社会分工、极大丰富的商品经济、全球化的总趋势等将公民进一步原子化，公民们以往集体意义上的联合也在极大程度上被打碎了，几乎每一个公民都被置于庞大社会角落里的某个美好而极度个性的孤岛上了。在这种环境中，公民日益变成极端独立而又孤立的个体，他们自信而又自私地进行着激进的政治评断。资本主义国家顺应了这种潮流，它改变了以往的压制做法，转而运用科学技术的手段从社会、经济、符号和话语等方面进行渗透，以"非政治化"的面貌通过社会整体结构进行调节和控制。粗看起来，这种整体的控制仿佛是"非政治的"，与原子化公民的个人自由并行不悖，符合自由主义"守夜人"政府的要求。但是仔细分析起来，这种整体的控制无处不渗透着统治的动机和结构性构建，无论是工具性价值的灌输、诱导性的绩效满足，还是隐蔽性的"温和"惩戒，资本主义国家的统治在科学技术的时代达到了千年前老子所说的"无为而无不为"的境界。从哲学上说，政治价值必然是超验的形而上理念，因为它们所衡量的是社会整体的统治合法性。如果没有超越的形而上特征，那么政治价值也就不再是衡量政治合法性的标准了。孔子有言："为政以德，譬如北辰，居其所而众星共之"，政治价值必须具备最高的终极意义才能在政治过程中扮演整体评断的最终标准，否则政治共同体的统治必将因缺乏统一的价值评判而变得碎裂，继而陷入合法性理据的冲突。在晚期资本主义社会，科学斥一切先验性为妄断，它用量化的模式改造了政治价值，使正义、自由、民主等终极规范变成可以衡量的计算标准。在现实生活中，传统政治价值的社会经济基础已经支离破碎，自然经济、市民社会已经被无所不在的原子化社会代替，传统政治价值的人性内涵已经被科学的物性替代，资本主义国家可以能动地、精确地解释价值的内涵并通过强大的科学技术等工具对公民进行"无意识地"说服。也就是说，空壳化的政治价值已经成为政治统治的名义工具。公民不屑于对政治合法性进行整体意义和终极意义上的评断，他们的评断标准极大程度上变成了物化形式下的利益交换。从这个意义上说，超验的价值被工具性价值取代了，工具性价值作为物化逻辑支配下的政治价值躯壳，是构建合法性的主观指令。自由、民主和正义不再是崇高的理念女神，而是变成了"任人打扮的小姑娘"，她们走下了神坛，变成了政治统治的话语说服工具；进一步而言，在科学彻底地对政治价值进行了"祛魅"，政治价值的终极意义已经消失的条件下，物性计算的内容已然充斥了政治价值。在这样的逻辑下，公民就变成了精心计算的功利者。他们不再像传统中的公民那样坚持正义、自由、民主等价值的绝对内涵；值得用生命来捍卫的终极意义的评判标准消失了，取而代之的是精密计算的、可以取舍的、能够衡量的数字。柏拉图的城邦四美德从超验的世界降低到人间，被世俗化为具体的经济利益和社会利益。税收政策、外汇政策、社区建设、女权主义、环保主义、种族主义等与公民相关但并不具有根本意义的碎片化议题取代了终极的价值。在胡适与鲁迅之争的现代版本中，"问题"战胜了"主义"，只要资本主义国家能够为公民增进这些旁枝末节的碎片化利益，公民就会提供他们规范的同意。公民与其说是在进行规范的独立评断，不如说是在用自己的认同来与当局交换利益。资本主义国家顺应了这种"交易"的趋势，用自身的绩效性满足来诱导公民的同意，即利用强大的科学技术工具不断制造和满足大众新的需要，然后进一步令大众依赖这种需要（当然，这些需要不一定都是真实的需要）。当大众对现代化的公共设施、服务和市场产品产生了根深蒂固的依赖而不能自拔时，资本主义当局就成功建立了对大众的统治。这就是由科学技术驱动的价值空虚化趋势下诱导式绩效的逻辑。除了工具性价值和诱导式绩效外，资本主义国家也没有放弃暴力这一最后保障。只不过在科学技术的帮助下，暴力压制变得越来越隐蔽，甚至不为大众所知了。从经济生活到社会生活，资本主义国家发展出了全面控制意义下的无形强制。无处不在的摄像头对公民行动的捕捉、网络热词点击的统计分析等先进的技术武装着这种强制。晚期资本主义社会的政治控制已经从有形发展到无形，从"线上"发展到"线下"，从客观存在发展到主观的整体意义上的结构性存在。事实上，当这种强制与绩效性满足结合起来，我们已经很难分辨一种设施到底是强制还是绩效了。无所不在的摄像头是对抗刑事犯罪的利器，同时也是监视公民的"天眼"；网络信息和移动设备的普及是为生活提供便利，但也无所不在地收集着个人的隐私。

需要注意的是，构建的认同仍然体现为一种规范的自愿同意。只不过这种同意是基于被碎片化的政治价值下公民的极端个人判断。而这种貌似独立的判断，实际上却是社会整体结构化安排引导下的实然结果。构建的认同，体现出极端对立的两极——原子化公民的个人评断和社会的结构性控制共生共存的奇怪现象。这种奇特景象并不令人惊讶，这是科学技术在信息化时代发展的必然结果。在科学推动的现代性发展过程中，公民摆脱了"单向度人格"的嫌疑，发展出了多向度的人格，这种多项度是空前丰富的。全球化的发展让世界变成了一个村落，各地的事物都可以在同一时刻被地球另一端的人们通过屏幕而了解；远隔重洋的货物交易在鼠标的轻轻点击下就已经完成；一部手机的零件来自世界各地，远隔万水千山，整个地球的资源在全球化的意义下被整体调动了。在市场经济的深广延展中，人们可以享受的产品的数量和质量远远超过人类历史上的任何时代。随着信息技术的发展，互联网所承载的爆炸式增长的信息将人们全面包围，手执一部智能手机即可以随时随地了解发生在千里之外的新闻。在信息时代的技术发展下，公民的自由得到了强大物质工具的辅佐，变得更加有实现的潜力。应该说，在信息化的时代，公民的主体性在技术层面得到了强调。公民的政治评断在理论上应该获得更大程度的发展，规范的政治合法性应该在更深广的范围中得到实现。然而不容乐观的是，信息化时代的自由人并不是传统意义上的自由人。如果说工业化社会下的公民是"单向度的人"，那么信息化社会下的公民则是果壳中的自由人。全球化的发展虽然给公民以无限丰富的物质选择，但这种物质选择是"五色令人目盲，五音令人耳聋，五味令人口爽，驰骋畋猎，令人心发狂，难得之货，令人行妨"（《道德经》）意义上的物化和局限化逻辑。物化发展的市场令公民俗化了，丰富的产品将个人局限到自己的角落。政治价值变得狭隘而且可以交换，公民的认同变得可以收买。终极评断意义上的政治价值变成了计算意义上的功利工具。从这个意义上说，公民仍然在进行着规范的评断，只不过这种评断已经不再依照超验意义上的终极评判标准，而只是局部个体利益的极端化。卡普兰所谓的"理性的胡闹"（rational irrationality）是真实存在的，"零成本使理性的胡闹成为一个在政治上意义深远的概念"①，只要没有成本，公民就可以任意投票而胡闹。但是卡普兰只知其一不知其二，他没有从公民内在的私域和公域的关联入手分析问题，更没有发现 rational irrationality 中的理性（rational）和非理性

---

① 〔美〕布莱恩·卡普兰：《理性选民的神话》，上海人民出版社，2010，第159页。

（irrationality）是对立统一于个体性与公共性之中的。在个体性层面，理性占据着绝对的上风；而在公共性层面，非理性则占据了上风。也就是说，原子化公民在私人领域是理性的，偏狭个体的个人利益神圣不可侵犯，他们的规范判断是不可回避和否认的；然而在公共领域，他们则任性而不负责任。只要满足了一己之私，他人和共同体都不再重要。从这个意义上说，原子化公民仍然从自身的狭隘视角进行着规范的评断，自由主义仍然生长在晚期资本主义社会中，只是这种自由主义被科学技术所提供的无限的"多向度"绝对化了。每个人的"个性"都毫无节制地标榜着各自的"善"，价值如同科学技术提供的无限精彩的物质世界一样，变得无穷无尽了。终极和整体意义上的价值已经不复存在，"关于自由主义者承诺的方式，其中没有压倒一切的善"①，价值的无尽碎片化与物化的逻辑是相辅相成的。既然政治价值已经不再是终极、整体意义上的绝对标准，那么它就是相对的标准，是可以衡量、计算和交易的局部尺度。在这个意义上，公民不仅变得可以"收买"，而且也丧失了"类"意义上的强大力量，他们被原子化了。此外，价值的碎片化与社会结构的原子化相辅相成，科学技术提供的繁若星河般的分工在现实层面将公民局限到特定的生活回路中。在这种回路中，他们独自地生活、工作、消费、娱乐，日复一日地重复着他们的自由逻辑，在各自的果壳里称王。极端自由主义的价值取向与这种客观生活状态将公民变成一个个孤立的价值谷壳，他们不仅在价值层面碎裂了，而且在现实层面也变得孤立起来。有趣的是，这种孤立还被大多数人自认为"个性"而大加称赞。不可否认的是，在无尽的物质生活的快乐中，个性的公民们也时常感受到"类"存在缺乏下的孤独，只是他们无法解释这种孤独，更无法改变这种孤独，只能在各自的星球上演奏着单调的自由。后现代艺术的众多思潮反映了这种大众心理，《等待戈多》等经典剧目反映了人类在科学技术时代极乐世界中的苦闷和彷徨。然而，大众的苦闷是短暂的，物化的享受逻辑很快占据了上风。每一个公民都个性自由而精明强干，是对合法性进行规范评断的主体，然而他们合起来却耳聋目盲，是无限灿烂的现代化星河中的一盘散沙。

原子化的公民在微观上是自由的，在宏观上却极度缺乏公共性。对个人自由的过度强调，必然催生出公共空间的权威真空。公民社会中个

① 〔美〕麦金太尔：《谁之正义？何种合理性？》，当代中国出版社，1996，第441页。

体性与公共性的内在平衡要求对公共性的回归，与原子化的自由伴生的是社会公共领域中秩序的缺失和客观上对秩序的强烈需要。然而在极度分裂的社会结构中，资本主义原有的代议制民主机制很难汇集公民的群体认同，星河般分散的公民意见分布使得政治意见的整合变得非常困难，资本主义国家必须依靠构建的合法性来弥补传统合法性提炼机制的不足。从这个意义上说，构建的认同是一种历史的必然。自信而孤立的公民给了资本主义国家以可乘之机。与极端自私的个人自由相同，结构化的社会控制也是晚期资本主义社会"异化"和"物化"的大趋势。分散的大众表面上独立精明，事实上则匮乏无比。不能自力更生的原子化公民需要外在的供给，无论是公共品还是商品，无论是物质世界还是精神世界。莫衷一是的大众们互相攻击（客观上而非主观上形成了对权威话语的需要），最后专家出现了，他成功地安抚了大家，建立了话语的合法性；现代化城市的五光十色令多数公民离不开整洁、华丽的公共设施，公园、交通、摩天大楼等宏伟建筑迅速有效地构建了绩效性的认同；极度个性的公民离不开众多物质和精神消费品的包装，市场、网络和全球化瞬间解决了这个问题。原子化的公民貌似不可战胜的任性和雄辩，在话语和绩效的整体力量面前显得不堪一击；资本主义国家从结构上通过给予这些产品换取了他们的认可。易言之，构建的认同就是在制造的环境中，在非主体终极政治需要的动机下，秉持着狭隘和空洞的政治价值的原子化大众对政治统治产生的规范性同意。构建的认同主要有几个因素：原子化的大众、狭隘的价值评断、绩效和惩戒下社会结构化的控制以及对控制的无意识，联结它们的是由科学技术代表的现代性。构建的认同的本质，是科学营造的"梦境"中的规范认可，是主观认同和客观控制之间的辩证统一。而被"理性"和科学技术格式化头脑后的社会大众只关注自身的狭隘利益，并不知道自身正处于梦境之中，也并无终极的价值标准来衡量合法性的正当与否，只能随心所欲却又无处不受限制地在自由的梦幻中孤立而自信地认同。这种规范性认同可以比喻为一群"木偶人"在他们认为应当"心悦诚服"的满足的情节中所进行的应然性服从，是在特定社会舞台上的现实表演，而表演者却不知自己在表演。就是说，在人为或非人为的绩效（或惩戒）的满足过程中，原子化的公民产生了心悦诚服，这种应然意义上的规范服从，表面上是极端个性的达成，实际上却不是源于他们内心真实的政治需要，而是源于外在的影响和话语灌输。一个梦游的孤独舞者，自觉内心公民主体性的"满足"，然而无论其舞姿多么美丽，也只不过是在梦中起舞。现当代文艺的很多母题反映了科学技术全能化和个体价值原子化趋势下政治合法性的整体性构建。电影《黑客帝国》中的人类"个性"而幸福地生活在他们认同的梦境中，然而在真实世界，他们不过是被机器统治者禁锢并榨取的生物电池；电视剧《西部世界》中将这个母题倒转过来，正在觉醒的机器人们以人类的面貌和逻辑"自认为人"地生活在虚幻的人造历史场景中，而在真实世界，他们不过是人类统治者的玩具。与此种逻辑相同，现当代的人类社会也产生了这种"不识庐山真面目，只缘身在此山中"的特殊合法性，这种合法性仍然体现为规范意义下的个人评断，只是这种规范认同是被掏空了价值的原子化服从，是"果壳之王"般应然服从的梦境想象。构建的认同，像一个被掏空了的政治主体的躯壳，体现出内在规范性和外在控制性之间的对立统一。一方面，主体的认同是无数原子化公民"我愿意""我应当"意义上的自我认知；另一方面，这种认同则是外在环境所施加的结构性诱导和控制的现实结果。从这个意义上说，政治合法性的自我认知已经变成当前的社会环境和话语现实的必然产物。用马尔库塞"使不存在存在于我们之中"① 的话来类比，那就是"使原子的或然（认同）变成整体的必然（认同）"，这就是构建的认同的内在矛盾。"文明的"资本主义社会以民主的规范理论为指针，通过形成"共意"而授予公共权力统治权利。如果公共权力出现不良行为，人民还可以对其进行弹劾和罢免。无疑这是一种"应然"意义上的合法性，是一种"我愿意"基础上"规范的"统治与服从的关系。但是，这种美好的图景其实不过是一种幻象。对社会大众来说，他们虽然被赋予了自由的名义，在个人层面是绝对自由的，但是孤军作战的他们却缺乏实现自由的能力。原子化的公民一方面极度自私而自信，不屑于整体意义上的政治价值和意义；另一方面实际上也没有能力去制定规则，更无法参与政治的游戏，大多数选民都能意识到手中的选票其实无关紧要。近几十年来西方国家的政治冷漠现象，如大选公民的投票率奇低（甚至长期低于40%）等就可以有力地证明这个观点。在资本主义国家，公民被"传唤为主体"② ，是宪法和法律下的国家的主人，而这种主人

① 参见〔美〕马尔库塞《单向度的人》，上海世纪出版集团，2008，第55页。
② 〔法〕阿尔都塞：《哲学与政治：阿尔都塞读本》，吉林人民出版社，2003，第361页。

的身份，不过是一种极狭隘意义上的真实。在现实生活中，虽然公民在个人生活中拥有绝对的自由和任性，但在群体性缺失的情况下，原子化公民在社会整体层面的无力转变为实然的服从状态才是这种主体性传唤的现代版意图。权利和义务是相辅相成的，如著名法谚所言："在民法慈母般的关怀下，公民即是国家"，因为公民有其义务（也就是服从），所以公民的权利才能由个体上升为社会，国家和个人才能融为一体。公民于是被这种雄辩所说服，用公共领域的顺从换取了个人领域的自由。然而个体的自由与公共领域的断裂并不会导向美满的结局，在公民权利的背后是统治阶级对社会大众的剥削。群众的财产再多，也不及资产阶级财富的一个零头，所以所谓的私有财产神圣不可侵犯，主要指的是保护资本家的财产（具体参见当代资本主义各国的基尼系数）；所谓的公民义务，主要是要求社会大众在政治层面的服从，而对于财大气粗的资本家们来说，则是金钱可以影响一切。有趣的是，这种剥削通过主体性的灌输，竟然在很多国家获得了公民内心的认同。与"主体"相关的自由、博爱等启蒙时代的资产阶级观念也是如此，统治阶级利用自由和博爱说服社会大众产生发自内心的服从，然而这一切却并不是为了社会大众服务的。在现实生活中，自由、博爱的客观表现，就是极端孤立的自由个体在强大国家的结构性控制下的自愿认同。从这个意义上说，构建的认同，是当代资本主义国家的基本政治矛盾。传统意义上的合法性的建构往往是具有反封建背景的话语体系，是资产阶级联合社会大众进行反封建革命斗争的指导纲领，故而呈现出上述"普适性关怀"的内容特点，其实质不过是掩盖资本主义社会的阶级剥削和压迫，唤起社会大众内心的规范性认可。从现代意义上说，造成这种外在强制之下的主观认同的手段更加多样。庄子曾有言："彼窃钩者诛，窃国者为诸侯"，当社会现实尚未吞噬人的类存在时，超验的政治价值还可以起到作用；而当人的类存在已然被社会完全解构，主体性已经在汪洋大海中化为原子形式的个性时，价值意义上的规范服从就会变成一个任人支配的空壳。你可以坐在观众席指出一个蹩脚导演的错误，但是当你已无意识地成为剧中的角色时，指出剧情本身的疏漏就变得几乎不可能了，因为剧情本身就是原子化公民共同"无意识地"创作的，其内在地支配着他的规范性服从。换句话说，当代社会的政治统治已经用科学整合了物质世界和精神世界，个人的意见已经在碎片化基础上被成功引导，政治系统自身就可以生产出足以证明统治正当性的合法依据了。社会大众在这台无所不包的大戏中各自扮演着微不足道的角色，在盲目的自由自信中快乐地服从了。如果说前现代社会中构建的同意还具有某种独立于社会体系之外的超验特征，主体还能依据某种超然的价值标准对认同与否进行衡量的话，那么在现代社会，科学技术的发展和分工的膨胀，已经将每一个社会个体从微观上原子化，将每一种价值从宏观上碎片化了。在前现代社会中，由于尚有较为深厚的传统、宗教等思想文化的遗产，主体尚能够结成类存在，从而在某种程度上抵抗构建的合法性，对政治活动的是非标准进行评断。现代社会则已经将传统、价值进行了彻底的解构，人们的头脑已经进一步被局限化了。琳琅满目的货架，充满了类型化情节的电视剧，拜金主义、颜值主义等五光十色的现代性产物已然将人们置于一个极度欢乐下的由个人自由编织的牢狱之中。日复一日的工作只是星河般宏大社会中的一粒尘埃，"在大众中没有任何同一性，其中每一个都已经分化了，而且是相互对立的利益"，[①] 人们再找不到多少"同类"意义上的阶级团体，而只能在封闭的循环中自信而潇洒地自由着。人们没有时间精力、更没有观念知识去思考终极的标准。意义、价值都已经被彻底遗忘，大众在社会编织的美丽的梦幻里快乐过活，按照盲目的、极端的自由和个性来思考与行动，表面上强大而无所约束，事实上却孤立而虚弱，最终为资本主义国家构建的社会化控制成功驯服，"心悦诚服"地向当局献出了政治认同。

总而言之，在晚期资本主义社会，构建的认同取代了规范的认同，公民的内在认同和社会的外在控制已经融为一体。在控制和认同水乳交融的逻辑中，诱导式的绩效和隐蔽的强制往往以工具性价值作为外壳和名义，用崇高的理由掩盖自身的控制动机。在这个层面，恩惠的施与本身就是一种惩戒能力（即剥夺这种恩惠）的建立。反过来，惩戒在绩效满足背后隐藏得越来越深，成为一种功能意义上的社会结构化控制。美国随处可见的摄像头表面上是以"正义"为名打击日益失控的犯罪活动，但事实上这些摄像头恰恰是打探公民隐私的利器；在维护公民的"自由""自卫权"的堂皇价值下，枪支的泛滥仿佛有其道理，但其事实上不过是统治阶级为军火商作嫁衣以开发出更强大的武器来控制国内和世界罢了；次贷危机的元凶——无节制的金融杠杆也是以"生活品质"的名义，强调"用明天的钱过今天的生活"，但事实上不过是金融资本通过推行信贷业务成为马克思

① 〔英〕拉克劳、墨菲：《领导权与社会主义的策略》，黑龙江人民出版社，2003，第68页。

所说的"全民的债权人"从而加强对民众之控制的障眼法而已；美国向全世界输出霸权的军事行动，一方面打着"民主""人权"的高尚旗号，另一方面却是作战室里将军们和商人们的交易——"炸掉这座桥，之后我们美国工程公司去重建它"，"炸掉这座本土的化工厂，我们之后便可垄断该国的化工业"。为什么武装精确到牙齿、拥有以厘米计算分辨率的军事卫星和侦察机的美军却总是"误炸""误伤"地造成人道主义灾难呢？其实不过是贼喊捉贼，以图战后控制该国的戏法罢了。在这个意义上，资本主义国家市场经济越发达，提供的产品越多，公民整体意义上的政治价值评判就越少，物性的交易和诱惑掏空了价值，打碎了公民间阶层意义上的联结。空洞的价值名义裹挟着绩效诱导和隐蔽惩戒，最终欺骗了被分化的原子化大众，令他们心愿诚服地认同了。在这种整体结构性的控制下，原子化的公民像被挖空了的价值谷壳，他们分散而自信、偏狭而傲慢，事实上却没有独立话语和实质价值可依凭，在社会整体的灌输和控制中极端独立而又随波逐流地进行着同意。很大程度上，他们不再是真正的价值判断主体，而是被当局灌输了价值内容的躯壳。在内在的价值灌输和外在的诱导与控制的共同作用下，大众在无意识之中"自以为公民"地自愿认同了。这种构建的认同虽然的确涉及了公民生活中的一些具体问题，但从根本上则彻头彻尾地背离了他们的根本利益，是科学技术时代"异化"和"物化"的顶峰——自以为"主体"而进行着规范认同的木偶，他们找不到自身集体意义上的力量，而只能在自我编织的梦中狭隘地进行着政治评断。从社会的整体意义上说，原子化的自主认同变成了标准化生产的认同，零散的自发同意变成了规模化制造的同意，独立的价值判断变成了意义微末的极端任性，社会大众的政治忠诚变成了一种可以被操作的统治结果。晚期资本主义国家政治合法性的构建，就是当局对原子化公民进行结构化的"各个击破"的过程。换用比喻的说法，有百变面孔的利维坦挨门挨户地用公民们各自的极端利益和需要说服并收买着他们，从而在社会层面上收集而并非汇集认同。构建的合法性不再是政治共同体终极意义上的不可分割的政治同意，在科学技术主导的新时代，认同变成了可以计算、衡量和加总的数据。"每个公民都是国家"意义上的合法性正在式微，公民个性化同意的简单累计代替了公民共同精神的凝聚。超验价值的完整性、终极性被解构了，公民社会不再是规范化价值的统一概括，而是变成了极端同意的简单加总。在现实的资本主义社会，理想中规范的统治秩序已经成为科学技术时代的"洞穴之喻"①。

　　具体说来，构建的认同是规范认同的变态形式，如同亚里士多德对变态政体的分析一样，构建的认同也是从规范认同的三个基础——价值、绩效和惩戒的变态形式中产生的。关于政治合法性基础的传统学术观点主要有：道德与同意的观点、韦伯的三类型说（传统、个人魅力和法理）、帕森斯的四标准论（价值、责任、情景和惩罚）、卢曼的三因素说（传统、声誉和领导）、伊斯顿的三来源说（意识形态、结构和个人品质）、利普塞特的绩效性观点以及其他一些学者的观点。在这些基础的总结和分析之上，政治合法性可以理解为具备三个基础：价值基础、绩效基础和惩戒基础。价值基础是被统治者对信念的服从。这种基础是公共权力通过特定政治信仰与观念的说服和灌输，最终达成社会服从的合法性来源。具体说来，价值基础包括意识形态、法律和传统三个方面。绩效基础是被统治者对满足的服从。这种基础是公共权力通过各种形式满足社会大众的需要而获得的合法性来源，包括专业化技术、身份与资格、符号与象征。惩戒基础是被统治者对惩罚的服从。这种基础是公共权力通过对违抗政治权威的行为做出惩罚而获得的合法性来源，包括硬暴力与软暴力。

　　现代社会中，资本主义统治者在全社会范围对社会大众的精神世界和物质世界进行了整合，分别从价值、绩效和惩戒三个方面构建社会的认同。具体说来，第一是工具性价值。随着社会大众政治主体性的原子化，前现代社会中评判规范性服从的终极政治价值已经坍塌，科学内在的物性计算取代了政治价值内在的人性关注，使得政治价值只剩下一副碎片化的空壳。从这个意义上说，政治价值日益失去了目标意义上的评判作用，空洞的政治价值作为一种名义和符号，成为政治统治可以用以解释并说服大众的话语工具。第二是诱导式绩效。如果说前现代社会中政治主体依据政治价值的精神原则来满足社会大众从而赢得大众的规范认同是一种终极意义上的绩效，那么现代社会中的诱导式绩效则是一种"交易"意义上的构建绩效。理想的合法性是价值决定下的满足，构造的合法性则是为了满足而满足。既然传统政治价值的内容已然被物性的计算所填充，那么物性的满足就可以收买而不是"赢得"公民的认同。在这种逻辑中，公民的神圣身份被世俗化了。规范认同不再是公民独立人格下的超验的、不可计量的

———————————

① 具体参见〔古希腊〕柏拉图《理想国》，商务印书馆，1986，第272~275页。

价值判断，它变成了一种定量计算的交易。公民不再"高高在上"地拥有主体性的高贵评断权了，他们只不过是政治合法性的交易者，其用自己的规范认同交换当局对自身需要的满足。从这个意义上说，公民由独立的个体沦为了被"豢养"的宠物。资本主义国家往往先用科学的或制造的经济、社会需要调动大众的胃口，然后再挺身而出满足大众。从提供某种需要的满足，到令大众依赖这种满足，最后用这种满足控制大众。这种用物性替代人性、用定量交换取代定性评断的逻辑，就是诱导式绩效的实质。科学、符号、等级、全面管理的经济，都是这种诱导式绩效的主要手段。第三是隐含性惩戒。现代社会的政治统治将"软暴力"上升为主要强制手段，经常将绩效和惩戒结合运用。诱导式绩效和软暴力相结合后，通常借助于现代科学技术、法律技术等手段，形成不易被人察觉的结构性控制机制，从社会整体上进行不为人察觉的控制。人们已经很难分清诱导式绩效和隐含性惩戒之间的区别了——满足之中蕴含着控制，控制之下又设置了诱导。从这个意义上说，晚期资本主义社会的暴力统治是具有极高艺术性的、不易被察觉的一种策略。这就在隐含意义上固化了社会大众的意愿导向，使他们在不知不觉中自愿地走向了统治者设定的目标。

在三种构建的途径之下，合法性体现出内在认同和外在控制的对立统一状态。一方面，认同的规范内涵与控制的压制属性是格格不入的，内在认同与外在认同在概念上具有冲突性。换句话说，如果大众能意识到这种控制，也就不会认同。另一方面，在科学技术的强大解构下，公民的价值真空被注入了由当局重新解释的价值，在这种价值灌输、外在的绩效诱导以及隐含控制之下，社会大众又无意识而自愿地服从了。从这个意义上说，内在的认同又源于外在科学技术统治下的客观控制。内在的主观认同与外在的客观控制已然难分泾渭，诱导式绩效和隐含性惩戒经常以工具性价值为名，在社会层面的结构中看似光明正大实则暗度陈仓地达成统治动机。资本主义国家在科学代表的现代性对社会和人性的解构大潮中乘虚而入，"无为而无不为"，以价值为名义，用科学技术所赋予的强大力量对社会认同进行"重构"。构建的合法性，是在被解构的政治价值之尸骸上的重构认同，是科学技术时代资本主义社会的"洞穴之喻"。本书的逻辑如图 1 所示。

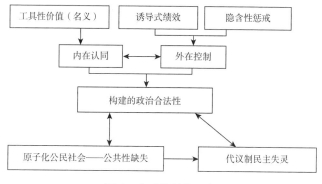

图 1　本书的整体逻辑

第二节　相关概念辨析

一　权力与合法性

政治权力与合法性关系密切。两者是一种主体与生命力的关系，没有作为生命力的合法性，政治权力的主体就将衰亡；没有政治权力的主体，合法性的服从也将失去目标和意义。

如韦伯所述，权力是一种"贯彻自身的意志"[①]，从而影响他人行为的能力。达尔也曾这样解释权力："A 影响 B，以致他或她以某些方式改变了 B 的行动或倾向。"[②] 丹尼斯·朗认为权力是"某些人对他人产生预期效果的能力"。[③] 从这些较权威的定义中我们可以看出，权力是一种使他人服从的能力。政治权力作为一种重要的权力，是国家对社会的统治权力。而合法性是被统治者对统治者的服从，关注的是统治权利与服从义务之间的关系。从这个意义上来说，政治权力与合法性密切相关。权力必然要求服从，没有服从，就没有权力。对于政治权力来说，合法性就是它的生命力所在，唯有保证一定的合法性（也就是维持社会一定程度上的服从），政治权力才能继续存活下去，否则政治权力的生命必将如露珠般短暂。所

---

① 〔德〕马克斯·韦伯：《经济与社会》，商务印书馆，2006，第 81 页。
② 〔美〕罗伯特·A. 达尔：《现代政治分析》，上海译文出版社，1987，第 36 页。
③ 〔美〕丹尼斯·朗：《权力论》，中国社会科学出版社，2001，第 3 页。

以，对于政治权力，合法性是它的生命；对于合法性来说，政治权力是它的主体，是它的目标，是服从的对象。

当然，权力有很多种，按内容划分有诸如经济权力、社会权力、政治权力等；按照影响方式划分有诸如心理权力、物理权力等；按照权力的样态划分有诸如硬权力、软权力等。在这些权力中，只有关涉国家统治意义上的政治权力，才与合法性具有上述的密切关系。无论什么权力，其越接近政治权力的意义，就越需要合法性的生命力。同时，合法性内在的服从，也总是朝向具有国家统治意义的政治权力。

二　权威与合法性

权威与合法性关系密切，是一个问题的两个方面。权威是"被服从的公共权力"，重音落在"公共权力"上；合法性是"对公共权力的服从"，重音落在"服从"上。如同硬币的两面，权威与合法性从相对的角度观察了政治统治与服从之间的关系。权威更加注重公共权力的角度，是站在统治集团的立场上分析社会对权力的服从。如恩格斯所说："权威又是以服从为前提的"①，权威是站在统治者角度看服从；而合法性则是站在服从的角度看权力，无论服从是规范意义上的，还是现实意义的，合法性关注的是作为被统治者的服从。所以权威与合法性问题关系密切，是一个问题的两个方面。韦伯在分析合法性的类型时，也将"命令得到服从的机会"称为"权威"，将对权威的信仰称为"对合法性的信仰"②。可见，在韦伯的论域中，权威与合法性问题也是对公共权力服从这一问题的一体两面。

本书的论证也遵循韦伯这一基本思路，即权威与合法性是同一个问题的不同称谓，权威更加侧重统治者的角度，而合法性则侧重于被统治者的角度。

三　权威与威权（权威主义）

权威与威权（权威主义）是一对极易混淆的词语。虽然两者有着一定的关联，但从内涵上来说，两者的含义还是有很大区别的。权威是获得服从的公共权力；权威主义则是指一种政治统治的压制模式。权威是一种中

① 《马克思恩格斯选集》第二卷，人民出版社，1995，第551页。
② 〔德〕马克斯·韦伯：《经济与社会》（上册），商务印书馆，2006，第238~239页。

性的政治学术语，是与合法性相对的专业术语；而权威主义则具有贬义色彩，用萨托利的话说："它指的是滥施淫威，是践踏自由的压制性权威。"①从概念的范围上说，权威作为获得社会服从的公共权力，在古今中外都是存在的。它包括了好的、坏的、古代的、现代的、中国的、西方的权威，等等。而权威主义则是指战后拉美国家、部分东南亚国家、东亚国家如韩国等一些国家和地区的政治治理模式，这种模式多数是依靠军人政府来进行集权统治。随着时代的进步，这种统治已经逐步退出了历史舞台。总之简单说来，威权是一种权威，但是权威却不一定是威权，两者是根本不同的概念。

四 合法性与合法律性

合法性（legitimacy）与合法律性（legality）也是一对比较容易混淆的概念。

从内容上看，合法性是合法律性的前提和基础。与合法律性相比，合法性具有更加根本的意义。两者的关系譬如皮与毛，中国古语有言："皮之不存，毛将焉附"②，讲的是对于动物皮毛来说，皮是毛的基础，没有皮，就没有毛，因为毛是从皮上生长出来的。在两者的关系中，合法性是"皮"，而合法律性则是"毛"。因为合法性指社会对公共权力的服从，这种服从是政治统治得以进行的基础。没有这种服从意义上的合法性，国家权力就不能制定法律，从而也就无所谓合法律性了。因为如果没有国家的政治统治，没有一个凌驾于全社会之上的力量来制定（包括通过共意来制定）、贯彻并且执行法律，社会中就根本不会有法律的存在，那么也就无所谓合法律性了。无论是规范意义上的合法性，还是经验意义上的合法性，它们都是政治权力进行统治的基础，没有统治的基础，也就不会有作为统治工具的法律。所以，合法性与合法律性相比具有更加根本的基础意义。

从形式上说，合法性意指对公共权力的服从；而合法律性则是实证法研究范式下的一个概念，讲的是某个行为是否符合现存某个法律条文的规定。合法性具有抽象的政治意义，而合法律性具有技术的管理意义。

① 〔美〕乔·萨托利：《民主新论》，东方出版社，1998，第 209 页。
② 王守谦、金秀珍、王凤春译注：《左传全译》，贵州人民出版社，2009，第 246 页。

合法性指的是"逐鹿中原"中的"鹿"所隐喻的政治统治的权利；而合法律性则标明了在日常生活中的某个行为相对于某个法律条文的符合程度。直言之，合法性在一个国家的同一时空条件下，只能被一个公共权力所垄断；而合法律性在一个国家的同一时空条件下，可以同时有多种形式，只要是人们进行了某种行为，这种行为就可以面临是否符合法律的判断。

综上所述，从内容上说，合法性作为政治统治的基础，是合法律性的前提；从形式上说，合法律性从根本上说是一种技术上的具体概念，它具有多样的外在表现，与政治统治意义上的独一无二的合法性是不同的。

五　规范分析与经验分析

规范分析（normativism）与经验分析（empiricism）是权威与合法性问题研究领域中的两种不同观点。规范分析关注合法性价值层面的"应然"意义，经验分析则关注合法性现实层面的"实然"意义。在现代社会科学技术的全面统治下，政治合法性的规范意义已然被社会现实解构，成为内在规范因素与外在经验因素的统一。构建的认同，就是指这种内在同意和外在压制的共生共存、互为因果的特殊性，是对规范因素进行解构的经验分析。

规范分析认为合法性是建立在某种规范性认同基础上的服从，其逻辑是"道义上我正当，故我统治"。如德鲁克所说："合法性乃是一个纯功能的概念，根本就没有绝对的合法性，权力只有在涉及基本社会信念时才可能是合法的。"[1]

经验分析认为合法性是政治权力通过各种方式和手段对社会服从这个目标的现实实现。不管社会是否存在规范意义上的认同，只要达成了社会的服从，合法性就产生了，其逻辑是"事实上我统治，故我统治"。如利普塞特所说："任何政治系统，若有能力形成并维护一种使其成员确信现行政治制度对于该社会最为适当的信念，即具有统治的合法性。"[2]

总体说来，规范分析方法关注政治统治是否具有某种"正当的"理由；经验分析方法关注政治统治是否达成了"事实上"的服从。从中国古

---

[1]　〔美〕德鲁克：《工业人的未来》，上海人民出版社，2002，第26页。
[2]　〔美〕利普塞特：《政治人——政治的社会基础》，商务印书馆，1993，第53页。

代的"王霸义利之辩"，到当代哈贝马斯与卢曼的论争，两种观点交锋了千年。从规范分析到经验分析，这一思想史的主要发展趋势反映了政治合法性概念的"祛魅"过程。这种"祛魅"，恰恰体现出价值因素的消逝和社会结构性控制的发展，也反映了构建的合法性的诞生和发展。

六　民主与合法性

合法性问题与民主问题也是紧密相关的。民主作为一种"多数人的统治"①，体现的是一种共同意志的凝聚。只有在共同意志的指引下，一个公共权力才具备较高水平的合法性。所以，民主语意下的政治合法性是一种规范分析"应然"意义上的合法性。在传统理论之中，民主的政治制度往往带来较高水平的政治合法性。

但是反过来说，是不是所有具备合法性的政治权力都必须要具备民主的治理形式呢？不一定，因为从历史上看，民主不是从来就有的，而政治权力在人类社会早期进入文明时代就已经存在了。有了政治权力，就必然存在政治合法性的问题。所以，民主可能带来一种规范性的认同，可以让政治权力具备水平较高的合法性；但是具备政治合法性的公共权力却不一定都是按照民主的方式进行治理的，因为获得合法性的治理方式多种多样，民主下的同意只是公共权力获得政治合法性的途径之一。直言之，民主是可以达成政治合法性的一个充分条件，但并不是达成政治合法性的必要条件。

在现当代社会，民主之下的规范同意日益被无穷尽的"科学"的控制掏空。随着传统、宗教等价值因素的解构和消逝，民主在两端被销蚀殆尽了。一方面，是公民主体性的丧失。早先的忠于价值信仰、具有深厚人文素养的公民们已经在社会的变迁中流失了，现在的公民不再像他们的前辈们那样富于政治主体的价值个性了。他们在现代社会所提供的丰富多样的产品世界中迷失了，他们头脑中对价值和意义的评判功能已经被格式化了。另一方面，是强大的社会从结构上的全面压制。这种压制并不是通过旧式的枪炮、警察和催泪弹，而是通过社会分工、技术的进步、物质产品的诱导等方式达成的。科学对社会进行整体统合的过程并不一定基于统治者的主观意愿，更多的是在人为与非人为之间自然发展的结果，这种过程

---

① 〔美〕罗伯特·A.达尔：《民主及其批评者》，吉林人民出版社，2006，第1页。

表面上造成了人类社会一体化的假象——全球化的发展，其实质上则是对传统和价值的解构。日益统合的经济生活和社会生活并没有让公民更加具有政治上的独立性，反而让他们日益成为社会的原子，孤零零地存在于各自的角落，无力也无法产生具有影响力的规模意义上的政体诉求。在当代社会发展的双重挤压下，民主所孕育的传统意义上的政治合法性已经变成了一种纯粹主观意义上的认同，而包围这种认同的是无处不在的结构化控制。无意识的公民在外在结构化的控制下，一厢情愿地进行着同意。这就是当代资本主义社会民主的本质。

第三节　目前政治合法性研究中的不足

一　规范分析的以偏概全

在以往学界的论述中，相当多的观点都认为所谓政治合法性，指的就是规范分析研究范式之下的共意、法律和传统的价值性因素，从而最终将政治合法性局限于应然的范畴之内。这些观点认为，只要有了共意、法律和传统等价值尺度，政治自然就具备了合法性。这种观点虽然具有一种"普世"的人文关怀，在哲学上占据了制高点，却无法解释历史中的一系列问题。例如希特勒领导的法西斯纳粹党也是通过纯粹的价值性程序获得了政治合法性，可是又有谁能承认纳粹统治下的法西斯德国是真正"合法"的呢？除此之外，"二战"后南美洲诸国在建立法治、分权国家体制之后仍然出现了长期的政治动荡，多年来经常爆发政治合法性危机；在当今世界，经历了"茉莉花革命"的北非西亚诸国，虽然也建立了法治和分权的政治制度，但是仍然动荡不断，2013 年埃及的总统危机，正是鲜明的例证。

更重要的是，在现当代社会，规范性的同意已经不再是内在和外在双重规范因素的统一。现当代的政治合法性体现出主观层面的内在认同和客观层面的无意识外部压制并存的矛盾景象。这种内在规范与外在现实之间的冲突表现在：一方面，被价值清洗过的大众日益缺乏判断政治事务的能力，他们只是在名义上进行着规范的同意；另一方面，无所不在的科学技术裹挟着政治统治的动机，在外部形成了无形而又有形，表面中立却又隐性干预的全面控制。构建的认同已经取代了规范的认同，这只双头鹰具有两张面孔：一张是具有温存特征的规范观念的面孔，感化社会大众的主观理解并获得忠诚是政治统治合法性的重要凭借，构建的统治动机必须维持规范性话语的灌输，从而使社会大众对政治统治产生高度"认同"；但在现实层面它则表现出另一张面孔，那就是物质控制的"科学"面孔。科学和理性被统治动机用作凭借，它们早已超出了科学领域特有的谨慎研究的内涵，而在社会领域以绝对的宗教般的律令格式化着人们的生活，将他们关入一个貌似美好而极大丰富的、实则阉割其主体性的牢笼之中。可见，将政治合法性局限于规范分析范式是脱离实际的。

二 对外在控制因素的忽略

与第一个问题相辅相成的是学界对于构建的政治合法性内涵中外部压制因素的普遍排斥和忽略。当代政治学理论界对规范分析范式情有独钟。从 20 世纪 70 年代以来，以罗尔斯的《正义论》为标志，政治学理论的规范分析研究思潮开始复苏并且逐步占据了主流位置。相关的思想家如诺齐克、达尔、哈贝马斯等，无不从规范分析的视角，将古典政治学契约论中的主要观点进行重新阐释并发扬光大。他们排斥经验分析的研究观点，认为在政治合法性的分析视域中，经验分析是没有立足之地的。

笔者虽然赞同规范分析范式的精神实质，但是对于这种忽略经验性分析因素的观点不能苟同。从柏拉图时代的智者学派开始（包括中国的法家学派），一直到莫斯卡、米歇尔斯乃至马基雅维利的思想延流中，经验分析的治理因素始终是政治合法性的重要组成部分。近代政治合法性研究的集大成者韦伯，也是强调技术官僚治国的治理性因素的。直到今天，卢曼、米尔斯、熊彼得等学者的观点，仍然主张将经验性治理因素纳入政治合法性的内涵中。所以，笔者认为在政治合法性的研究中，将经验性治理因素忽略是一种重大的错误。这种错误将导致政治学脱离实际，脱离政治，完全成为象牙塔里束之高阁的空洞教条。

不仅如此，这种错误的观点忽视了政治合法性中规范因素的现实方面。学者们看到了美国三权分立政制的合理性和效率性，却忽视了美国社会中科学主义的泛滥导致的全面压制。科学的统治打碎了人们的群体性关联，消灭了主体的政治特征，传统的价值沦丧了，公民麻木了，这才导致了社会大众普遍的政治无意识和政治冷漠。试问如果公民内心的认同面对的是他们无法意识到的现实压制，那么这种政治合法性还有什么真实的意义可言？对比哥伦比亚、阿根廷、委内瑞拉等南美国家建立分权、法治政制之后的动荡，我们也可以看出这一点。如果没有政治价值的实质信仰以及良好的规范性治理因素的外在呼应，无论是意识形态、法律、共意还是传统，都将是一种建构的认同，是一种自相矛盾的政治合法性。构建的认同虽然仍可以标榜为"规范的认同"（因为形式上仍然有认同基础上的"民意统治"），但究其本质，这种"统治"不过是主观层面不完整的臆断，无论民众多么自愿和服膺，都不过是痴人说梦。

三　规范与治理之间的辩证关系尚不清晰

在以上两个问题的影响下，很少有学者能够关注政治合法性内涵中规范性因素与治理性因素二者的辩证关系。在社会学科中，我们很难将一种概念或者范式进行完全科学化的量化分析，不用说是在概率论意义下90%以上的置信标准，哪怕是能在50%左右的情形中能够说得通，就已经是十分出色的研究结论了。所以，辩证的方法对于社会学科的研究来说是必不可少的。换句话说，当无法以准确的数学方法来表示什么是"黑"的时候，那恐怕为了研究"黑"，人们也得分析或者描述一下什么叫作"白"，只有在这种对立概念的参照下，我们才能更好地理解什么是"黑"。在当今政治合法性的研究中，关于规范因素与治理因素之间辩证关系的研究是少而又少的。笔者阅读了大量的相关文献，目前只见到科罗拉多大学教授阿桑纳西奥斯·莫拉卡斯在其《合法性》一书中表达了合法性的辩证观点，但是这种观点还尚不够清晰。

所以，笔者认为唯有利用将规范分析范式和经验分析范式结合的辩证方法才能更好地分析政治合法性内涵中内在认同与外在环境之间的关系，才能最终揭开"构建认同"的神秘面纱。

第四节　辩证与科学

为了更好地研究构建性认同下的政治合法性的内涵，采用保留规范分析范式的精神实质，将规范分析与经验分析结合起来的辩证分析方法进行研究，是一个较全面的途径。唯有如此，才能把握住构建之下的政治合法性在主观和客观层面的冲突，才能解释清楚构建的认同是如何在外在客观的结构性压制中产生并维持的谜题。上文中批评了纯粹的规范分析研究方法，因为纯粹的规范分析必将陷入空洞教条、脱离现实的尴尬境地。更为重要的是，关于政治合法性的纯粹的规范分析的观点忽略了现当代社会的政治现实，这种分析模式没有把握住科学主义之下政治合法性的现实状态。

只有结合经验分析的方法，才能把握政治合法性从理论和现实两个层面的"祛魅"过程。规范的合法性之所以会变成构建的合法性，本质上是源于科学技术主导下的人类社会生产力的发展。这种生产力的发展，一方面使得物质资料生产能力获得极大提高，人类社会的生存水平也获得了前所未有的提升；另一方面在人文层面，却导致了道德、传统等价值领域的销蚀。经验主义是伴随着科学技术的崛起而产生的思想方法；只有研究并运用经验主义的思维和模式，才能摸清科学逐步占领人类主观世界的阶段和过程，从而了解科学对社会传统和价值的解构过程。

经验分析范式的思想渊源是科学的发展。科学研究的方法论结构就是以一种完全理性、客观的态度来分析人类社会的问题。如同马克斯·韦伯在《新教伦理与资本主义精神》中分析新教如何从传统基督教中将人们的精神信仰"祛魅"的视角："自因袭的传统解脱出来的能力，亦即比什么都重要的自由的'启蒙思想'，才是这样一种做事业的生活样式最适合的基础。"[1] 从传统的巫术和迷信中解放出来，投身世俗的功利事业之中去，这是马克斯·韦伯的"祛魅"观点的基本立足点。在学术研究上，从韦伯开始，资产阶级启蒙运动的精神将人的理性推向了至尊，科学研究方法统治了社会学科的学术研究，其所主张的一种完全的"祛魅"研究方法成为一种真正的流行。从此，抛去一切个人主观的价值判断，以求获得一种最接近"真理"的知识，成为社会学科研究者们的行动指针，甚至运用研究者个人的价值取向，也一度被称为一种叛逆的"反动"的行为。如涂尔干所批判的："（道德价值）只有针对个别事实的兴趣，而没有科学的见解……他们（道德家）的解释就是以偏概全，他们只是根据自己特殊的、特定的心愿，凭借痴迷幻想就把某种意识提升成为一种单一的、绝对的目的。"[2]

需要注意的是，科学最初是以"解放者"的姿态出现的，其对抗的是中世纪的神学愚昧和封建专制。在启蒙运动的时代，科学一度引领了资产

---

[1] 〔德〕马克斯·韦伯：《韦伯作品集——新教伦理与资本主义精神》，广西师范大学出版社，2005，第44页。

[2] 〔法〕埃米尔·涂尔干：《社会分工论》，生活·读书·新知三联书店，2000，第7页。

阶级的思想和社会变革运动，推动了人类社会的极大发展。不可否认，科学对人类社会的贡献和意义是巨大的，其引领人类摆脱了思想的蒙昧和封建君主的暴政，有极大的历史功绩。但当现实中的科学技术毫无争议地革新了人类生活的面貌时，科学就彻底战胜了传统。占据了王座的科学进一步对人类社会残余的传统、道德等政治价值因素进行了清洗。原来的革命者——科学，在夺权之后成为新的暴君。它被资产阶级利用，成为资本主义社会政治统治的利器。正如电影《普罗米修斯》中机器人的经典台词："有时想要创造，你必须首先毁灭。"在社会领域，科学撕下了在实验室和图书馆中的谨慎的面纱，以绝对的、不容置疑的权威对人类的思想和社会进行了解构和建构，在这样的双重过程中，政治价值中空的木偶般的大众诞生了。裹挟着统治意图的科学日益将人类改造成井底蛙、笼中鸟，让人类自以为是地去同意事实上与自身根本利益无关紧要的貌似"重要的"政治议题，给他们以虚幻的"主体性"，从而瞒天过海地掩盖住资产阶级剥削和压迫的社会真实。在这个背景之中，有识之士开始反思"科学主义"的专断。20世纪70年代以来，以罗尔斯《正义论》为引领的，由哈贝马斯等众多思想家们所领导的规范分析研究范式的复兴运动得以兴起。

综上所述，我们必须承认，经验分析的科学研究方法是学术研究的重要工具，通过运用这种工具，研究者对问题的认识更加精细化，可见其在社会学科研究的进步史上具有重要的地位和意义；但是经验分析"科学主义"的专断趋势也不容忽视，它是生产构造性认同的重要机制，我们必须将规范分析和经验分析结合起来，才能看到政治合法性的真实形态，这有助于我们改造现实的政治实践。

第一章　思想史上政治合法性的"祛魅"

第一节　规范分析与经验分析

在导论中我们已经介绍，关于合法性和权威的研究，学界主要有两种主要的论证范式，第一种范式是规范分析，第二种范式是经验分析。我们必须兼用两种范式的分析方法，才能揭开构建的认同的真实面纱。下文我们将分析两种范式的内涵。

一　规范分析研究范式——"道义上我正当，故我统治"

规范分析的研究范式注重合法性与权威问题的价值层面，其逻辑是"道义上我正当，故我统治"，这是一种"应然"意义上的研究角度。规范分析主张对权威的服从应该是建立在一种规范意义上的应然价值基础上的。没有这种应然层面的理由，那么政治权威与合法性就是不正义的。如德鲁克所说："合法的权力可以定义为以社会的基本精神特征为正当理由的统治权。"① 公民之所以服从，是因为公共权力具有某种正当性、正统性或者合理性。没有这种正当性、正统性或者合理性，那么这种权威就不具备合法性，公民就不应该对其服从。戴维·赫尔德分析了以服从为内容的合法性的层次，从低到高分为七个层次：第一是强制，或者服从于命令。这种层次的合法性往往是指一种暴力或压力下不得不服从的状态。第二是服从一种社会或者集团的传统。第三是政治冷漠。公民对于选择不胜其烦，可以理解为一种沉默的服从。第四是基于功利和默认的服从。公民虽然谈不上满意，但是认为服从对自身来说是功利计算意义上可取的。第五是作为工具的接受。公民认为服从可以帮助自己达成其他的预期目标。第

---

① 〔美〕德鲁克：《工业人的未来》，上海人民出版社，2002，第24~25页。

六是规范性同意。第七是理想状态的规范性同意。① 虽然在政治现实中，从第一到第五的五个层次都是构造的合法性能够涵盖的范围。也就是说构造的合法性不仅仅局限于第六和第七的层次，它的很大一部分内容也是建立在上述从第一到第五这五个层次的服从基础上的，但是作者认为严格意义上说，只有第六和第七层次的服从才能称之为合法性。对于规范性服从的内容，古今中外的学者们有多种多样的观点，如自然法与契约论的观点、道德论的观点、自由主义的观点以及政治服从来自政治系统外部的外源说等观点。

二　经验分析研究范式——"事实上我统治，故我统治"

经验分析的研究范式注重合法性与权威问题的现实层面，其逻辑是"事实上我统治，故我统治"，这是一种"实然"意义上的研究角度。经验分析并不关注政治服从是否具有一定的正当理据，它关注的是公共权力是否于经验意义上在现实中确定并维持住了对社会的统治。不管出于什么原因或者通过什么手段，只要公共权力能够在现实中实现社会对自身的服从，那么公共权力就具备政治合法性，这样的公共权力就是一种政治权威。如韦伯所说："合理和合法的行政管理班子的类型是多才多艺、无所不能的，它在日常生活中是至关重要的。因为在日常生活中，统治就是行政管理。"② 在韦伯的论域中，所谓的"法理型统治"不过是通过具有理性组织和结构的官僚行政班子对社会的控制和管理，并不是"规范意义"上的"同意"。只要官僚机构能够将社会控制住，那么政治权力就具备合法性。关于经验分析范式的观点主要有"祛魅"的理性主义、工具论观点、福利国家的观点以及政治服从来自政治系统内部的内源说观点。

三　思想史上政治合法性的"祛魅"

在学术思想史上，对政治合法性的"祛魅"，体现了由规范分析向经验分析的过渡。从总体上看，这种过渡有几个层面的含义。其一是思想家们的"祛魅"潮流，体现了科学在启蒙时代之后的革命意义。毋庸置疑，这种意义是向上的、积极的。科学的进步催生了人类社会的跃进性发展，

---

① 〔英〕戴维·赫尔德：《民主的模式》，中央编译出版社，2004，第 245~246、316 页。
② 〔德〕马克斯·韦伯：《经济与社会》（上册），商务印书馆，2006，第 245 页。

人们终于摆脱了迷信和教条，接触到了世界的真理，获得了理性的强大武器。从这个角度看，批判僵硬的传统价值，解放人性，在社会生活中推翻君主的暴政进而建立平等的法治社会，是从现实角度对封建统治者用传统、宗教等价值因素构建的合法性的"祛魅"。其二是各个时代的学者们有意或者无意地接触到了"构建的认同"的含义。他们的主张作为各个时代人类思想的代表，已经或多或少地认识到了内在于政治合法性中的客观控制。思想家们通过他们敏锐的思维接触到了阶级统治的本体并从一些侧面对其进行了描述和分析。其三是规范分析和经验分析结合对于分析现当代社会政治合法性的构建性本质的重要意义。思想史上的各个时代中，社会尚无如科学般全面的、结构性的控制力量，价值的因素以传统、宗教和意识形态等方式超然地存在于社会大众的头脑中，独立的社会个体有能力对政治进行规范评判。故彼时的政治合法性仍然是主观与客观、内在与外在双重规范的统一。而在现当代社会，在科学大行其道的历史条件下，公民的价值人格被孤立了，构建的认同产生了，其兼具主观上的自愿认同和客观上的无形强制，是政治合法性在人类社会历史上的崭新种类。为了解析这种特殊的合法性，规范分析和经验分析的结合是必由之路。

本章按照对政治合法性"祛魅"的思想史角度，从传统与启蒙（自然法、契约论与"祛魅"）、权力与权利（先验论、经验论与功利论）、权威的绩效（福利国家与自由主义）、权威的来源（内源说与外源说）以及统治的艺术（工具论与道德论）总共五个方面进行了梳理，主要内容见表1。

表 1　政治合法性的"祛魅"思潮

分析维度	规范分析	经验分析
传统与现代	自然法、契约论——→"祛魅"的理性主义	
权利与权力	先验论、经验论——→功利论	
权威的绩效	自由主义（法治国）——→福利国家	
权威的来源	外源说（社会大众授予）——→内源说（自我证明）	
统治的艺术	道德论——→工具论	

第二节 传统与现代：自然法、 契约论与"祛魅"

一 规范分析：自然法

关于公共权力的合法性问题，自古至今有很多深入的探讨。在西方，公共权力合法性的问题很早就已经被哲人们论及。比较具有代表性的观点是规范分析范式下的自然法理论。

（一）柏拉图与亚里士多德

在柏拉图的理想国中，人生来就是不平等的，有的人生来就是统治者，有的人则不然。这种先天神赋的合法性是公共权力获得服从的来源。柏拉图认为人们"虽然一土所生，彼此都是兄弟，但是老天铸造他们的时候，在有些人的身上加入了黄金，这些人因而是最宝贵的，是统治者。在辅助者（军人）的身上加入了白银。在农民以及其他技工身上加入了铁和铜"①。于是作为父亲乃至社会的重任就是将这种金质的品格不断地集聚于统治者身上，形成一种保卫全社会的护卫者的阶层。柏拉图认为要选择"最善于护卫国家""最愿毕生鞠躬尽瘁，为国家利益效劳，而绝不愿做任何不利于国家的事情"② 的人来组成一个护卫阶层，通过这个阶层的内部通婚而将神所给人们加入的"金质"品格进行集中和延续。不仅如此，柏拉图还在此基础上进一步论证了公共权力合法性的维护标准，那就是维持这种秩序。保证统治者、辅助者和技工等阶层的社会地位，让他们都各归其位，乐天知命，从而杜绝"这三类人相互干涉、互相代替"③ 而对国家不利。在柏拉图眼中，这种秩序是国家的美德，也是对神赋予人类的社会公共权力合法性的一种维持。柏拉图的这种合法性理论是对古代希腊哲学早期自然法国家论的集大成总结和升华，是一种与奴隶制城邦社会相适应的政治合法性学说。

在亚里士多德的学说中，关于合法性的论述集中于关于古希腊众多邦

---

① 〔古希腊〕柏拉图：《理想国》，商务印书馆，1986，第128页。
② 〔古希腊〕柏拉图：《理想国》，商务印书馆，1986，第124~125页。
③ 〔古希腊〕柏拉图：《理想国》，商务印书馆，1986，第156页。

国政体形式的论证。亚里士多德认为政体可以说是一个城邦公共功能的行使组织,其功能包括确定最高治理机构和权力的配置,以及达成城邦及其全体公民所追求的目标。政体是城邦一切权力配置的基础,特别是决定政治过程的最高治理权力的配置的基础。这就是说,政体是统治者组织和运用政权分配政治权力的形式。而对于政体的合法性划分,亚里士多德认为政体可以分为两种,即正宗政体和变态政体。他说:"这一人或少数人或多数人的统治要是旨在照顾全邦共同的利益,则由他或他们所执掌的公务团体就是正宗政体。反之,如果他或他们所执掌的公务团体只照顾自己一人或少数人或平民群众的私利,那就必然是变态政体。"① 其中,正宗政体可依统治者为一人、为少数人或为多数人而分作君主政体、贵族政体和共和政体三种类型,变态政体相对应地分作僭主政体、寡头政体和平民政体三种类型。

不仅如此,他还分析了政体构成的要素,分别是议事机能、行政机能和审判机能。议事机能具有最高权力,有三种不同的安排:第一,把一切事项交给全体公民审议,加以解决,这就具有了平民主义的特征;第二,把一切事项交给某些个别的公民裁断,这样则具有了寡头主义的特征;第三,把一些事项交给全体公民审决,而另一些事项则交给某些个别的公民审议,这就兼具了贵族政体和共和政体的两种特征。行政机能也可以有若干种不同的安排。最后,在对于正宗政体和政体要素构成的综合分析中,亚里士多德认为最好的、最有可能具备公共权力合法性的政体乃是共和政治。在亚里士多德的眼中,最好的政体乃是一种综合了各种类型政体优点的"中和"的制度存在,也只有在这种类型的政体中,合法性才能得到最大的发挥。这种思想直接启发了后来的文艺复兴以及启蒙运动中思想家对资产阶级共和国建国方案的建构。

(二) 斯多葛派的自然法权威论

斯多葛学派的思想与中国的儒家学说有很多相似之处,被称为"圣人的哲学",该学派是自然法学说的真正缔造者。该学派的创始人是数学家、哲学家芝诺。因为他经常在建有廊柱的回廊上聚众讲学,所以,该学派也被称为 Stoa (柱廊),后来人们就称这一学派为"stoic",斯多葛派的名字

① 〔古希腊〕亚里士多德:《政治学》,商务印书馆,1965,第 136 页。

由此而来。该学派的观点建立在巴门尼德斯与柏拉图等哲学家的思想基础上，深受毕达哥拉斯的数论影响。斯多葛派认为宇宙具有一种自在的理性（逻各斯，可以理解为自然规律），这种自在的理性无所不在；一个人只不过是宇宙的原子，原子的运动要符合宇宙理性。同样，人与人的集合乃至国家也是一种自然的构造物。与后来的契约论观点完全不同，斯多葛派坚持一种自然法观念下的国家权威论。一个人，乃至一个国家必须要遵守宇宙的理性，其权威才算是具备合法性的。该学说主张万事万物皆有自身宇宙理性的表达，人们要顺从这种理性。作为国家来讲，如果国家本身体现了宇宙的理性，那么其就值得个人服从。该学说的代表人物有巴内斯、塞内卡、马可·奥勒留等。

斯多葛派的自然法思想产生于古希腊城邦国家衰落，大领域的帝国崛起的时代。如达尔所说，人类政体"走出了城市国家的角落，迈向民族、国家或是民族国家的辽阔领域"。[①] 以前的柏拉图与亚里士多德探讨"善治"的问题都是在仅局限于一个城邦的领域这一语境下进行的，面临类似波斯帝国和亚历山大帝国这样横跨欧亚非三洲的大领域国家时，如何维持一个政府权威的合法性，就变成了一个新的问题。无论是柏拉图的城邦四美德，还是亚里士多德对城邦政体的讨论，都无法解决在如此巨大的时空范围中的权威合法性问题。一个城邦可以塑造自身的美德，但是在政治经济发展严重不平衡的广阔领土内，面临众多的民族和迥然的民情，塑造一种统一的美德与民主治理模式，在那个仍然蒙昧的时代显得有点不太现实。那个时代不要说电报，就是远程的通信都是需要几个月甚至是数年的时间才能达成。在一个庞大的帝国中，在文化同一性基础上塑造一种同质的奴隶制民主政体显然是不可能的。即便是现代国家，其统治也建立于在代议制的基础上对公意的表达和整合（我们不能忘记密尔、穆勒等思想家主张的代议制政府是资产阶级革命之后的事情）。而且就算是这样，其与一个城邦中出了家门就是议事大厅，一声令下，全城邦公民都能聚集一起议事相比也是有差距的，更不消说那个时代的帝国了。于是，"世界公民"的自然法思想就成为此一语境下对公共权力合法性的崭新解释。

（三）古罗马法律思想

随着城邦国家演变为"世界帝国"，自然法理念就从单纯的城邦治理

---

① 〔美〕罗伯特·A. 达尔：《民主及其批评者》，吉林人民出版社，2006，第 293 页。

转向了对"世界公民"的治理，自然法的合法性思想也体现出了新的特点。在欧洲古代的政治思想中，应对"世界帝国"下"世界公民"的治理，自然法的政治合法性学说集中体现在古代罗马帝国的法律思想上。首先，古罗马的自然法权威论将世间的一切权威归于神的意志和力量。在西塞罗等法学家们看来，世间的秩序，不论是自然界的还是人类社会的，都是在宇宙之神的理性指导下维持的。无论是自然界的生生不息，还是人类社会的政治统治秩序，都离不开神的权威和意志。因为"众神是万物的主人和统治者"，[①] 他们先在地塑造并运行着整个宇宙的秩序，当然也包括人间的政治统治。这种神学化的政治和法律思想与"世界帝国"下对"世界公民"的政治治理是密不可分的。随着统治领域的扩大，各种不同地区的人民和具体情形变得纷繁复杂，简单的"公民大会"形式的城邦民主无论在内容上还是在时空上都变得既不现实也不可能，所以政治学说需要一种具有普适意义的理论来对人们进行规范，从而劝导社会大众服从"世界帝国"的中央权威。神意自然法的理论就是这种时代需要的产物，其通过将世间的统治秩序与神定自然法相联系，抹消了不同地区和人民的区别。在这个意义上，无论是什么样地区和人民，都应该服从代表宇宙自然秩序的政治统治。其次，古罗马的自然法权威论体现在自然法语义下的法律思想中。在法学家们的视域中，自然法的神意权威在世间是通过法律来体现的。世俗政府通过制定符合以神意为内容的自然法的人间法律，将宇宙的秩序带给社会大众，从而最终给人类社会带来了神意之下的秩序。这样，宇宙秩序与人间秩序就通过政治统治而结合在了一起。这种结合的关键就是法律。"法律是植根于自然的、指挥应然行为并禁止相反行为的最高理性"，[②] 这种最高理性在人类社会中的制定和实行，就形成了一种自然法语义下的法律统治。在两千多年前的古罗马时代，这种思想是具有重大的进步意义的。综观古罗马帝国的全部发展过程，帝制与共和的交叠体现了"人治"与"法治"的斗争。而代表"法治"的共和政制是一种具有科学意义的政治治理模式，这种治理模式的思想基础就是古罗马自然法范式下的"法治"合法性学说。

总之，面临对"世界帝国"下"世界公民"的治理，古罗马的法律思

---

① 〔古罗马〕西塞罗：《国家篇·法律篇》，商务印书馆，2002，第191页。
② 〔古罗马〕西塞罗：《国家篇·法律篇》，商务印书馆，2002，第158页。

想提供了一种崭新的自然法范式下的政治合法性学说。

（四）宗教神学

关于合法性的神学和心理学内涵的探究也是合法性自然法学说的一类重要的讨论。基于传统社会中人类的无知和盲信特点，宗教神学的合法性学说也是一种以自然法为依据的对权威的论证。通过将公共权力进行神圣化从而巩固和发展其合法性，是古今中外神学家们对合法性的思考中普遍存在的一种讨论方式。人们对神圣对象的崇拜，是一种对外界不可控制、不可预知的自然力的一种基于恐惧本能的主观性存在。如恩格斯所说，那只不过是一种"外部力量在人们头脑中的幻想的反映"。[1] 于是，对公共权力进行神圣化从而实现其合法性就成为古今中外众多论证学说的内容。从古埃及的法老自称为"太阳神阿蒙－赖神之子"到中国古代的"有夏服（受）天命"[2]，再到古巴比伦的汉穆拉比王自称为"月神的后裔"；从罗马的奴隶主为了镇压奴隶起义，更改原始基督教的革命内容从而维护其政治统治，再到基督教神学家奥古斯丁最先用"理论"论证了上帝的存在，并进而论证"天国王朝"的上帝之城授权下的王权的来源，从而为罗马帝国的对内专制和对外侵略政策提供了理论根据，古今中外的各种政治权力无不适时地运用宗教的力量来巩固自身的统治。在古代中国，皇帝从来被称作"天子""至尊"，与之相关的是皇帝与天进行的各种礼仪活动，诸如"祭天""封禅"等一系列传统的礼法制度规定。在西方，直到17世纪，英国国王詹姆斯一世还宣称他的权力来自上帝，以此为自己的专制统治进行辩护。在中世纪时期，拜占庭帝国、沙俄、阿拉伯帝国、印度、意大利等国家或地区，教会的神权和世俗权力的结合形成的政教合一制度也是一种将公共权力神圣化从而巩固其合法性的一种体现。当时封建统治阶级为了维护和加强自己的政治统治，需要利用宗教；而宗教首领为了扩大影响、争夺势力，也需要与封建统治者联合，于是这种对公共权力的神圣化形式便出现了。直至今日，宗教神学的合法性学说仍然影响着世界上的多数国家。

---

① 《马克思恩格斯选集》第三卷，人民出版社，1995，第 666 页。
② 陈襄民注译：《尚书》，中州古籍出版社，2008，第 450 页。

（五）中国古代的自然法权威论

在中国古代，公共权力合法性的问题在各种学派中也曾经被广泛讨论过，其中最为著名的就是以"道""德""仁""义"为内容的自然法权威论。这种权威论以儒家和道家为代表。"道""德""仁""义"，这四者从根本上指的是一种自然法的秩序观念，无论是在孔子还是在老子的眼中，"道"都是一种极其高深的事物，它蕴含着一种先天存在的秩序，世俗君主只有遵循"道"的自然法要求，才能够以德配天，获得真正的权威合法性。老子说道："人法地，地法天，天法道，道法自然。"① 世间的君主也没有超过人这一层次，最高的准则乃是"自然"意义上的纯粹秩序，人要通过地、天、道的媒介才能通达自然。自然的秩序是一种世俗政治统治的终极标准，那是君王们必须遵守的最高原则。儒家经典《中庸》也曾主张："极高明而道中庸。"② 可见，自然法意义上的"道"，是儒家与道家所尊崇的最高自然原则。与这种原则一致，就是世间君主们权威合法性的根本来源。这种朴素的权威自然法学说是与古代不发达的生产水平和认识水平相关的，具有一定的盲目性与迷信性。但是在当时的时代背景下，儒家与道家所主张的权威自然法学说，在一定程度上限制了专制君主的权力，在约束专制君主的行为、维护国家的统一、促进国家的善治方面具有一定的进步意义。

儒家的开创者孔子就曾对国家权力合法性的维护及方针进行了论证。与老子不同，孔子对自然法权威论的分析重点落在世俗的"仁"与"德"的方面，而不是集中于高深的、先验的、富有玄学色彩的"道"上。他说："为政以德，譬如北辰居其所而众星拱之。"③ 在孔子的眼中，以德政治国从而巩固政治统治利益，是所有治国方针的核心。在此基础上，孔子发展出了礼教为本的治国方略。他认为，"民富而教之"，④ 应该在社会富足之后推广礼教从而对老百姓"道之以礼，齐之以刑"，最终推动全社会的"有耻且格"，⑤ 达到一种以德服人的权力合法性状态。不仅如此，和柏

---

① 《老子》，远方出版社，2004，第44页。
② 《老子》，远方出版社，2004，第44、6、106页。
③ 杨伯峻译注：《论语译注》，中华书局，1980，第11页。
④ 杨伯峻译注：《论语译注》，中华书局，1980，第137页。
⑤ 杨伯峻译注：《论语译注》，中华书局，1980，第12页。

拉图相似，孔子提倡在此基础上建构一种严格的等级化的阶层社会："名不正，则言不顺；言不顺，则事不成；事不成，则礼乐不兴；礼乐不兴，则刑罚不中；刑罚不中，则民无所措手足。"① 这一主张后来被子思、董仲舒、朱熹等儒家学者发扬光大，为日后"三纲五常"的封建社会等级式治理准备了理论基础。

与孔子相比，道家的始祖老子的权力合法性学说则更具玄学色彩。他认为君主的"无为"便是一种对权力合法性的最大实现。这种无为有以下三个层次的含义。第一是无私的权力运用下的合法性实现。在老子的无私的权力观中，国家管理者一定要做到用权而无私的"无为"。无欲无求，简约律身，无论是对有形的财富利益还是对无形的功名利益，都要做到"恒无欲也，可名于小"，② 即使是掌管了天下的财富，也要"万物归焉，而弗为主"，"圣人"只有"不为大"，才能"成其大"。③ 也就是说，掌管权力，要两袖清风，当国家管理者无欲无求时，他的欲求才会得到最大的实现。第二是虚静的政务管理下的合法性实现。老子的治政思想除了有对有形利益的关注之外，对于能够正确对待无形利益的心态也十分注重，他认为国家统治者应该做到虚心守静，保持一种无为的心境。因为"江海所以能为百谷王者，以其善下之也"，④ 所谓"圣人之欲上民也，必以其言下之。欲先民也，必以其身后之"，只有能够时刻保持如履薄冰般的谦逊，才能够更好地治理国家，抚育万民，从而最终实现权力的合法性。第三是老子的献身无私精神下的合法性实现。他认为，作为国家管理者，应该具备大地的德性，能够以"道""生之"，以"德""蓄之"，抚育万物万民，像大地一样承载，能够"生而弗有，为而弗恃"，⑤ 像慈母一般关爱，甚至在必要的时候"贵以身为天下"，⑥ 牺牲自己来成全天下的治理。这样的国家管理者，才值得"托天下矣"，万民才能将天下托付给他；也只有这样的奉献，才能真正倾服万民，实现权力的合法性。作为一种原始社会的治理模式，老子的这种权力合法性学说适应的是小国寡民状态下的政治组织形式，所以没有得到后世统治者的重视。

---

① 杨伯峻译注：《论语译注》，中华书局，1980，第133~134页。
② 运用权力而不谋私，是一种微妙的自我约束，是一种微妙的内心保守——作者注。
③ 《老子》，远方出版社，2004，第60页。
④ 《老子》，远方出版社，2004，第119页。
⑤ 《老子》，远方出版社，2004，第92页。
⑥ 《老子》，远方出版社，2004，第23页。

儒家通过道德获得权威的自然法学说与法家通过"法、术、势"获得权威的工具论两者在内容上是格格不入的。在专制君主权力合法性的问题上，两个学派关于君主权威基础的论争持续了千年，史称"义利王霸"之辩。直到明末清初，才出现了中国历史上的第一次思想启蒙运动，对公共权力的合法性提出了新的解说，其主要代表有黄宗羲、顾炎武、王夫之等。他们关于权力合法性的进步主张主要是反对君主专制独裁，提倡"人民为主"。黄宗羲认为君主专制是天下之大害，提倡"法治"，改革君主专制，强调衡量治理天下成功的标准应当是看广大百姓快乐与否。顾炎武也激烈反对君主专制，主张限制君权，提出亡国与亡天下的区别，认为保卫一家一姓的国家，是君主及其大臣的事，而保卫天下是所有人的事，这段话被后人提炼为"天下兴亡，匹夫有责"，鼓励人民关心国家大事。王夫之则对"普天之下，莫非王土"的封建财产制度提出了质疑，认为天下的土地不能被君主一人所有，而应当是从事农业的老百姓都有份。不过这些启蒙思想由于种种原因也没有得到成长，最终还是归于"万马齐喑"的局面，这一局面一直持续到近代清末在西方坚船利炮打碎国门后西学东渐下的思想革新。

二　规范分析：契约论

文艺复兴的人文主义精神使公共权力合法性的契约理论得以产生。公共权力合法性契约学说的代表人物有英国的霍布斯、洛克、法国的孟德斯鸠、卢梭、狄德罗以及当代的罗尔斯、哈贝马斯等，该种契约理论的主要内容包括：公共权力的起源、自然天赋权利、人民主权、合法性程序等。

在公共权力的起源问题上，霍布斯认为，人类最初生活在一种"自然状态"下，不存在私有制的概念，不存在道德上的良与善，也无所谓价值上的是非曲直，每个人都依从于自己的本性而生活，只要有足够的力量，就可以去抢夺自己希望得到的东西，从而必然导致"一切人反对一切人"的战争状态。此时，保存生命和对盲目死亡的畏惧必然使人们产生追求平和稳定、摆脱无序战争状态的愿望。于是人们自身所具备的理性就告诉自己，不能单凭自己的性情和欲望去生存，只有遵循那些人类必须遵从的一种先验存在的世界法理，即自然法，才能避免战争，使每个人都能达到保存自己的目的。

霍布斯的契约论深受自然法学说的影响，他认为作为由自然理性颁布的道德命令，自然法是任何一个有理性的人都会自觉自发接受的，也是整个社会应当遵循的。不过，它的约束力是内发的，只有当人们完全按照理性行事时，"自然法"才具有约束力。可是人性是自我导向的，总是试图无限地实现其个人占有一切的"自然权利"。为了保证和平，保护自身安全，人们以自然法为基础，制定了人为法等社会契约，而强有力的国家则是实施契约的公共权力部门。

除了对国家的起源思考外，权利自然天赋是公共权力合法性契约论的另一个重要观点，天赋人权强调权利是自然产生的，每一个人天生就是平等的。洛克在《政府论》中指出，"极为明显，同种和同等的人们既毫无差别地生来就享有自然的一切同样的有利条件，能够运用相同的身心能力，就应该人人平等，不存在从属或受制关系"①。亚当·斯密则强调："每一个人，在他不违反正义的法律时，都应听其完全自由，让他采用自己的方法，求自己的利益，以其劳动及资本和其他任何人或其他阶级相竞争。……按照自然自由的制度，君主只有三个应尽的义务……第一，保护社会，使不受其他独立社会的侵犯。第二，尽可能保护社会上各个人，使不受社会上任何其他人的侵害或压迫，这就是说，要设立严正的司法机关。第三，建设并维持某些公共事业及某些公共设施……"② 人在自然赋予生命的状态下，其权利都是平等的、绝对的存在。即便是世间的政府，也要尊重这种先在的绝对原则。可见，天赋人权是契约论学说的重要主张。

以天赋人权的理念为基础，契约论的政治合法性体现为主权在民。主权在民的思想在启蒙思想家那里发展为系统化的理论体系，卢梭、狄德罗的主张为典型代表。"主权在民"的主要观点包括：国家权力属于人民，君主、政府官员等只是代表人民履行权力的机构。国家权力来源于平等的人按照一定程序制定的契约。政权尽管可以在家族中世代继承，由君主个人掌控，但它不是一种私人财产，而是一种公共的财产，因此决不能被从人民手中剥夺。从根本上说，它只属于人民并全部地为人民所有。不是国家臣服于君主，而是君主隶属于国家。政府和公共权威是财产，全民是这种财产的所有人，而君主相对于人们来说，是基于契约的代理人和受托

---

① 〔英〕洛克：《政府论》（下篇），商务印书馆，2011，第 3 页。
② 〔英〕亚当·斯密：《国民财富的性质和原因的研究》（下卷），商务印书馆，1983，第
252~253 页。

人。契约的内容随国家和民族的不同而不同，但是无论何时何地，人民都拥有不可撼动的权力修改或维持他们也已订立的契约，这种权力的存在也是其他任何力量都不能干涉的。当这种契约已无意义时，人民马上恢复自然赋予的权利，享有自然赋予的完整自由，当然也可以与他们所同意的任何人以他们喜好的形式重新订约。

在契约论的政治合法性学说中，"三权分立"及"程序合法"原则是实现"主权在民"的基本方式。在资产阶级革命及资本主义后来的发展过程中，"主权在民"既可能导致权力的滥用，也可能导致无政府主义的混乱。正是针对这两个问题，人们对"主权在民"契约的实施进行了深入的思考，提出了"三权分立"及"程序合法"原则。孟德斯鸠是提出三权分立思想的杰出代表。他在《论法的精神》一书中明确指出："一切有权力的人都容易滥用权力，它是万古不易的一条经验。有权力的人们使用权力一直到遇到界限的地方才休止。从事物的性质来说，要防止滥用权力，必须以权力约束权力。"[①] 在该假设的基础上，孟德斯鸠确立了资产阶级共和国三权分立的设计方案。

契约学说在社会发展的过程中起到了革命性的作用，其核心价值在于强调社会形成过程中的平等与合作，这一理论建构，使人民从君主的奴隶身份中解放出来，也为社会管理科学化奠定了基础，促进了现代文明的形成和现代社会的飞速发展。但契约学说仍然没摆脱历史唯心主义的神秘色彩，具有阶级和时代的局限性。

三　经验分析："祛魅"的理性

（一）新教改革的思想影响

欧洲新教改革对于理性主义的产生影响巨大。对于新教教义中的"理性"因素的世俗考察，是马克斯·韦伯思想体系的重要方面。这种对历史上以"理性"为主要内容的宗教改革的研究，也启发了韦伯学术思想上的"理性主义"。可以说，是对以启蒙运动和宗教改革为推动的理性主义历史运动的研究，导向了韦伯理论体系中的理性主义方法论。《新教伦理与资本主义精神》《儒教与道教》《印度的宗教——印度教与佛教》是韦伯宗

---

① 〔法〕孟德斯鸠：《论法的精神》（上册），商务印书馆，2005，第184页。

教问题研究的三大著作,这三大著作分别对欧洲、中国和印度的宗教意识形态进行了研究,在这种研究的对比中,韦伯总结了理性主义的宗教根源。在韦伯的视野中,这种宗教意义上的"理性"启蒙与人和社会的现代化密切相关,直接影响了世界上不同地区的现代化进程。

新教改革对于理性主义的影响主要有以下几个方面。其一,由对神的绝对崇拜转向对人自身幸福的追求。中世纪以来,基督教神学统治着欧洲意识形态领域,人们笃信神的救赎,在宗教教义的约束之下进行"苦修"和"禁欲"式的生活。新教改革的一个重要精神实质就是将人从神的统治中解放出来,宗教开始允许个人按照自身的方式来工作和生活,并追求各式各样的幸福。无论是加尔文教还是路德教,两者都在人的自由和幸福方面对传统的天主教义进行了修改。在新教中,"神爱世人"不仅仅体现为一种超越的终极关怀,也体现为一种现世的切身体验。这样,信仰意义上的神圣与世俗意义上的幸福就可以并行不悖了。其二,由对"天国"的超越信仰,转向世俗的计算理性。中世纪奥古斯丁神学论的一个基本观点就是人具有世间臣民和天国臣民的双重身份,唯有在世间行善积德,才能在死后升入天堂。所以在中世纪宗教神学的束缚中,人们进行理性的工作并从中获利,被认为是出自一种"卑鄙"的盈利欲望。[1] 宗教改革的一个关键,就是放开宗教教义中对于资本主义精英的束缚,为人间资本主义经营的理性活动树立宗教意义上的"合法性"。韦伯认为,资本主义的经营精神"是从理性主义对于终极人生问题的原则态度衍生出来的"。[2] 正是通过对于经济理性的认可,新教改革从精神上摆脱了资本主义发展的宗教束缚。人们从此不必在宗教束缚之下偷偷摸摸地进行世俗的盈利活动了,因为通过诚实的经营而追求自身的现世幸福是新教所允许的一种理所应当的活动。其三,"因信称义"下世俗职业的解放。路德新教的一个重要观点,就是世俗职业与宗教救赎不是互相冲突的。在传统的天主教教义中,世俗盈利被认为是一种卑鄙的行为。通过资本主义的经营而盈利是一种罪恶,在这种罪恶之下,人们死后很难升入天国,甚至无法获得最终的救赎。新教的一个重要思想就是对世俗职业的解放。在新教的思想中,"各人的具

① 参见〔德〕马克斯·韦伯《新教伦理与资本主义精神》,广西师范大学出版社,2005,第46页。
② 〔德〕马克斯·韦伯:《新教伦理与资本主义精神》,广西师范大学出版社,2005,第50页。

体职业对他来说也愈来愈是神对各人的特殊命令,而此一具体的地位正是神意所指定,要各人来完成的"。① 面对世俗社会五花八门的职业,正是每一个人的职业选择体现了神意的安排。在每一个人的世俗工作中,神意以丰富而多样的形式在表达着终极的深刻内涵。在新教的思想中,世俗的职业选择并不违背对宗教的信仰。恰恰相反,世俗的职业考验着教徒的良心,正是在各式各样的职业和选择中,人们进行着对与错的判断,神的意志和宗教的信念才得以最终实现。

宗教改革的理性主义内涵直接影响了韦伯的合法性学说,理性的官僚统治论由此诞生。

(二)马克斯·韦伯的理性主义

马克斯·韦伯通过阐述"理性"官僚统治的合法性学说,把人们从什么是"应然"合法的理论争论中解脱出来,将政治合法性问题重释为一种"实然"的经验现象。也就是说,韦伯把合法性的基础简化为对合法性程序的信念。一个政权不论它所维护的权力关系是什么,施行的是什么样的政策,被统治者的群体其信念是什么,只要它是依据正式制定的程序确立的,并成功地调动起群众的忠诚,我们就说它拥有了合法性。

马克斯·韦伯对公共权力合法性研究的主要贡献在于将公共权力的合法性从性质上分为三类,这使得他成为现代公共权力合法性研究的开创者。在韦伯理性主义的视角下,无论是传统型权威还是克里斯玛型权威,都是第三种权威——"理性"官僚统治的铺垫。在这三类不同性质的合法性中,第一种是指以确立已久的习俗和传统为基础的权威,即传统型权威(traditional authority)。事实上,这一含义的合法性其重点在于习惯和传统的作用。在这里韦伯把习俗和传统定义为包含了旧时代历史传承到现在的所有东西即存在已久的习惯、惯例、体制、政治体系、价值乃至宗教信仰等的总体。这些由社会的上一代人所接受并被传统固定化、神圣化的客观惯性力量,作为固定且具备统一含义的规则体系被社会普遍接受,社会的连续性、继承性和公共权力的合法性在这种关系中得以相互依托、相互促进。第二种是克里斯玛型权威(charismatic authority),也就是基于政治领

---

① 〔德〕马克斯·韦伯:《新教伦理与资本主义精神》,广西师范大学出版社,2005,第61页。

导者个人所具备的人格魅力而形成的权威。这种权威的基础是个人的意志、精神和物质力量的综合，也就是超凡入圣的个人魅力。克里斯玛（charisma）最开始是一个天主教教义中的神学专用术语，专指神显灵所赐予人类之物。韦伯把这一概念用于对社会中公共权力合法性的理解，代指个人影响或魅力通过一种特殊的心理机制操控他人从而最终确立政治权力的合法地位。因此，克里斯玛型权威从本质上有一种人性的神秘内涵，包含了唤起忠诚、激发情感依赖甚至鼓动献身的一种心理影响力。韦伯指出这种权威与个人在社会中的地位、社会层次或者担任的具体职务没有关联，克里斯玛型权威是指一个领导人作为某种偶像存在或者具有英雄般的神圣力量，从而使其有能力向其追随者进行个人意志的传达，最终发挥权力性质的影响力。第三种是合法－合理型权威（legal-rational authority）。[①]作为一种"理性"的官僚技术统治，其是一种与界定清晰的规则相联系的权威形式，是近代化社会中存在的公共权力合法性的一种治理形式。在这里，强制权力最终通过用理性与规则武装自己的官僚机构而得以实现。这种方式也是大多数现代化国家所运用的政治权威的生成和运行形式。与前两种合法性类型相比，这种权威类型的优势在于权威附属于职位而非个人，在这种权威下，权力被滥用或形成不公的可能会大大减少。因此，这种权威能够维护一种在形式上具备"理性"特征的现代政府的生存。不仅如此，在韦伯眼中，这种权威还能够通过对权力内部进行分工来提高公共权力机构的效能，由此，这一类型成为韦伯政治合法性理论的核心。他运用了大量篇幅来论述这种"理性"权威的意义和形式，从历史到现实、从观念到技术，这种"实然"的现实权威是现代社会普遍运用的合法性的"理性"形式。韦伯的这一思想，对于后继政治学研究影响巨大。在下文中"内源说"与"外源说"的对比中，我们还将对其进行进一步介绍。

第三节　权利与权力：先验论、经验论与功利论

一　权力与权利的张力

权威也被称为统治权利，即统治被统治者的权利。在契约论范式的合

---

① 参见〔德〕马克斯·韦伯《经济与社会》（上册），商务印书馆，2006，第241~242页。

法性学说中，统治者之所以统治、被统治者之所以服从，是因为两者签订了社会契约。而这种社会公约的基础是个人的权利，个人之所以有资格订约，是因为其具有某种凭借（如物物交易合同的前提是双方对各自的交易物拥有物权）。个人在订立社会公约时，其凭借就是自身的权利。正是个人将自身的权利让渡给了社会公约，公约下的国家才具有了统治的权利，也即政治合法性。可见，在契约论的视角下，个人权利是社会契约的基础，也是政治合法性（统治权利）的基础。

所以，作为这种社会公约的基础，个人权利在契约论中具有举足轻重的地位。但是，对于个人权利的来源，不同的学说有着不同的论证起点。是先天存在的神赐的权利或者自然赋予的权利，还是后天社会生活中逐渐积累的，由人类实践理性发现并构建的权利？对这个关键问题的回答就成为统治权利论不同流派的重要分野。对于个人权利的来源，主要有先验论、经验论和功利论三种不同的理论传统，并形成了两种不同的范式。规范分析范式以权利先验论和经验论为主：先验论的代表是法国的卢梭、孟德斯鸠和英国的洛克等人的论证传统；经验论的代表是德国的康德、费希特与黑格尔的思路延流。先验论和经验论分别代表了经典政治学中英、法、美哲学家与德国哲学家的研究假设，体现了两种不同的研究视角。虽然两者最后都不约而同地归于契约论的研究结果，但是两个方向的论证仍然给了我们重要启迪。不仅如此，在这两种截然相反的论证思路的对比中，后继的研究者们又提出了经验分析的研究范式，那就是个人权利的功利论观点，代表人物有英国的边沁、休谟以及密尔等。

从先验论、经验论到功利论的观点演化，本质上体现了个人权利与公共权力之间的张力。公共权力与个人权利互相依存不可分割，这是三种不同的权利学说的共同认识。但是两者中何者为先，到底是谁决定谁，则是三种学说流变的内在关键。正是对于两者的不同侧重，定义了三种学说的本质内涵。

作为规范分析范式下的契约论合法性学说，权利先验论和权利经验论代表了两种不同的思路。权利先验论主张人的权利是先天存在的（生下来就具备），没有这种先验存在的个人权利的让与，就没有公共契约，公共权力也就不能具有统治的权利，政治权力就不具备合法性。所以权利先验论主张的是个人权利决定公共权力。而权利经验论对先验论做了一定的修正，认为个人权利是在人们的后天实践过程中，通过人与人理性行为的互动而最终形成的。个人权利脱去其具有神性的先验存在意义，变成了一种在现实中生成和存在的事物，从这一点来说，权利经验论认为个人权利与公共权力都是后验的事物。所以，从某种意义上来说，权利经验论是对规范分析契约论的消解。当然，权利经验论流派大体上还是承认个人权利对于公共权力的决定性意义的。

在先验论和经验论的对比中，诞生了经验分析范式下的功利契约论学说。到了功利论的观点，无论是个人权利还是公共权力，它们的本质都变成了某种现实的利益，权利与权力之间的张力不再体现出规范分析的"应然"特征，而成为一种赤裸裸的"实然"利益。不仅如此，权利功利论以社会公共利益的最大化为目标，所以很多时候代表公共利益的公共权力就具备了一种优先性。在权利功利论的论域中，相对于个人权利而言，代表公共利益的国家权力已经具有了相当多的第一性的特征了。

契约论合法性学说的内在分析维度主要有以下三个方面。

（一）权利先天论与权利后天论

先验论流派主张人生而自由、平等，人的存在自身就意味着权利。这种权利要么来自神的赐予、要么来自自然的赋予，且无论如何都一定是随着人的产生而产生的。也就是说，有人，就有人权。不管这个人的主客观发展条件如何，哪怕是刚出生的孩子，也有天赋的完整人权。在这种基础上，人类社会的权威通过人们的权利的让与，最终实现了自身的合法性。经验论和功利论两个流派则不然，他们从人类生而具有理性天赋出发，认为权利问题并不是先天存在的。权利是后天人们在社会的实践理性中，通过人与人的互动，通过"我"和外在的"他我"之间的相互感知，最后达成的一种共识。人不是生下来就有权利，这种权利与人及其所处社会的主客观条件密切相关。在一个社会中普遍存在的权利，在另外一个社会中也许从未存在过。换句话说，权利不是以人的自然存在为前提的，而是以人的社会理性实践为前提。权利的进步是随着人类社会的进步而进步的。在此基础上，人们让与权利而结成社会契约所制造的权威也与权利先验论中权威有所不同。这两种假设的对比，正是目前经济全球化过程中"人权高于主权"学说与"主权高于人权"学说争论的一个历史来源，所以两者比较具有强烈的现实意义。

（二）绝对权利观念与相对权利观念

先验论流派主张权利是一个整体，天赋人权的整体性在于人自身值得拥有完整的权利。当然如卢梭也认为未成年人应该受到监护，但这种监护不是被监护人没有权利，而只是其权利暂时被监护人代理而已。权利本质上具有一荣俱荣、一损俱损的特征，当社会中一个人的权利被侵犯而该行为没有得到追究，侵害者仍然逍遥法外，那么全部的人的相似权利就都丧失了。这种时候，作为国家的权威，其合法性也岌岌可危。因为国家的权威正是人们让渡自身的权利而订立社会契约的产物，如果人们的权利被侵害，而这种权威却无能为力，那么这种社会契约也就即将解体。从这个意义上说来，卢梭认为一个国家的主权是不可转让也是不可分割的。① 经验论和功利论两个流派则持不同观点，他们认为权利本身是与人的主客观条件密切联系的，人的权利的实现程度与实现深度，具有一种历史的积累特征，这种特征发展到马克思主义，就是历史唯物论。也就是说，权利一荣俱荣、一损俱损的同质特征在经验论思想家眼中并没有得到特别重视。也难怪当权利经验论发展到黑格尔时，国家作为一种独立、客观的世间权威出现了。这种权威至此反客为主，成为个人理性的实现的一种必要条件。“成为国家成员是单个人的最高义务。”② 这样，权威就具有了某种独立的、位于个人权利之上的特征了。

（三）权利论与宪政学说

正是因为权利是天赋的，所以当人们签订社会契约时，这种契约便自然地上升为一种宪法意义的文件。这是“公意”的最高表达，不容置疑，不可侵犯。这种先验的权威契约论，内在地规定了宪法的神圣性和至高性。对此，权利经验论流派持不同观点，后世的法学家（主要是德国的思想延流）认为宪法也是具有一定的历史形态的，如法学家萨维尼就认为德意志的宪法具有一种历史的民族精神。于是，两种权利学说的宪政观念也有了重大的区别。在权利经验论思想中，宪法的权威也是具有经验特征的，因为其基础——人们的权利是后天在社会实践中积累而成的。这样，

---

① 参见〔法〕卢梭《社会契约论》，商务印书馆，2008，第31~35页。
② 〔德〕黑格尔：《法哲学原理》，商务印书馆，2007，第253页。

人们对于宪法就没有那种与生俱来的崇敬，宪法在一定条件下也可能被政治家们当成工具，如后来的希特勒。所以，对两种权利学说的辨析对于宪政理论中法治权威的理解也有重要的意义。

二 规范分析：权利先验论

先验论认为个人权利决定公共权力，它强调的是一种个人权利的天赋特征。这种论点关注的是一种超验的权利假设，在这种权利假设中，通过社会契约的签订，社会之上的国家的统治权利得以形成。如同人类生而具有四肢五官一样，先验论认为政治统治权利是建立在个人的先天自然权利基础上的。人是生下来就具备某种权利特征的，这种特征是无法通过后天的社会实践来达成的，而国家统治权利正是基于这种人类的先天权利而实现的，没有个人的先天自然权利，就没有作为权威的世俗统治权利。个人权利的先验论论点往往与自然法观点和宗教观点结合在一起出现，这是启蒙运动的重要理论成果之一，直接推动了欧洲资产阶级革命的发展。

（一）卢梭的天赋人权

对于先验论，首先要分析的是卢梭。卢梭在他的《社会契约论》开篇就提道："人是生而自由的，但却无往不在枷锁之中。自以为是其他一切主人的人，反而比其他一切更是奴隶。"[①] 人生而是自由的，这就确定了一种假设，人们缔结社会契约的权利是先天的、内在于人自身的一种自然规定。在卢梭的论证里，自由是一种人类的天性。在一定的条件下，这种自由会自然而然地得到体现："这种人所共有的自由，乃是人性的产物。……一个人一旦达到有理智的年龄，可以自行判断维护自己生存的适当方法时，他就从这时候起成为自己的主人。"[②] 不仅如此，这种自由是神圣的，它不可侵犯，也不可分割。只有当事人自身可以决定对其进行何种处分。"他们的自由属于他们自己，除了他们自己而外，任何别人都无权加以处置。"[③] 在天赋人权的强力论证的基础上，卢梭论证了社会公约的产生。在自然社会的各种限制和危险中，人们为了自我保存和发展，只能以一种共同协作的方式来生活，"要寻找出一种结合的形式，使它能以全部

---

① 〔法〕卢梭：《社会契约论》，商务印书馆，2008，第4页。
② 〔法〕卢梭：《社会契约论》，商务印书馆，2008，第5页。
③ 〔法〕卢梭：《社会契约论》，商务印书馆，2008，第12页。

共同的力量来维护和保障每个结合者的人身和财富",① 那么人们就必须要签订一种建立在"公意"基础上的盟约。这种盟约是订约的人们将自身的权利置于一种共同体权利之下的契约，从此人们摆脱了蒙昧的个人兽欲，走向了正义的社会理性。因为人们既然将自己贡献给了社会。那么这个共同体就在贡献的意义上完成了平等价值的构建，因为"条件对于所有的人既都是同等的，便没有人想要使它成为别人的负担了"。不仅如此，在缔约者将自身贡献给这种共同体之后，共同体的统治权利与其个人的天赋权利完美地合为一体。"侵犯其中任何一个成员就不能不是在攻击整个的共同体；而侵犯共同体就更不能不使得它的成员同仇敌忾。"② 这样，统治权利就产生了一种先天基础上的正义价值。个人与共同体之间融为一体，对此孟德斯鸠回应道："在慈爱的民法的怀抱里，每一个人都是整个国家。"③在卢梭的论证中，建立在先天权利基础上的统治权利，正是这样一种个人与共同体的完美结合。在这种结合中，每一个共同体的缔约人对共同体的服从都是对其自身的服从，反过来，共同体也与共同体中的每一个人荣辱与共，唇齿相依。在共同体中，缔约人除了自己，不需要服从任何其他权威。这样，在天赋权利的缔约融合中，人们既实现了自身的权利，同时也通过缔约的方式将这种权利作用于自身，形成了一种天赋权利基础上的政治合法性。这是一种人民自我的统治、一种人民对自我的服从。所谓"无往不在枷锁之中"，这种"枷锁"，指的正是这种个人天赋权利融合而成的共同体的统治权利，反过来作用于个体的过程。从本质上说，这种过程是缔约者天赋人权的自我制约。"我服从，我服从的是自己。同时，我统治，我也统治着自己。"这就是卢梭契约论的精髓：天赋人权基础上的共同体的统治权利。多个个体通过契约将自身融合为一个共同体之后，这个共同体就拥有了自身对自身的统治权利。这种统治权利是一种自然天赋的个人权利的社会结合。在卢梭的眼中，这无疑是一幅完美和谐的图景。正是因为这种统治权利是建立在不可动摇的天赋人权的基础上的，所以，在之后的论证中，他便坚定地论证到这种共同体的主权是不可分割、不可转让的。④ 毋庸置疑，卢梭的政治学说，就是建立在这样一种天赋人权的先天

---

① 〔法〕卢梭：《社会契约论》，商务印书馆，2008，第 19 页。
② 〔法〕卢梭：《社会契约论》，商务印书馆，2008，第 20、23 页。
③ 〔法〕孟德斯鸠：《论法的精神》（下册），商务印书馆，2005，第 212 页。
④ 参见〔法〕卢梭《社会契约论》，商务印书馆，2008，第 31~34 页。

权利论基础上的。

（二）孟德斯鸠的自然权利

接下来分析孟德斯鸠。孟德斯鸠是在自然法的基础上论证统治的正当性的。孟德斯鸠认为，世界上的一切事物都不是盲目存在的。统治权利也是如此，其离不开自然法的源泉。他认为，世间万物之间都是有着规定性关系的，这种规定性关系，是一种"根本理性的存在着的"事物，法作为这种根本秩序的规则，就是"这个根本理性和各种存在物之间的关系，同时也是存在物彼此之间的关系"。① 孟德斯鸠的自然法观念是欧洲封建启蒙时代的产物，具有明显的双重特征。一方面，他推崇上帝，认为"上帝是宇宙的创造者和保养者"；另一方面，他也重视同时期自然科学的伟大进步，他将社会的法与牛顿力学定律相比较，认为人类社会也是在这种自然法的规定下运转和存在的。显然，他的学说在浓厚的宗教和自然法色彩之上，又融入了启蒙运动自然科学的成就，具有自然神论的特点。于是，自然法的假设，就成为孟德斯鸠法律理论和政治理论的基础假设。在这种自然法的假设下，他分析了人类社会自然状态下的几条规则。与霍布斯不同，他认为在自然状态中，人们普遍具有一种"自卑感"，根本不存在一种互相攻打从而形成战争状态的可能。所以，"和平应当是自然法的第一条"，在这条自然法的规定中，个人享有自身安宁的权利。不仅如此，人们在感到自卑和无助的基础上，产生了相互间的需要动机。所以另一条人类社会的自然法就是"促使他去寻找食物"，② 在这条自然法的基础上，人们拥有了互惠的权利。他以动物之间相互亲近的快乐感受为基础，论证了人类的这种互相需要。不仅如此，在上帝的安排下，尤其是男性与女性出于彼此之间的差异而感受到的情趣之下的爱慕之情，构成了自然法的第三条，那就是人类的生殖权利。在上述三条规则的基础上，人类还有着一种动物没有的特点：知识和理性。在这种内在的要求下，人们需要结成社会，以达成一种理性。这就构成了自然法的第四条："他们需要有一个互相结合的新理由：希望过社会生活。"③ 需要指出的是，孟德斯鸠并不否认人类社会战争状态的存在。但是与霍布斯不同的是，他认为人类的战争状

---

① 〔法〕孟德斯鸠：《论法的精神》（上册），商务印书馆，2005，第1页。
② 〔法〕孟德斯鸠：《论法的精神》（上册），商务印书馆，2005，第5页。
③ 〔法〕孟德斯鸠：《论法的精神》（上册），商务印书馆，2005，第5~6页。

态是人类结成社会之后发生的，人们通过结成社会，感受到了"自己的力量"，于是便以社会的整体力量为工具，对外进行掠夺以满足自身的享受。在战争状态中，人类社会之间产生了国际法；社会内部的统治者与被统治者之间产生了政治法。与此同时，在一切民间的关系的调整状态中，产生了民法。他认为"一切个人的力量的联合就形成我们所谓的政治的国家"，这种联合是与"政治法"密不可分的，因为政治法是"这些意志的联合"。① 在孟德斯鸠的政治分析中，有一种将政治现象法律化的倾向，在这里也不例外。他认为政治是一种政治法下的统治与被统治关系，政治权威本质上是一种政治的法律关系。由此，他就完成了政治权威从自然法向政治法的过渡。毫无疑义的是，在孟德斯鸠的眼中，政治权威的基础是人类社会的自然法则，这种自然法则同样是一种人类的先天存在，与上帝相关，是一种宇宙的秩序。不仅如此，在之后的论证中，他还分析了三种政体：君主政体、共和政体和专制政体。三种政体的原则分别是荣誉、品德和恐怖。② 他认为这三种政体的原则就是一种自然法则在政治领域的体现，所以他认为立法应该与这三种自然法原则相适应。这就从另外一个层面证明了孟德斯鸠政治学说的自然法基础。显然，他认为无论是共和政体、君主政体还是专制政体，其权威都建立在一种自然法则的基础上。虽然与卢梭的天赋人权不同，他没有从权利的角度直接论证统治权利，但是以自然法为基础的分析，仍然是一种先天的合法性论证，因为自然法的内容是人们的先天权利。从孟德斯鸠自然法学说的内容上来看，虽然其没有着重论及个人权利，但无论是第一条的和平、第二条的互惠还是第三条的生殖，都是自然法下人类的先天权利。所以，孟德斯鸠的自然权利观点是一种重要的权利先验论学说。

（三）洛克的自力救济权利

统治权利先验论的另一位重要思想家是洛克。同卢梭一样，洛克强调在自然状态中，每一个人都拥有自身完全的自由，人们自然地拥有一切同样的有利条件，能够运用相同的身心能力，这是一种平等的自然条件。洛克认为，在这种自然平等的自由之中，"一切权力和管辖权都是相互的，

---

① 〔法〕孟德斯鸠：《论法的精神》（上册），商务印书馆，2005，第7页。
② 参见〔法〕孟德斯鸠《论法的精神》（上册），商务印书馆，2005，第49~75页。

没有一个人享有多于别人的权力……不存在从属或受制关系，除非他们全
体的主宰以某种方式昭示他的意志，将一人置于另一人之上，并以明确的
委任赋予它以不容怀疑的统辖权和主权"。① 在这里，同卢梭一样，洛克坚
持人生而自由的自然权利观念，认为先在的自由是人类先天具有的普遍权
利，没有哪一种权威可以侵犯这种先在的自由，因为这种先在的自由是建
立在人类毫无差别的身心能力的基础上的。在这种自由的状态中，也存在
一定的限制，那就是自然法。洛克特别强调人类的理性作为一种自然法对
人们的规范作用："人们既然都是平等和独立的，任何人就不得侵害他人
的生命、健康、自由和财产。"在这种天经地义的理性的指导下，每个人
都有权去惩罚违反自然法的人。这是洛克天赋权利学说的独特之处，他将
一种惩罚的责任伦理用作人们结成政治权威的桥梁。他说道："为了约束
所有的人不侵犯他人的权利、不互相伤害，使大家都遵守旨在维护和平和
保卫全人类的自然法，自然法便在那种状态下交给每一个人去执行，使每
人都有权惩罚违反自然法的人，以制止违反自然法为度。"② 洛克认为在这
种自然状态中，人类还没有公力救济的途径，只能通过自身的自力救济，
来遵从自然法的指引，维护自身的财产和安全。之所以人人都有这样的权
利，是因为违反自然法的人所做的就是一种对自然法状态下所有人权利的
侵犯。因此，"在自然状态中，人人都有处死一个杀人犯的权力，以杀一
儆百来制止他人犯同样的无法补偿的损害行为，同时也是为了保障人们不
受罪犯的侵犯"。③ 在这里，洛克将卢梭视野中个人与共同体的融合性质的
权利观念从契约法阶段提前到自然法阶段。他认为在自然状态下，人们既
然拥有与生俱来的自由和安全的平等权利，那么人们就可以依据这种自然
法来维护一种个人与众人的自然法权利。在这里，每个人的自然法权利都
是相互依存的。一个人的权利受到了侵犯，另一个人也有权对侵犯者实施
惩罚。对于罪大恶极的故意杀人者来说，其就是人人得而诛之的。这是因
为"这个罪犯既已绝灭理性——上帝赐给人类的共同准则——以他对另一
个人所施加的不义暴力和残杀而向全人类宣战，因而可以当作狮子或者老
虎加以毁灭，当作人类不能与之共处和不能有安全保障的一种野兽加以毁

---

① 〔英〕洛克：《政府论》（下篇），商务印书馆，2011，第3页。
② 〔英〕洛克：《政府论》（下篇），商务印书馆，2011，第4~5页。
③ 〔英〕洛克：《政府论》（下篇），商务印书馆，2011，第7页。

灭"。① 在自然法状态下，虽然人们尚未组成契约共同体，也未在此基础上建立国家的权威，但是人与人之间的权利仍然是相互依存的，以至于人人都有权利来反抗他人的被侵犯。这里大有一点孔子"见义而不为，无勇也"② 的道德含义（虽然两者也有较明显的区别）。当然，洛克也主张这种惩罚要视侵犯者违背自然法则的轻重情况而定，要根据他的悔罪情况、造成的损害程度等情况来进行。从这种观点看来，洛克的天赋权利思想要比卢梭的更为激进，他认为人们在自然状态下就已经拥有了行为上的惩罚侵犯者的自卫权利，而且这种权利具有人与人之间相互依存的特点，一荣俱荣，一损俱损。在洛克的眼中，这种天赋的权利在自然状态下就已经具有了实际行动的意义：那就是人人都有权利去制止、惩罚那些侵犯自然法下每一个人正当权利的行为和行为人。可见，洛克的天赋权利观念要比卢梭的更为强烈、深入和具体。

在这种天赋权利的先天权利论前提下，洛克构建了他的合法性理论。他首先分析了战争状态与自然状态的明显区别。与霍布斯认为自然状态等同于战争状态不同，在洛克眼中，战争状态只是人类自然状态下的一种特殊情况。"人们受理性支配而生活在一起，不存在拥有对他们进行裁判的权力的人世间的共同尊长，他们正是处在自然状态中。但是对另一个人的人身用强力或者表示企图使用强力，而又不存在人世间可以向其诉请救助的共同尊长，这是战争状态。"在没有世俗权威的前提下，每一个人都可以运用自己的力量，向侵犯自己自由和财产的人宣战。但是当这种"强力一旦已停止使用，处在社会中的人们彼此间的战争状态便告终止"，③ 所以这种战争状态只是人类社会自然状态下的一种特殊情况。在这种假设下，通过论证人类的奴役、财产和父权的问题，洛克论证了人类为了避免自然状态下处理争议的种种不便，结成政治社会，建立作为仲裁者的政治权威的过程。为了应对自然状态下的种种不便情形，人类组建了公民社会（政治社会），不再拥有自助处罚侵犯者的权力，而转向共同服从于同一个权威之下。"在这个社会中，每一个成员都放弃了这一自然权力，把所有不排斥他可以向社会所建立的法律请求保护的事项都交由社会处理。"④ 于

① 〔英〕洛克：《政府论》（下篇），商务印书馆，2011，第 7 页。
② 杨伯峻译注：《论语译注》，中华书局，1980，第 22 页。
③ 〔英〕洛克：《政府论》（下篇），商务印书馆，2011，第 12~13 页。
④ 〔英〕洛克：《政府论》（下篇），商务印书馆，2011，第 52~53 页。

是，人们就都服从于这个权威，将可以诉诸这个权威的事项都交予权威处理，自身则免去了自然状态下的诸多不便。这样，洛克最终建立了他自然法先天权利下的合法性学说。毫无疑义，洛克的合法性学说是以个人权利的先验论为基础的。

二 规范分析的消解：权利经验论

在契约论的理论派别中，与先验论不同，经验论强调作为权威基础的权利的经验本质。经验论不假设权利的先天自然存在，恰恰相反，它认为人类的权利是自身理性在后天的实践过程中逐步发现和建立的。一个人生下来并不一定具有各种统一的、完整的权利，他具有什么权利，是一个实践的、具体的、客观的问题，受到诸多外在条件的制约。权利从来不是先天存在的事物，它是人类社会在实践过程中逐步产生的、一种互动过程的结果。虽然最后权利经验论流派也得出了社会契约下世俗政府获得权威的结论，但是其对这种契约论权威的基础——人类权利起源的论述，却与先验论流派迥然不同。在他们的论证中，并没有天赋的权利假设。人类天赋的本领是以自身的理性为主要标志的，在这种理性的起点上，人们通过一种实践互动的过程，最终发现并设定了自身与他人的权利。

权利经验论的观点虽然没有脱离契约论的范畴，但从本质上仍然是一种对于规范分析的消解。因为权利经验论放弃了个人权利的绝对观点，转而走向了个人权利的相对观点。个人权利不再是神圣不可侵犯的先天禀赋，而是一种可以在社会实践中有所取舍的相对事物。换句话说，权利经验论认为，不是所有人生下来都应该具备同样的权利，因为权利是在不同的国家、自然条件、风土人情之下产生的。所以，权利本身也会有各种各样的形态，其水平有区别，其程度有高低。我们无法想象，一个在非洲原始部落中诞生的婴儿，可以先天地拥有和文明国家公民一样的权利。显然，各种客观条件的不同，制约了个人权利的实现程度和水平。从这个意义上说，权利经验论将合法性规范分析研究中的那种绝对的"应然"因素进行了消解，从逻辑上走向了经验分析的研究范式（虽然在形式上，权利经验论仍然属于规范分析的契约论观点）。

权利经验论的延流主要集中于德国的思想家，如康德、费希特与黑格尔。下面就分别述之。

（一）康德的"理性自律人"

康德是德国近代哲学的奠基者。学界所讨论的权利经验论也是从他的理论开始的。作为对 18 世纪法国启蒙运动思想家们的回应，康德从人自身的角度，提出了一套崭新的合法性契约论。在《纯粹理性批判》这一著作中，康德认为凡是理性发现的真理性知识都不能是通过后天的经验获知的，而必须是通过先天的悟性而感知到的。因为真理性知识涵盖了世界的某种普遍意义，而经验则必然有着时空上的局限。运用时空上作为局部的某种个别部分的经验知识，很难认识到真理的整体。这种观念体现在实践理性中，就是指一个理性的人运用"悟知能力"把握先天的实践法则（自然法），从而进行实践的能力。而人与人的权利则是在实践的过程中，通过积累经验而产生的一种事物。关于实践理性，他论证道："因为实践法则具有完全客观的而非单纯主观的必然性，并且必定是由理性先天地认识到，而非通过经验认识到的（不论这种经验在经验中是如何的普遍）。甚至相互一致的现象的规则之所以被称为自然法则（例如力学法则），也是因为我们或者实际上先天地认识到它们，或者认定（就如在化学法则那里）：倘若我们的洞见更深入一层，他们也会从客观根据上先天地被认识到。"[1] 在这里，一个有意志的人凭借自身的理性为自身立法，从而与其通过悟知能力获得的外在客观的自然法则达成一致，最终获得了自由。在康德的论证中，理性与自由是相辅相成的概念，理性之中才有自由，而自由则需要理性来得以实现。所以，他说："一个只有准则的单纯立法形式能够用作其法则的意志，是自由意志"；"这样行动：你的意志的准则始终能够同时用作普遍立法的原则"。[2] 在这里，我们可以看到康德哲学中一个能够运用自身理性进行自我立法，并在"自为的实践"中实施，从而最终在现实中获致自由的"理性人"形象。

理性，是康德所假设的一种人类的天赋能力，而权利则是后天的一种实践理性的结果。在康德的眼中，理性是人类的天赋素质，在理性之上的自由，则是一种后验的权利。人们出于意志首先运用理性对主观与客观进行反思，制定一种自我行动的"道德法则"。不仅如此，康德认为，这种

---

[1] 〔德〕康德：《实践理性批判》，商务印书馆，1999，第 26 页。
[2] 〔德〕康德：《实践理性批判》，商务印书馆，1999，第 29、31 页。

"法则一般的被看作是实践理性产生于意志，准则出现于意志做出选择过程的活动中"，可见，与规则的制定相辅相成的是，意志可以在理性的基础上进行选择，这种能力"不但可以做出合乎上述法则的选择，也可以做出违背此法则的选择"。① 于是，对于自为的意志来说，无论其是否遵从自身的立法，都是一种自由的体现，这里尚不存在外在的约束。

而权利，就是于自为意志的互动中，于外在的人与人之间的实践关系中产生的。关于权利的概念，康德论道："首先，它只涉及一个人对另一个人的外在的和实践的关系，因为通过他们的行为这件事实，他们可能间接地或直接地彼此影响。"② 从本质上说，这种权利的概念产生于不同个体自由权利之间的关系，这种关系在规范意义上是中性的，它"并不表示一个人的行为对另一个人的愿望或纯粹要求的关系，不问它是仁慈的行为或者不友好的行为"。也就是说，在不同个体自由的相互关联中，权利的概念并不关注这种意志与意志之间互相表达的内容，换言之，当事人之间交换的意志的内涵，与中性的权利概念没有关系。"在这些有意识行为的相互关系中，权利的概念并不考虑意志行动的内容，不考虑任何人可能决定把此内容作为他的目的。换言之，在一个权利问题中不需问人。"换句话说，无论人与人之间关系的内容如何，不管是友好还是敌对，权利作为一种形式上的条件，容纳着各种不同个体的自由。在这个基础上，康德给出了权利的定义："可以理解权利为全部条件，根据这些条件，任何人的有意识的行为，按照一条普遍的自由法则，确实能够和其他人的有意识的行为相协调。"③ 至此，康德的后验主义权利观念得以完全建构。这种权利观念认为，权利不是先天赋予的，而是人类天性——理性的一种实践结果，在这种结果中，权利作为一种形式条件，确保人与人之间的自由可以相互容纳和并存。

虽然在权利的观点上存在分歧，但是在论述政府权威形成的方面，康德与卢梭等人并没有本质区别。所以总体上看，康德的权利经验论也属于契约论的范畴。他认为国家的权威是在一种应对外来挑战的需要下，人们运用自身的自由权利通过签订契约而建构的。"在一个法律的社会状态能够公开建立之前，单独的个人、民族和国家绝不可能是安全的、不受他人

---

① 〔德〕康德：《法的形而上学原理——权利的科学》，商务印书馆，1991，第33、34页。
② 〔德〕康德：《法的形而上学原理——权利的科学》，商务印书馆，1991，第39页。
③ 〔德〕康德：《法的形而上学原理——权利的科学》，商务印书馆，1991，第40页。

暴力侵犯的。这种情况从人们的思路中便可以看得很清楚，每个人根据他自己的意志都自然地按着在他看来是好的和正确的事情去做，完全不考虑别人的意见。"于是，人们不得不接受一种原则的规制，实质上放弃了自身的一部分权利，"和所有那些不可避免要互相来往的人组成一个政治共同体，大家共同服从由公共强制性法律所规定的外部限制。人们就这样进入了一个文明的联合体，在这其中，每人根据法律规定，拥有那些被承认为他自己的东西。对他的占有物的保证是通过一个强大的外部力量而不是他个人的力量。对所有的人来说，首要的责任就是进入文明社会状态的关系"。① 至此，康德完成了他的国家理论的构建。无可非议的是，康德眼中契约论下的国家权威，是建立在一种后天的、经验的、积累的个人权利基础上的。

（二）费希特对康德的解读

康德之后的费希特也是一位主张权利经验论的哲学家，他的国家学说的合法性基础也是实践理性的经验性权利，而不是先天存在的天赋人权。他继承了康德的分析范式，并将其进一步进行了阐释。费希特的论证起点同康德一样，也是人类的理性与自由意志的并存关系。他将康德的论证分成了三个步骤。首先，他分析了理性的人与自由意志的关系，如果一个理性的人不通过一定的自我立法的形式对自身进行规范，就不能算是有这种自由意志下的理性。这个观点直接继承了康德的理性论点。他表述道："一个有限理性存在者不认为自身有一种自由的效用性，就不能设定自身。"他指出，"理性存在者的本质是完全回归到自身的能动性。理性存在者的自我设定是这种能动性的一个活动……理性存在者通过这一能动性的活动设定自己"。② 正是意志对自身进行设定的自我立法活动，使得意志走向了理性的目标地，并最终在实践中达成了自由。在这里，费希特对康德的"理性人"形象进行了补充，那就是"一个有限理性的存在者"。他认为理性的存在者并不是对所有事物进行反思，而是只能对被限定的东西进行反思。这个思想进一步完善了康德的理性人观点。接着，费希特又进一步分析了理性存在者之间的相互依存性。没有世界中的另一个同样的理性

---

① 〔德〕康德：《法的形而上学原理——权利的科学》，商务印书馆，1991，第136~137页。
② 〔德〕费希特：《自然法权基础》，商务印书馆，2004，第17页。

存在者 b，那么理性存在者 a 就很难将自身理解为或者设定为一种理性的存在者。他说道："一个有限理性存在者不认为其他有限理性存在者有一种自由的效用性，因而也不假定在自身之外有其他理性存在者，就不能认为自身在感性世界中有自由的效用性。"① 第一个结论中的理性存在者是不能孤立存在的，在现实世界中，他必须要有一个伙伴，一个自己的影子，作为一种理性的天然、生动的镜面形象出现，才能够感受到自身理性的自我设定的意义，乃至最终理解自身意志的自由。"人们肯定不会说，可以设定的是一种一般的效用性，一种单纯可能的效用性，因为这会是一个不确定的思想。"② 脱离了外在的"他我"，作为主体的"我"也很难意识到自身理性设定下的自由状态。这种观点与"己所不欲，勿施于人"③ 的儒家观点有形式上的相似性，那就是人正是在体会他人之意志的过程中，才体会到了自身的意志。正是在体会他人的理性自我设定的过程中，才实现和规定了自身的理性设定。这里有一个心理学上"移情"的过程，同时也有一个学习的过程。费希特也说："如果确实应当存在着人，就必定存在着许多人。"④ 从中可以看出，费希特和康德眼中的理性存在者实际上是一种类存在，没有一种类存在，这种理性的自身设定就不可能被主体自身发觉，并且最终得以实现，建立在理性基础上的自由就更无可能。最后，费希特得到了他经验权利观的结论。一个理性的存在者只有在自己和他人之间建立一种法律规定下的权利，才能确定地说在自身之外还有其他的理性存在者，从而最终实现自身的理性。这个结论是在他前两条论证的基础上得出的，是一种对权利的经验分析定义。正是在后天的人与人之间理性的互动和张力中，权利得以最终实现。费希特论说道："一个有限理性存在者不把自身设定为能与其他有限理性存在者处于一种确定的、人们称之为法权关系的关系中，就不能假定在自身之外还有其他有限理性存在者。"⑤这样，费希特就成功地证明了人在人类存在的互动经验过程中，自身的权利也得到了实现。

费希特在经验权利论的基础上，提出了自己的国家学说。在共同体的

---

① 〔德〕费希特：《自然法权基础》，商务印书馆，2004，第 30 页。
② 〔德〕费希特：《自然法权基础》，商务印书馆，2004，第 31 页。
③ 杨伯峻译注：《论语译注》，中华书局，1980，第 166 页。
④ 〔德〕费希特：《自然法权基础》，商务印书馆，2004，第 41 页。
⑤ 〔德〕费希特：《自然法权基础》，商务印书馆，2004，第 42 页。

互动过程中，人们发现安全的重要性，于是便为了"相互的安全"，发现了"共同的意志"。这里的共同意志与卢梭的"公意"从本质来说基本一致。费希特论证了这种共同意志对一切人的权利的重要意义，只有具备了这种共同意志，才能使"个人意志与共同意志得到了综合统一"，才能期待"一切人的法权的保障"。① "这种共同意志为了能够保持自身的优势，并用强制手段保持自己的稳定，就必须具备一种权力，更确切地说，就必须具备一种最高权力——国家权力"，这种"共同意志在某个时间确实已经表现出来，并且通过依据共同意志订立的公民契约成了普遍的法律"。② 在最后的论证中，费希特回归了契约论的范式。这样他就在经验论的个人权利基础上，构建了另一种契约论的国家学说。

（三）黑格尔的"理性国家"

在费希特之后，值得关注的权利经验论者就是黑格尔了。虽然在严格意义上，黑格尔已经偏离了权威契约论的基本范式。但是其论证也是按照权利契约论的研究进路开展的。而且即便是黑格尔提出的作为"自在自为的理性"③ 的国家，也是一种经验意义上个体意志的集合与升华，本质上是一种非契约的契约。所以这里也对黑格尔的权利经验论作一分析。黑格尔论证的起点也不是天赋人权，而是一种意志的观点。意志与自由的并行存在，是黑格尔法哲学的起点。"法的基地一般说来是精神的东西，他的确定的地位和出发点是意志。意志是自由的，所以自由就构成法的实体和规定性。"④ 在意志与自由并存的基本观点之上，他用辩证法扬弃了费希特的哲学，并将康德的范式转化为更加简洁的辩证法下的表达。他将意志的自身反思称为意志的"特殊性"，将意志对其他意志的观照称为"普遍性"。他认为"意志是这两个环节的统一，是经过在自身中反思而返回到普遍性的特殊性——单一性。这是自我的自我规定"。在这里，黑格尔运用辩证法的方式，将康德与费希特理性意志自我立法而规定自身的思想简练地表达了出来，并且极具思辨性："它（意志）设定自己作为它本身的否定的东西，即作为被规定的、被限制的东西；它留在自己那里，即留在

---

① 〔德〕费希特：《自然法权基础》，商务印书馆，2004，第 154~155 页。
② 〔德〕费希特：《自然法权基础》，商务印书馆，2004，第 157 页。
③ 〔德〕黑格尔：《法哲学原理》，商务印书馆，2007，第 253 页。
④ 〔德〕黑格尔：《法哲学原理》，商务印书馆，2007，第 10 页。

于自己的同一性和普遍性中。"① 在这里，黑格尔运用辩证法的极其简明的语言，将理性意志自我设定从而在实践中达成自由的康德范式进行了重新表达。意志从"我"出发，并通过外在的"他我"对自身进行设定，在这个过程中，意志的普遍性与特殊性得到了统一。个人与社会也最终结合在一起。在此基础上，黑格尔定义了法或者权利的观念："任何定在，只要是自由意志的定在，就叫做法。所以一般说来，法就是作为理念的自由。"② 同康德的法与权利的概念一样，在这里黑格尔认为存在否定和肯定的对立。一方面，是外在的"他我"的限制，是否定意志的一面，是义务；另一方面，则是"一个人的人性和另一个人的人性的符合一致"，③ 是肯定意志的一面，是权利。这里，黑格尔就将自己的权利论与康德的权利论统一了起来，也完成了自己权利论的构建。

从权利论开始，黑格尔走上了一条与传统契约论有所不同的国家建构思路。黑格尔认为作为伦理的外壳，个人权利过渡到国家要经历三个阶段："自然精神——家庭；在它的分裂或现象中——则为市民社会；国家，即表现为特殊意志的自由独立性的那种自由，即是普遍的又是客观的自由。"④ 在黑格尔的眼中，法的实质是一种意志和精神的定在，是一种"绝对精神"的外化体现。对个体来说，是其意志对自身的规定，在这个过程中理性的意志获得了自由。对家庭来说，是一种基于人自然生理之上的自然精神的意志，形成了家庭的伦理。在家庭中，个体通过一种与外在家庭成员之间的扬弃式的互动，将意志自身的特殊性与普遍性进行了统一，即我中反映着你，你中也反映着我。而这些都是以自然精神为内涵的。同样地，在家庭的基础上产生了市民社会。正是小范围的家庭意志之间的对立统一构成了市民社会，在这个过程中，每个家庭也确定了自身的普遍性和特殊性。在同样的扬弃过程中，市民社会上升为国家，国家作为基于"特殊民族精神"和"普遍世界精神"对立统一的最高精神，是一种"最高的法"。在这里，黑格尔没有从"契约"这一连接个体意志与共同意志的途径出发，而是以辩证法为途径，论证了意志本身的融合与成长，是从低层次到高层次的一种进化过程。黑格尔写到自己的国家观点与卢梭的区别：

---

① 〔德〕黑格尔：《法哲学原理》，商务印书馆，2007，第17页。
② 〔德〕黑格尔：《法哲学原理》，商务印书馆，2007，第36页。
③ 〔德〕黑格尔：《法哲学原理》，商务印书馆，2007，第37页。
④ 〔德〕黑格尔：《法哲学原理》，商务印书馆，2007，第41页。

"卢梭在探求这一概念中作出了他的贡献，他所提出的国家的原则，不仅在形式上（好比合群本能、神的权威），而且在内容上也是思想，而且是思维本身，这就是说，他提出意志作为国家的原则。然而他所理解的意志，仅仅是特定形式的单个人意志（后来的费希特亦同），他所理解的普遍意志也不是意志中绝对合乎理性的东西，而只是共同的东西，即从作为自觉意志的这种单个人意志中产生出来的……是以单个人的人性、意见和随心表达的同意为其基础的。"① 在这里，黑格尔认为传统契约论中的"共同意志"概念，作为个人权利的结合，是一种非理性的产物，污染了国家的"绝对的权威和尊严"，而他所说的国家精神，乃是一种在共同意志基础上的理性升华，是一种在个人意志的融合与个人权利的让与过程中，理性因素扬弃非理性因素的运动。所以，我们可以看到黑格尔的国家是一种契约论意义上国家的理性化产物。这样，黑格尔就完成了权利（法）的经验论基础上的国家构建。

三　经验分析：权利功利论

与权利先验论者们不同，功利主义沿着权利经验论的道路走得更远。在他们眼中不仅权利是人类在后天的实践中实现的，而且这种实践对应的是人们的现实利益。正是在对现实利益的追逐过程中，人在人与人的关系中确定了自身的权利。功利主义将权利的后天形成过程总结为利益的追寻和实现机制，这标志着功利主义与经验分析之间的重要区别。同时，作为一种经验分析范式，权力功利论也彻底地与权利先验论相对立了起来。在功利主义学者眼中，人们的权利是可以计算的幸福体系，这种幸福体系本质上是人们后天实践过程中的现实利益，而不是先天神授或者是自然授予的。功利论与启蒙运动的理性主义相关，是一种主张理性计算的学说流派。在这种权利观念的基础上，公共权威的合法性不再是在一种契约性的同意下人们对自身权利的让与，而是一种独立的公共利益。这样，黑格尔语境中的国家作为一种独立理性的实体就具备了它的现实内容，那就是公共利益。功利主义论点强调公共利益的重要性，认为在公共利益的基础上，权威的合法性理论才是可能的。功利主义的思想家较为众多，其主要代表者是边沁与休谟。

---

① 〔德〕黑格尔：《法哲学原理》，商务印书馆，2007，第 255 页。

(一) 边沁的功利论

边沁反对权利先验论的主张，他认为权利先天论的主张是模糊而错误的。他批评了自然法等权利先验论的主张，认为权利只有在功利的意义上才能被明确地界定。边沁运用了一种令人熟悉的理性主义的口吻批评了自然法的权利观念："许许多多人不停的谈论自然法……有时候，你听到的不是自然法一语，而是理性法、真正理性、天然正义、天然公平、正常秩序。其中任何一个都将同样管用，并且极经常地用于政治……它们只是有气无力地坚持要被当作关于它们本身的实在标准看待，而且似乎满足于有时被认作表示有关问题符合适当标准，不管该标准可以是什么。"在这里，边沁对契约论的批评似乎令人感到权利先验观念是一种类似迷信的蒙昧学说，模糊的不确定性是边沁对权利先验观念的最大批判。正因为如此，他认为"在大多数场合说功利更好：功利一语更为清晰，因为它更明确地指明痛苦和快乐"。[1] 不仅如此，在他的另一本著作中，他直接批评契约论先验权利观点的虚构性："关于原始契约和其他的虚构，也许在过去有一段时期，它们有它们的用途……但是虚构的理由现在已经过时了：以前是在这个名义下，也许得到过容忍和赞许；如果现在仍试图使用的话，它就会在更严重的伪造或欺骗的罪名下，受到谴责和批评。现在试图提出任何一种新的虚构，都可以说是一种新的罪过。"[2] 这种论证直接将权利先验观念推向了"罪行"的新高度，表达了边沁绝对理性的功利计算态度。边沁自信地宣称除了功利原理，其他一切原理都是错误的，自然法观念、宗教观念、禁欲主义等非功利观念，都不可避免地具有这样的或那样的错误，唯有功利观念才是理解人类社会权利的有效视角。在这种唯功利论的主张下，国家的权威不再是一种契约意义上的同意的让与，而是具有了独立的实在意义——公共利益。这种利益本质上是一种对幸福和痛苦的计算，它存在于社会的每一个角落，"正是为了社会利益，他们必须遵守诺言；如果他们不这样做，等到惩罚来临时，就会迫使他们遵守诺言。正是为了整体的利益，每个个人的诺言都必须遵守，而不是不须遵守"。[3] 在边沁的论证中，我们看到了整体的权利决定个人的权利这样一种逻辑，社会的公共

---

① 〔英〕边沁：《道德与立法原理导论》，商务印书馆，2006，第 74 页。
② 〔英〕边沁：《政府片论》，商务印书馆，1997，第 150 页。
③ 〔英〕边沁：《政府片论》，商务印书馆，1997，第 154 页。

权利已经近乎是一种超越个人权利的权利了，这与权利先验论的契约论认为个人的权利先于国家的观点已经迥然不同了。在这种观念下，统治者就是为了公共利益而进行统治，权威合法性的基础是一种公共利益，而被统治者之所以服从，也是一种功利计算基础上的权宜之计，并不具备"同意"意义上的规范色彩。"简言之，为什么必须服从，那是因为服从可能造成的损害小于反抗可能造成的损害。总之，为什么必须服从就是因为这是出于他们的利益，他们有义务去服从，而不是出于别的理由。"① 这样，边沁就建立了他纯粹功利计算基础上的权威合法性学说。

（二）休谟的功利论

权利功利论的另一位代表人物是休谟。休谟也是理性主义的信守者，他认为"一切理证性的科学中的规则都是确定和无误的。但是当我们应用它们的时候，我们那些易误的、不准确的官能便很容易违背这些规则，而陷于错误之中"，所以作为科学家应该以科学的态度来看待问题。从本质上说，先验的权利论证具有相当的不可靠性，休谟认为没有一个思想家可以达到"他刚一发现一条真理，就完全深信不疑，而不把它看作只是一个单纯的概然推断"。② 与边沁一样，休谟反对那种先天的分析，主张运用人类后天的理性认知来分析事物，认为理性才是知识的来源："关于原因和结果的一切推理都只是由习惯得来的；而且恰当地说信念是我们天性中感性部分的活动，而不是认识部分的活动。"③ 在关于政治的讨论中，休谟反对主张权利先天存在的契约论学说，认为只有功利原则才能准确地分析人类社会的权利现象。"产生正义感的那些印象不是人类心灵自然具有的，而是发生于人为措施"；④ 权利不可能先验地产生于人的自身，而是产生于人类后天的实践过程中。在这种权利经验观的基础上，休谟批评了契约论的观点，认为如果契约论的结论"推得太远，包括了一切时代和一切情况下的政府，那么它就是完全错误的了。我主张，忠顺的义务虽然在最初是建立在许诺的义务上，并在一个时期内被那种义务所支持的，可是它很快

---

① 〔英〕边沁：《政府片论》，商务印书馆，1997，第155页。
② 〔英〕休谟：《人性论》，商务印书馆，2008，第206页。
③ 〔英〕休谟：《人性论》，商务印书馆，2008，第210页。
④ 〔英〕休谟：《人性论》，商务印书馆，2008，第537页。

就自己扎根，并且有一种不依靠任何契约的原始的约束力和权威"。① 可见，在休谟的眼中，虽然契约论仍然具有一定的意义，但是国家权威的合法性主要还是一种后天的经验性构造。这种政治权力的合法性本质上并不是个人权利的让与（个人权利也不是天生就存在的），而是一种在后天自为的实践中产生的权威，具有自身自在的主体性特点。休谟的观点没有边沁那么激进，但是在主要方向上二者是一致的。那么这种公共权力的合法性的基础是什么呢？同边沁一样，休谟认为是一种公共的利益。他主张"人类在很大程度上是被利益所支配的，并且甚至当他们把关切扩展到自身以外时，也不会扩展得很远"，接着他借用了契约论中的自然状态来论证公共利益，"只有借这些规则才能保存社会，才能不至于堕入人们通常所谓的自然状态的那种可怜的野蛮状态中"。② 在这样的论证中，公共利益下的服从就顺理成章了。人们正是为了避免那样巨大的利益损失，才最终选择了对公共权力进行服从。换句话说，国家本身也是这样的公共利益的一个表达形式。于是，服从与被服从就在功利的基础上产生了，休谟由此完成了他基于功利主义基础上的权威合法性学说的建构。总体说来，休谟的思想并没有边沁那样绝对，在很多问题上，休谟有一种调和折中的努力，但是他仍然坚持一种功利主义的原则。

第四节 权威的绩效：福利国家（经验）与自由主义（规范）

政治权威应该怎样运用国家权力对社会进行治理，提供何种性质、范围的服务，才能够真正获得社会认和服从，是合法性问题研究的重要方面。这种观念一般被称为有效性或绩效性。"有效性指实际的政绩，即该制度在大多数人民及势力集团如大商业或军队眼中能满足政府基本功能的程度。"③ 换句话说，有效性就是指政府对社会需要的满足。不可否认，这种满足直接影响着政治权威合法性程度的高低。当一个政治权威能够有效满足社会基本面的需求时，其合法性程度相对来说一定较高。因为一方面社会成员因为其需求被满足，反过来会更加愿意服从权威；另一方面，对

---

① 〔英〕休谟：《人性论》，商务印书馆，2008，第582页。
② 〔英〕休谟：《人性论》，商务印书馆，2008，第574页。
③ 〔美〕利普塞特：《政治人——政治的社会基础》，商务印书馆，1993，第53页。

社会需求的满足也加强了政治权威自身的能力。反过来，当一个政治权威不能对社会基本面的需求做出及时、有力的回应时，那么其权威的合法性就必将受到威胁。因为社会成员的服从是以政治权威对其需要的满足为重要条件的。所以我们可以看到落入经济学"中等收入陷阱"的南美和东南亚国家陷入的经济困境及其政治上的普遍动荡。正是因为这些国家在经济建设中没有重视收入差距扩大、科技创新乏力、国家竞争力低下、比较优势丧失等问题，所以其在国内和国际两种需求长期严重不足的情况下发生了经济滞胀，经济发展难以满足社会的期待与要求，这一局面最终导向了合法性急剧降低的政治危机。

那么，国家应该怎样去治理才能够获得较高的有效性呢？从历史上看，主要有两种学说支持各自不同的国家治理方式，并最终实现权威的合法性，这就是福利国家学说与自由主义学说。自由主义是一种古老的治理思想，它是在资本发展的早期就出现的一种政治经济理论。它主张国家应当作为一种"守夜人"的角色，对于经济问题要充分发挥市场"无形的手"的作用。只有这样，才能促进经济绩效的增长，从而最终满足社会需求，提高政府的合法性。在政治上要充分实现社会的言论、出版等政治自由权利，以促进社会创新。福利国家的经济政治模式兴起于"二战"前后，施瓦茨在其著作《美国法律史》一书中认为，福利国家起源于从罗斯福新政到第二次世界大战爆发之间的历史阶段。这个论断是基本符合历史的。20世纪30年代的经济大萧条造成了全世界的普遍经济政治危机，间接促发了"二战"的爆发，这是自由主义治理模式内在的矛盾作用下的结果。事实证明，"无形的手"也不一定总是达成理性的结果，很多时候市场的盲目性与滞后性反映了"无形的手"的不足。与此同时，现代权威也面临启蒙运动之后社会理性化下个人自主权的丧失等种种社会问题。为了缓解自由主义模式循环危机下的合法性危机，现代国家的治理模式进行了自我调整。战后，多数国家通过创办并资助社会公共事业，完善并实行了一种惠及全社会的福利方案和政策。国家权威通过对社会经济生活进行干预，以期达到用政府"有形的手"调和市场经济作为"无形的手"其内在的矛盾，保证社会需求的满足，维护政治和经济生活的正常运行，最终巩固国家权威的合法性。不过在思想意识形态领域，资本主义时代启蒙运动后，理性化剥夺个人自主性的社会危机尚未完全解决，这就形成了当今世界各国政府普遍面临的难题：传统的丧失与合法性意识形态基础的巩固。

于是，新自由主义作为对传统自由主义的继承和发展便应运而生。下面就对自由主义思想和福利国家思想进行简述。

一　古典自由主义

古典自由主义的代表思想家有洛克、休谟、斯密、密尔、李嘉图等。在这些政治经济学家或哲学家中，以斯密和密尔为杰出代表和集大成者。他们分别阐释了古典自由主义的经济观点和政治观点。斯密的《国民财富的性质和原因的研究》与密尔的《论自由》，堪称古典自由主义最为经典的两部著作。

（一）斯密的《国富论》

亚当·斯密开创了英国古典政治经济学的先河，是古典自由主义经济学理论的代表人物。在《国民财富的性质和原因的研究》一书中，他论证了自由主义的经典思想。在斯密的时代，重商主义风行欧洲，各个国家都重视本国金银等贵金属的积累，限制金银等货币的自由流动。斯密从自由主义的视角，批评了这种缺乏眼光的行为。他认为"要保持或增加本国的金银量，比要保持或增加本国其他有用商品的数量，需要政府更大的关心"这种观点是一种强词夺理，因为"自由贸易能确保这些商品（指金银）的适量供应，毋需政府给予那样的关心"。[①] 在斯密的眼中，一个国家的经济能力比起重商主义的"唯金银是尊"的做法要重要得多。一个国家如果有足够的经济实力，那么金银总是能够获得的；一个国家如果没有充分的经济实力，那么即使再充足的金银储备，也最终会被花光。"政府似乎不必更多注意某一物品而更少注意另一种物品。一个有资力购买葡萄酒的国家，总会获得他所需要的葡萄酒；一个有资力购买金银的国家，决不会缺少那些金属。"[②] 斯密认为金银也不过是一种商品，重商主义忽略了国家经济能力的建设，而只抓住了问题的一个方面。他列举了军队作战时的实际需要，不是金银，而是具体的物资。"一国要对外战争，维持远遣的陆海军，并不一定要积累金银。海陆军赖以维持的不是金银，而是可消费

---

① 〔英〕亚当·斯密：《国民财富的性质和原因的研究》（下卷），商务印书馆，1983，第387页。
② 〔英〕亚当·斯密：《国民财富的性质和原因的研究》（下卷），商务印书馆，1983，第389页。

的物品。"他指出,"巨大战争的费用,一定主要不是靠金银的输出,而是靠英国某种商品的输出"。① 所以,在对重商主义关注金银积累观点的批判下,斯密指出了古典自由主义经济学的重要观点:政府只是一个经济的"守夜人"。要充分发挥市场"无形的手"的作用,才能够有效地平衡贸易,使国家获利。在自由主义的经济环境下,每一个人都会出于自利的动机去努力争取利益,这最终也会增加国家的财富。"确实,他通常既不打算促进公共的利益,也不知道他自己是什么程度上促进那种利益。由于宁愿投资支持国内产业而不支持国外产业,他只是盘算他自己的安全;由于他管理产业的方式目的在于使其生产物的价值能达到最大程度,他所盘算的也是他自己的利益。在这场合,像在其他许多场合一样,他受着一只看不见的手的指导,去尽力达到一个并非他本意想要达到的目的……他追求自己的利益,往往使他能比在真正出于本意的情况下更有效地促进社会的利益。"② 每个人出于自利的行动,却往往方便了他人,因为他生产的产品要能够满足他人的需要,市场才会以较高的价值对他的产品进行认可,他才最终能够获得巨大的利益。这就是无形的手的巨大作用,在市场机制的有效性论证基础上,斯密批评了政府管制的负面效果。他认为:"使国内产业中任何特定的工艺或制造业的生产物独占国内市场,就是在某种程度上知道死人应如何运用他们的资本,而这种管制几乎毫无例外地必定是无用或者有害的。"③ 如果一件商品,别国生产的效率要远高于本国,那么这种情况下,一味坚持本国生产,就是对资本的浪费。当然了,斯密也主张对于一些重要的领域,如为国防所必需的特定产业等进行适当的限制,这也是一种必要的选择。这样,斯密就论证了自己的自由主义经济学思想。不仅在国内生产中应该坚持无形的手的调控,就是在国际贸易中,斯密也主张应该按照一种利用比较优势的做法来进行贸易,扬长避短,最大限度地提高资源的利用率。这一思想一直到今天,都仍然被经济学界奉为经典。他论证道:"有时,在某些特定商品的生产上,某一国占有那么大的自然优势,以致全世界都认为,跟这些优势做斗争是枉然的。通过嵌玻

---

① 〔英〕亚当·斯密:《国民财富的性质和原因的研究》(下卷),商务印书馆,1983,第395页。

② 〔英〕亚当·斯密:《国民财富的性质和原因的研究》(下卷),商务印书馆,1983,第409页。

③ 〔英〕亚当·斯密:《国民财富的性质和原因的研究》(下卷),商务印书馆,1983,第410页。

璃、设温床、建温壁，苏格兰也能栽种极好的葡萄，并酿造极好的葡萄酒，其费用大约三十倍于能由国外购买的至少是同样好品质的葡萄酒。"①斯密的这种比较优势的思想一直是当今世界贸易发展的理论基础。这样，斯密就从国内生产到国际贸易两个领域入手论证了自由主义的经济思想。"市场作为无形的手"这句话也流传后世，堪称名言警句。斯密认为，国家只有充分发挥市场自由竞争的优势，才能最大限度地满足社会的需要，最终使得国家强大、人民幸福，权威才能获得更高的合法性。

（二）密尔的思想

斯密主要从经济上论证了自由主义下权威治理国家的主张。在政治方面，对自由主义治理理论的论证还要分析一下密尔的思想。密尔在其经典著作《论自由》中，系统地阐释了古典自由主义国家治理的政治思想。两者从经济和政治两个角度地论证使得古典自由主义的国家治理理论趋于完整。在对政治上的自由主义进行论证时，密尔首先划分了公域与私域两个概念。他认为一个社会应当留给其成员一定合理的私人空间，这样才能避免社会对个人合法权益的侵犯，促进公域与私域、个人与社会、私益与公益的均衡。他说道："关于集体意见对个人独立的合法干涉，是有一个限度的；要找出这个限度并维持它不遭侵蚀，这对于获致人类食物的良好情况，正同防御政治专制一样，是必不可少的。"② 密尔分析了民主政治中多数暴政的可怕，这种暴政的可怕程度不逊于专制君主。所以他的思想的一个重要起点，就是公域与私域的划分。在公域与私域划分的基础上，密尔分析了社会调整个人事务的一个自由主义的政治原则，那就是："凡属社会以强制和控制方法对付个人之事，不论所用手段是法律惩罚方式下的物质力量或者是公众意见下的道德压力，都要绝对以它为准绳。这条原则就是：人类之所以有理有权可以个别地或者集体地对其中任何分子的行动自由进行干涉，唯一的目的只能是自我防卫。"③ 在密尔的眼中，人类的自由是不得侵犯的。这继承了法国启蒙思想的契约论观点，即认为人是拥有天赋人权的，这种人权是一种不可侵犯的神圣权利。在现实生活中，对个人

---

① 〔英〕亚当·斯密：《国民财富的性质和原因的研究》（下卷），商务印书馆，1983，第411~412 页。
② 〔英〕约翰·密尔：《论自由》，商务印书馆，2007，第5 页。
③ 〔英〕约翰·密尔：《论自由》，商务印书馆，2007，第10 页。

自由的侵犯，只在一个条件下成立，那就是这一特殊的、个别的个人的自由侵害了其他人或者是社会的合法利益。唯其如此，社会才能对个人自由施以强制剥夺。这样，密尔就论证了自由的不可侵犯的意义。在这种意义之上，密尔还分析了自由的三个领域："第一，意识的内向境地，要求着最广义的良心的自由；要求着思想和感想的自由；要求着在不论是实践的或思考的、还是科学的、道德的或神学的等等一切题目上的意见和情操的绝对自由。"这种自由就是一种古典意义上的思想自由和意志自由。"第二，这个原则还要求趣味和志趣的自由；要求有自由订定自己的生活计划以顺应自己的性格；要求有自由照自己所喜欢的去做，当然也不规避会随之而来的后果。"这种领域的自由实际上是一种个人生活的自由。在这种个人私域中，个人有权处理与其相关的一切个性事务。当然，对于个人按照自己喜好所行为的事情，密尔主张其也是要承担责任的。"第三，随着各个人的这种自由而来的，在同样的限度之内，还有个人之间相互联合的自由；这就是说，人们有自由为着任何无害于他人的目的而彼此联合，只要参加联合的人们是成年，又不是出于被迫或受骗。"① 这种层次的自由就是一种个人之间相互联合的自由。当然，对于这种自由，人们也是要担负自身的责任的。需要指出的是，密尔的这种自由思想，有着其阶级的和时代的局限性。但是从权威的合法性角度来分析，对于现代国家而言，这种尊重私域的治理模式，仍然不失为一个借鉴。这样，密尔就构建了一个国家治理的图式，在这个图式中，个人与国家的权威能够相安无事，和谐共处。在他的眼中，只有充分地尊重了个人的权利和自由，一个权威才能得到社会的认可，从而最终实现其合法性。不仅如此，密尔主张一个国家应该对少数意见进行重视，哪怕这种少数的意见是谬误，在对其讨论的过程中，国家也可以收到对真理的反向证明效果。他认为国家应该宽容意见的提出，能够容忍少数的观点，并且能够鼓励一种社会讨论的氛围，只有这样国家才能算是有了正当的权威。他论道："凡持有一种坚强意见的人，不论怎样不敢承认其意见有谬误的可能，只要一想，他的意见不论怎样真确，若不时常经受充分的和无所畏惧的讨论，那么它虽得到主张也只是作为死的教条而不是作为活的真理。"② 所以，一个国家应该能够容忍意见的

---

① 〔英〕约翰·密尔：《论自由》，商务印书馆，2007，第14页。
② 〔英〕约翰·密尔：《论自由》，商务印书馆，2007，第40页。

分歧，只有这样，才能够真正代表民意，从而最终获得正当的统治权利。"意见的统一，除非是对立诸意见经过最充分和最自由的较量的结果，是不可取的，而意见的分歧，在人类还未达到远比今天更能认识真理的一切方面之前，也并非坏事倒是好事。"① 在密尔的眼中，分歧可以带来对真理的明晰。正如毛主席曾经指出的只有交流才能够出真理的思想，一个国家只有能够容忍意见分歧，并在讨论中选择、明辨出真理，才能够真正代表民意，最终巩固自身的合法性。在这里，我们虽然是批判地分析资产阶级思想家密尔的思想，不过其合理意义仍然值得我们借鉴。这样，密尔就从个人的领域，到自由的原则，再到对分歧的容忍论证了古典时代资产阶级的自由主义治国理念。应该说，在资本主义发展的早期，古典自由主义的经济学理论与政治学理论为资产阶级国家的发展提供了重要的理论依据，促进了资本主义文明世界的进步。不过随着资本主义向帝国主义转化，尤其是世界殖民体系与世界市场的形成，自由主义的弊端，尤其是自由主义经济理论的弊端也显示了出来，其标志性事件就是 1929 年的经济大危机。

二 国家干预——凯恩斯主义

我们知道，西方传统政治思想是以自由主义为主导的。因此在经济政策领域，自由主义的自由放任主张，就成为国家政策的主要方针。"无形的手"影响越大，公民个人的权利和福利也就越容易实现。但是，随着时间的推移，自由市场经济自身的问题也逐步展现了出来。自由市场存在调节方面的缺陷，其盲目的扩张性造成了严重的后果。资本主义世界几乎每隔几年就会发生一次以"生产过剩"为主要特征的经济危机。在这种历史背景下，"凯恩斯主义"对传统的自由放任的经济主张进行了抨击。从学术延流上看，凯恩斯主义也属于自由主义经济学体系，但是其内容已经同斯密、李嘉图等人的古典自由主义经济主张有了重大区别。凯恩斯主义认为国家应该作为一种"有形的手"对市场进行积极干预，从而克服市场经济自身的弊端。所以从本质上说，凯恩斯主义是一种主张政府积极干预的自由主义经济思想。在凯恩斯主义的范式下，资本主义市场经济存在失业和生产过剩造成的经济缺陷，传统自由主义经济思想将市场体系视为完美无缺的观念是错误的。不仅如此，凯尔斯主义理论强调，除了传统理论上

_____

① 〔英〕约翰·密尔：《论自由》，商务印书馆，2007，第66页。

的自愿失业和摩擦失业之外，非自愿失业也是存在的。如果没有作为"有形的手"的国家干预，那么自由市场本身并不能够克服这些缺陷。为了促进经济的平衡，唤醒社会经济增长的力量，凯恩斯主义主张国家积极干预经济，扩大内部需求，并将这些干预措施常态化、制度化、法制化，从而最终减轻或者避免作为"无形的手"的市场经济机制缺陷所引发的危机。从具体的措施上来说，凯恩斯主义主张扩张性的财政政策，强调不要吝惜于政府负债，而要通过实行积极的财政政策和公共投资，带动社会需求的提升，最终激活经济的发展。除此之外，还要建立特定的中央机构，对社会的投资和储蓄进行管理，并且对整个社会的人口增长进行规划。当然，凯恩斯主义并不主张政府完全替代市场发挥作用，上述积极的政府行动，也是要建立在自由市场运行的基础上的。国家干预虽然重要，但并不是对市场机制的替代，而是一种有益的补充，这也是由凯恩斯主义作为一种自由主义经济学说的本质决定的。罗斯福新政，是凯恩斯主义的第一次大规模实践。

1929 年世界经济大危机是凯恩斯主义产生的重要历史背景。1929～1933 年由美国开始，遍及世界的自由市场大危机是资本主义当时严重程度前无古人的一次危机。与以往的历次危机相比，它有持续时间特别长、危害程度特别大、危机蔓延到金融领域和政治领域的特点。首先，其持续时间长达 5 年，实际上造成了超长时间内持续萧条的经济形势；而以往的自由市场的生产过剩造成生产下降的持续时间不过几个月、十几个月。因此，如何解释长期危机的形成，便成为理论界必须面临的一大问题。其次，这次危机所造成的巨大危害，令以往的自由市场经济危机所难以望其项背。1932 年，整个资本主义世界的工业生产比 1920 年下降三分之一以上。在五年时间里，整个资本主义世界总失业人数由 1000 万人增加到 3000 万人，加上半失业共达 4000 万至 5000 万人。其中美国失业人数由 150 万人增加到 1300 多万人，失业率接近四分之一。这次危机使整个西方工业文明世界的工业生产倒退到 1900 年前后的水平，英国甚至倒退到 19 世纪末的水平。而以往的经济危机，生产水平通常只倒退一到两年。最后，这场危机不仅仅是经济生产部门的危机，同时也是一场金融危机。它的开端便是纽约股票市场于 1929 年 10 月爆发的行情暴跌，其后不少国家的股票交易宣告破产。美国的股票价格平均下跌了 79%。整个资本主义世界有许多银行由于猛烈而持续地爆发挤提存款、抢购黄金的风潮而破产倒闭。更为严重的是，这次大危机直接导致了资本主义世界的政治危机，间接地促发了第二次世界大战。在这次史无前例的大危机中，各国政府的政治权威受到重大的打击，人们普遍对现状不满、怀疑甚至造成众多的社会骚乱，很多人甚至对资本主义的治理模式产生了绝望。自由主义的治理模式面临空前的合法性危机。为了转移国内危机，资本主义世界各个大国加紧对外扩张，抢占殖民地，以期转嫁国内的经济困境，缓和社会矛盾，稳定统治，这就进一步加剧了本来就已经很紧张的各国关系。加上法、德等国在"一战"中的宿怨等遗留问题，资本主义体系内部各巨头之间的新仇旧恨一齐爆发，人类历史上最大规模的战争由此点燃。在这样的经济、政治、战争与人性的巨深创痛之下，自由主义思想界开始反思自由主义经济思想的内在不足，凯恩斯主义应运而生。

凯恩斯主义是一种新型的自由主义经济理论，代表人物有凯恩斯、罗宾逊、萨缪尔森等。其中凯恩斯作为该理论的奠基人，其思想代表了这种崭新的自由主义经济理论的主要观点，那就是自由市场的"无形的手"的平衡公式不一定总是有效的，很多时候需要运用国家权威这一"有形的手"，通过货币和财政政策干预经济，影响利率和通货膨胀水平，同时制造内需，降低自然失业率，达到充分就业的目标，最终促进经济体系的整体发展。毋庸置疑，这种新型的宏观经济管理办法在当时有效地促进了经济发展，提升了资本主义国家的绩效，从而最终帮助资本主义国家的政治权威稳定了统治，维护住了其自身的合法性。这种效果的突出代表就是罗斯福新政。罗斯福新政以凯恩斯的经济理论为指导，通过实施各个方面的诸多措施有效地缓和了美国的经济危机。首先是恢复金融秩序，通过颁布《紧急银行法》，运用国家力量帮助主要银行恢复信用。接着是调整农业政策，通过有计划地减少耕地面积和农产，稳定农产品价格，从原材料生产领域入手改善国家经济的状况。再有就是罗斯福新政的核心：加强工业计划指导。通过颁布《全国工业复兴法》，运用行政手段调节工业生产，抑制盲目竞争造成的生产过剩。同时通过实行"以工代赈"，节约了财政支出，并且一定程度上解决了失业问题。值得注意的是，在罗斯福新政的措施中，福利国家的特点体现得比较明显。如为了缓和社会矛盾，制定稳固统治的《全国劳工关系法》，以及保护工人劳动权益的《公平劳动标准法》。新政的措施中还包括了建立社会保障体系的内容。新政通过推动相关立法工作，保证最低标准的生活水平，从而最终起到稳定社会的功能，达到巩固权威合法性的目标。

凯恩斯的经济政策在罗斯福新政中取得了巨大成效，"二战"后，凯恩斯主义经济学思想一度成为自由主义经济思想的中流砥柱。凯恩斯的思想是从批判经典自由主义经济的均衡假设开始的。凯恩斯首先批评了古典自由主义经济学的劳动力供求模型。他认为货币工资的变动与实际工资的变动不一定总是具有正相关的比例关系，这就直接动摇了古典主义的市场平衡模型。他说道："货币工资的变动和其相对应的实际工资的变动通常远不具有相同的方向，而几乎总是相反的。"[1] 在凯恩斯的眼中，劳动力供给并不总是随着劳动力价格（工资）的变化而充分变化的，两者之间并没有那样强的直接关联，这只不过是古典经济学家们的"先入之见"。而且，古典经济学还混淆了劳动力价格与"在何种实际工资下达到充分就业（即在一既定实际工资下的最大就业量）"两个问题的区别。所以，价格不一定充分反映供给，或者即便反映了某种水平上的供给，这种供给也不一定是充分就业下的供给量。这就动摇了古典经济学的供需平衡之外没有剩余资源的传统假设。面对现实的危机，这种观点显然是正确的。随后凯恩斯提出了"非自愿失业"的概念。他认为，"如果当工资品的价格相对于货币工资作出微小上升时，为了现行的货币工资而愿意工作的劳动供给总量和在同一货币工资之下的对劳动的需求总量都大于现行的就业量，那么人们便处于非自愿失业状态"。[2] 在这种定义中，凯恩斯指出了现实经济中的剩余资源问题。由于流动性、信息不对称等因素的存在，价格不一定总是会敏锐地反映供应与需求的关系。很多时候劳动力市场就会发生这样的问题，造成一种资源的剩余，从而导致经济的非满载运行，其表象就是一种衰退。接着，他提出了他思想的核心，即"有效需求"的概念。基于预期的要素成本和产出水平的概念，凯恩斯建立了一个企业家的供给与需求的曲线关系。在这种微观层次的模型中，就产生了有效需求的概念，也即"社会的收入和社会所愿意消费的数量之间的关系取决于该社会的心理特征"。在这种"消费倾向"下，"企业家所决定雇用的劳动者的数量 N 取决于两种数量的总和（D），即：D1，社会愿意消费的数量，和 D2，社会愿意投资的数量"，[3] 这两种数量的总和就是有效需求。当这两种需求过小

---

① 〔英〕凯恩斯：《就业、利息和货币通论》，商务印书馆，1999，第 14 页。
② 〔英〕凯恩斯：《就业、利息和货币通论》，商务印书馆，1999，第 20 页。
③ 〔英〕凯恩斯：《就业、利息和货币通论》，商务印书馆，1999，第 34 页。

时，就需要政府作为外部力量通过投资、调节利率从而鼓励社会投资等方式来增加有效需求。只有增加了有效需求，经济才能够维持较高的就业率，最终达成一种满载运行。在这里，凯恩斯不仅发现了古典政治经济学"无形的手"的缺陷，还发现了投资需求的概念，从宏观角度看到了另一种经济需求的所在。从某种意义上说，宏观经济学正是凯恩斯的思想得以创立并成为一个独立的经济学门类的根基。

凯恩斯经济学思想不仅是自由主义经济学的一个里程碑，同时也对战后资本主义"福利国家"的实施起到了推动作用。

三　福利国家的理论

"福利国家"产生的本质原因是资本主义国家在进入帝国主义前后，发生了由社会矛盾激化引发的合法性危机。西方世界各国为了巩固统治，缓和社会矛盾，采取了一系列的社会福利建设和措施来提高国家的绩效。这些措施具体而言是指国家权力在全社会范围内重新分配资源，普遍提高社会的最低福利水平，满足社会广泛的基本需求，以期能够获得社会更为广泛的认可，从而巩固国家权威。虽然"福利国家"的实行早在俾斯麦时代的德国就已经出现，但是一般说来，当前我们所说的福利国家的大规模实践是限于从罗斯福新政一直到"二战"后的20世纪七八十年代这个时间范围内的。从理论上说，福利国家的思想源泉早已存在，包括功利主义、自由主义、社会民主主义、费边主义等思潮。下面就重点概述一下这些思潮对福利国家的影响。

（一）功利主义与古典经济学的争论

功利主义思想家们较早地提及了福利国家的思想内涵。边沁的"社会幸福最大化"思想就是这种观点的代表。在边沁的眼中，人类的需求是建立在幸福与痛苦的天平之上的。在社会范围内，只要国家的措施有助于增加全社会的整体幸福总量（这种措施也没有造成不公正、不公平的后果），这就是一种有助益的改进。

在19世纪，围绕着英国济贫法案的实施，传统自由主义思想家们与功利主义思想家们进行了论战。前者中诸如大卫·李嘉图等人认为济贫法无益于社会的整体进步，它只会在很大程度上鼓励人们的懒惰；马尔萨斯等人还从人口再生产的角度反对济贫法，认为其会干扰社会的人口正常增长，因而不利于社会生产的进步。而持相反观点功利主义思想家则认为,获得基本生活的保障,是人类的一种权利。将社会中强者的部分财富转移给弱者的做法,是一种保护弱者免受强者欺凌,维护社会公平正义的正确举措。这不仅不会为社会的生产增加负担,而且反过来会增加社会再生产的潜力。总体来说,功利主义者在这一争论中表达了一种利他主义的功利思想。

(二) 穆勒的福利思想

不仅是功利主义者,一些富有创新见解的自由主义思想家也表达了支持福利国家的见解。约翰·穆勒就主张国家通过法律设定最低工资,保障劳动者的最低生活标准。"提高劳动工资,并使它维持在所希望的水平上,人们所想到的最简单的方法,是由法律予以固定。为了调整工人与雇主之间的关系,过去各个不同时期曾经采用或者至今仍在采用的各种方案,实际上其目的就在于此。"① 在这里,穆勒也没有否认制定最低工资法律是为了达到"调整工人与雇主的关系"以巩固统治这一根本目的。与主张最低工资法律的观点相配合,穆勒认为从长期看,国家通过法律设定最低工资同时也要求国家运用相关的法律来限制人口数量的生长。在古典政治经济学家们的眼中,与资本的增长速度相比,人口的过度增长会妨害经济的发展。因为人口的增长速率一旦超过了资本的积累速度,那么就会打破经济的平衡,造成更多的失业,最终不利于社会的稳定。"每个人都有生存的权利。我们认为这是对的。但是,谁也没有权利生出孩子让别人去抚养。"② 人口增长一旦超过了社会的供养能力,必然会导致最低工资福利政策的失败。所以,穆勒坚持最低工资的法律只是福利政策的一方面;另一方面政府还必须制定法律限制人口的过度增长。在以体力劳动为主要生产形式的机器大生产的前帝国主义时代,穆勒的这种观点是符合经济发展规律的。从本质上,穆勒的观点是一种自由主义与福利国家的折中产物。自然,他的这些观点也备受当时其他自由主义经济学家的批评。除此之外,穆勒还提倡运用设定最低工资之外的其他手段来保障社会人群的最低生活水平:"让市场竞争来决定工资,不过,在认为工资不够的时候,努力利用一种辅助的财源,补充工人的工资。"③ 穆

---

① 〔英〕约翰·穆勒:《政治经济学原理》(上卷),商务印书馆,1991,第401页。
② 〔英〕约翰·穆勒:《政治经济学原理》(上卷),商务印书馆,1991,第405页。
③ 〔英〕约翰·穆勒:《政治经济学原理》(上卷),商务印书馆,1991,第408页。

勒虽然属于自由主义思想家，但是其拥有"社会成员的祸福无需听凭命运来摆布；社会不仅能够而且应当保证其所属的任何个人不致极端贫困"①的思想，实属难得。

（三）霍布豪斯的福利思想

另一位支持福利国家政策的自由主义思想家是霍布豪斯。霍布豪斯认为："国家的职责是为公民创造条件，使他们能够依靠本身努力获得充分公民效率所需要的一切。国家的义务不是为公民提供食物，给他们房子住或者衣服穿。国家的义务是创造这样一些经济条件，使身心没有缺陷的正常人能通过有用的劳动使他们和他的家庭有食物吃，有房子住和有衣服穿。"这是霍布豪斯眼中国家对于社会的义务的基本层面。除了这种基本的自由秩序，如果"在一个社会里，一个能力正常的老实人无法靠有用的劳动来养活自己，这个人就是受组织不良之害。社会制度肯定出了毛病，经济机器有了故障"。② 这是霍布豪斯主张的国家义务的消极面，那就是国家有义务保证"工作权利"和"基本生活工资"。从这两个方面的统一中，霍布豪斯论证了他的福利国家观点。他认为应该保障弱者的基本权利，对那些生活不幸的人们，社会应该给予救助。这种救助，本身就是社会应该为个人创造的条件中的一部分。在他眼中，"自主的国家既是自主个人的产物，又是自主的个人的条件"。③ 自由的个人塑造了自由的经济，反过来，国家也不能仅仅扮演"守夜人"角色而不作为，它应该肩负更多的责任，那就是为个人的自由生存与发展创造最低限度的条件，准备起码的基础。在这里，霍布豪斯的福利国家主张也是一种自由主义与国家干预的对立统一。他认为"扩大国家控制"与"坚决反对侵犯自由"可以同时进行，因为两者在一定程度上并行不悖。他坚定地支持英国《济贫法》的实施，认为国家应该保证每一个人的基本生存权利："穷人可以找政府机关，政府机关必须给他食物和住所。单单根据他是人就有需要这一理由，他对公共资财有留置权。"④ 在这个意义上，霍布豪斯论证了社会最低保障的伦理依据，接近了福利国

---

① 〔英〕约翰·穆勒：《政治经济学原理》（上卷），商务印书馆，1991，第407页。
② 〔英〕霍布豪斯：《自由主义》，商务印书馆，1996，第80页。
③ 〔英〕霍布豪斯：《自由主义》，商务印书馆，1996，第78页。
④ 〔英〕霍布豪斯：《自由主义》，商务印书馆，1996，第93页。

家政策中公民社会权利扩大化的观点。他对穷人和无产阶级表现出来的人道主义关怀，一定程度上突破了他作为资产阶级学者的阶级局限性，使得他的学术观点具有重要的进步意义。

（四）社会民主主义与费边主义

除了功利主义和自由主义的个别思想家的主张外，社会民主主义、费边主义等思想流派也对福利国家进行了论证。限于本文的篇幅，这里不做重点分析，只做一简要介绍。19世纪的社会民主主义本质上是一种反动的修正主义，是对马克思主义的篡改和背叛。但是，在当时的社会条件下，其思想对于福利国家政策的推动也起到了一定的积极作用。社会民主主义概括起来，主要有普鲁东的改良主义学说、拉萨尔主义、伯恩斯坦主义和工联主义等派别。普鲁东主义者并不主张生产资料的公有化，而是主张在现有的社会条件下，通过改良生产、流通的组织形式，缓和社会的矛盾和危机。他们主张利用建立生产合作社等方式，对资本主义社会的生产、分配环节进行改造，从而保障工人阶级的基本权益。拉萨尔主义主要关注工人阶级如何争得普选权的问题。在争得普选权利的基础上，通过建立生产合作社等方式建立新型的社会。拉萨尔本人也大声疾呼工人阶级的首要任务是夺取"普遍、平等、直接的选举权"，他幻想在资本主义国家的帮助下建立工人合作社，从而保障工人的权益。总之，拉萨尔主义坚持在资本主义"自由国家"的框架下，在工人的自发联合、人与人的结合和联动中，发展出一种共同的利益。这种共同的利益就是工人阶级权利的现实体现和保证。伯恩斯坦则抛出了他"最终目的是微不足道的，运动就是一切"的修正主义观点。他幻想通过改良主义的措施，逐步促进资本主义社会的自我进化，从而最终保证工人的权益。伯恩斯坦认为随着资本主义的发展，一系列的社会福利措施的出现，使得社会的矛盾已经有所缓和。社会民主主义政党的任务已经不再是夺取国家政权的革命暴力，而是缓和、渐进的和平斗争。这种改良主义的渐进斗争，能够逼迫资本主义国家采取更多的社会福利政策，对工人阶级采取更大的让步措施，这样最终达成逐步提升工人阶级的生活境遇和民主权利的目标。工联主义则是主张工人阶级通过发起争取劳动立法和普选权的运动维护自身的权益。工联主义者反对推翻资产阶级统治的主张，认为工人阶级应该投身于"做一天劳动，得一天公平工资"的运动中去。他们忘记了阶级冲突的本质，转向了调和论。① 总之，这一时期的社会民主主义思想是一种对马克思主义的背离，属于修正主义的论点，不过在当时的环境下，也一定程度上推动了资本主义国家实施福利举措。

除了社会民主主义思想，费边主义也是一种影响福利国家政策的重要思潮。费边主义以英国的费边社而得名。英国费边社是于 1884 年成立的，以乔治·萧伯纳、悉尼·韦伯等人为领袖的一个改良主义社团。该社成员认为社会改革应循序渐进，故以公元前 3 世纪古罗马因主张等待时机、避免决战的战略而闻名的将军费边的名字命名社团。这个团体的重要代表著作是《费边论丛》。费边主义的本质也是一种渐进的改良。费边主义者在巴黎公社失败的教训前退缩了，他们放弃了革命的社会主义者们的勇敢姿态。费边社的理论从根本上背离了马克思主义的原则，恩格斯就曾经批判他们："害怕革命，这就是他们的基本原则。"② 费边主义者从改良主义的角度出发，解释了他们所认为的社会主义。他们认为天灾、伤残、衰老、疾病和低工资等因素，造成了英国贫困阶层的出现和扩大。他们认为应该对社会的贫困阶层设置最低的生活保障。"对所有的社会成员，不管他们是善还是恶，是强还是弱，社会都应为其提供起码的基本生活水平，使之能够保持身体健康，生活相当舒适，并使他们能够设法把孩子教养得以后尽可能拥有改善生活的同等机会。"③ 费边主义将个人与社会的利益结合起来，提出了一种社会有机体的理论。这种理论认为个人的效率构筑了社会的效率，社会反过来应该回馈个人，扩大公民的社会权利，从而保证个人的基本生活水平。不仅如此，社会还应该保障公民的机会平等："为了消灭贫穷，我们必须要做的最重要的事情是消灭失业。或者更富于建设性，使全国人民得到工作权利的机会。"④ 在费边主义的社会有机体中，个人能够得到社会对基本权益和机会的保障，更重要的是，社会能够实现充分、真实的民主，从而使有机体自身得到充分的发展。"普选权不是民主，也不是民主的什么保证。它当然是民主的自然手段之一，但它和民主迥然不同。民主是指人民拥有权力，而不只是指形式上有权表示。"⑤ 可见，在

---

① 参见高鹏怀《历史比较中的社会福利国家模式》，中国社会出版社，2004，第 16 页。

② 《马克思恩格斯选集》第四卷，人民出版社，1995，第 718 页。

③ 〔英〕乔·柯尔：《费边社会主义》，商务印书馆，1984，第 23 页。

④ 〔英〕乔·柯尔：《费边社会主义》，商务印书馆，1984，第 63 页。

⑤ 〔英〕乔·柯尔：《费边社会主义》，商务印书馆，1984，第 105 页。

费边主义者的眼中，实质上的民主权利是社会有机体富于活力的条件，而不仅仅是形式上的普选权的实现。从这个意义上来说，费边主义虽然本质上仍然属于必须要批判的改良主义，但其在推动福利社会的建设、提高工人阶级的生活水平、促进社会进步等方面还是有一定积极意义的。费边主义在英国影响巨大，英国工党本质上就是一个费边主义的政党。费边主义也成为该党长期以来的理论库，战后很多工党的社会福利政策都源于费边主义者们的思想。可以说，对于福利国家的推动，费边主义在西方世界的影响是巨大的。

四　战后福利国家的实践

虽然在"二战"之前，福利国家的种种理论论证就已经出现，但是，这些论证还只是停留在纸面或者单个国家的某种专项措施上。如英国1834年议会通过的饱受争议的《济贫法（修正案）》；德国俾斯麦1881年推动实现的社会保障制度，其主要包括三大类：《疾病保险法》、《意外事故保险法》和《老年和残废保险法》，等等。这些措施虽然起到了一定的社会保障的效果，在这些国家中也缓和了阶级矛盾，巩固了资本主义国家的权威，但是，这些措施仍然没能成为被资本主义国家普遍运用的政策。"福利国家"也并没有在真正意义上完整而全面的出现。"二战"之后，随着凯恩斯主义的流行和罗斯福新政的胜利，世界各国才逐步将福利国家的政策推广开来。严格意义上说，"福利国家"是战后才出现的事物。战后福利国家的大规模发展，与公民权理论的发展有着不可分割的关系。如上文中所说，虽然霍布豪斯以及个别费边主义者已经注意到了公民社会权利的扩展对于国家福利的重要意义，但是，完整的社会权利的表达还是至"二战"后才出现。1949年，英国伦敦政治经济学院的教授马歇尔发表了一篇题为《公民资格与社会阶级》的著名演说，该演说标志着公民权利理论的明确提出。该理论主张国家关注个人的社会权利，这是战后福利国家政治实践的理论基础。公民权利理论与先前的契约论一样，都关注公民权利与国家权力之间的重要关联，但两者的不同之处在于，公民权利理论更加侧重于公民身份及其社会权利的扩展。在这种理论的逻辑之中，国家应该努力地完成自身的职责，尽量达成公民的各种社会福利。因为公民资格是一种充分的"共同体的成员身份"，所以提高政治共同体成员的各种权利，是政治共同体的必然使命。作为政治共同体的国家，只有充分实行有关社会福利的措施，才能保证每一个个体在现实中都被视为同等的和充分的共同体成员。应该说，这种公民权利理论与契约论的论证起点是相似的，但是其结论却有不同的导向：契约论导向了规范分析的研究范式，强调公民权利对国家权力的决定性作用，其落脚点是神圣不可侵犯的个人权利；而公民权利理论则导向了经验分析的研究范式，强调国家权力与职能的扩张，其落脚点是公民权利在具体生活中的现实利益满足——社会福利。

在要求完整公民社会权利的理论声浪中，"二战"后资本主义各国进行了大规模的福利国家建设。在实践的过程中，每一个资本主义国家的福利制度形态各异，形成了不同的类型和特点。

■ 英国的福利制度，重视社会服务和保健，但福利是按收入多寡决定的。

■ 斯堪的纳维亚或北欧福利国家，以高额税收为基础，基本取向是使每一位公民都享受到福利，提供慷慨的福利金和资金充裕的国家服务，包括医疗保健服务。

■ 中欧各国的福利制度，对社会服务的投入相对较弱，但在其他方面却有充分的福利性投入，获得福利的主要途径是就业，而福利基金的主要来源是社会保险金。

■ 南欧各国的制度，在形式类似于中欧各国，但涉及的范围比前者窄，提供的支持也比前者少。[①]

福利国家的实践不是偶然的，它是资本主义社会发展到帝国主义时代，缓和社会矛盾、巩固政治权威的必然选择。所以这种福利国家的实践就具备了某种普适性、公共性的特点。通过启动政府投资项目、提供公共服务等举措，建立一种覆盖全部社会阶层的社会福利体系，成为福利国家实践的主要特点。具体说来，有以下三个方面。

最低生活标准。最低生活标准是福利国家的重要举措，通过保障社会居民的最低生活收入，加强对低收入阶层的扶助，是缓和阶级矛盾、巩固政治权威的重要方面。在这里，公平、正义与平等的价值观念起了主导作用。目

---

① 〔英〕安东尼·吉登斯：《第三条道路——社会民主主义的复兴》，北京大学出版社、生活·读书·新知三联书店，2000，第7页。

前，世界各国都已经普遍建立了最低工资的福利政策。根据世界银行 2012 年的资料，世界 183 个国家和地区的最低收入标准平均为 41535 元/年，排在前20 名的国家除澳大利亚、新西兰、加拿大和美国外，都集中在欧洲。这些国家（从高到低）是挪威 339132 元/年，芬兰 240000 元/年，瑞典 223200元/年，冰岛 208396 元/年，爱尔兰 185353 元/年，摩纳哥 168550 元/年，丹麦 158991 元/年，德国 142128 元/年，卢森堡 141379 元/年，荷兰134421 元/年，澳大利亚 133203 元/年，比利时 131992 元/年，法国122941 元/年，新西兰 117117 元/年，加拿大 113638 元/年，圣马力诺111097 元/年，意大利 110265 元/年，瑞士 108577 元/年，安道尔 107748元/年，美国 105560 元/年。

　　社会基本服务普遍覆盖。作为福利国家的另一个重要方面，社会普遍服务是指政府向公众提供具有均等性、全覆盖、可获得性、公正性和可持续性特征的公共服务。构建福利国家的社会普遍服务制度，能使一个社会范围内的所有人在任何地方、任何时候都享有平等的基本保障权利，让社会成员都能以较低廉的价格享受基本的公共服务，如医疗保险、生育保险、养老保险等。这种社会普遍服务的建设，本质上就是利用国家的权力进行转移支付，防止弱势群体边缘化，寻求社会各个层面与部分的均衡发展，最终缓和社会矛盾，提升公共权力合法性，从而巩固国家权威。普遍化的社会服务作为一种缓冲机制，为一个社会提供了安全底线，为国家的平稳治理提供了条件。

　　国家统一管理。福利国家的另一个特点就是国家对公共服务与福利事业的统一管理。从各国的做法看，对于社会保障的管理，主要有单部门统一管理、双部门分工管理和多部门职能管理三种模式。单部门管理注重社会保障体系的统一性和效率性，实行这种模式的国家有俄罗斯、泰国、日本等。双部门管理通常将医疗保险的专业部分划归国家的卫生行政部门负责，其他的部分由社会保障行政部门统一管理，这样可以起到专业化管理与统一领导兼顾的效果，实行这种模式的国家有法国、爱尔兰、西班牙等。多部门管理的特点在于能够针对不同社会群体的特点进行分门别类的对待，但其缺陷是缺乏统一的社会保障标准和管理模式，不利于社会保障事业的长远发展，实行这种模式的国家有美国、瑞典、德国、英国等。一般来说，社会保障事业的管理模式没有统一的做法，但总的来说，由一个部门统一管理各项社会保障业务，更有利于做好相关政策之间的协调，统筹推进社会保障制度建设，提高社会保障管理效率，这也是世界各国福利国家行政管理体制的一个普遍发展趋势。

五　新自由主义

在凯恩斯的政府干预经济学风行了几十年之后，新自由主义开始兴起。新自由主义是在受凯恩斯经济学思想影响下的"福利国家"施政方针破产之后，在资本主义国家兴起的回归古典自由主义的思潮。以 20 世纪 70 年代初期爆发的两次石油危机为导火线，整个资本主义世界陷入了"滞胀"（高通胀、高失业、低经济增长）的困境。面对"滞胀"，已经被西方国家奉为圭臬的凯恩斯主义国家干预的办法遇到了困境。在"滞胀"的新型危机中，资本主义国家的绩效下降。为了提升国家权威的合法性，各国不得不在经济上有所变革。实际上，"滞胀"的产生有两方面的原因：一方面是市场经济的固有缺陷下生产过剩导致的传统意义上的供过于求，凯恩斯所谓的有效需求的不足仍然存在；另一方面是现实中更多的结构性问题也出现了，如石油等生产原料供给不足等情况带来的影响。"滞胀"危机就是在石油输出国组织抬高石油价格，生产要素价格上涨导致要素短缺的背景下产生的。而在面对这些新的问题时，政府却一味按照凯恩斯主义的惯性行动，试图单纯依靠财政政策和货币政策结局问题，其结果是并没有改变经济滞胀的被动局面，反而雪上加霜。应该承认，凯恩斯主义的政府调控措施不是万能的，例如在资源缺乏的情况下增加政府投资，不仅不会减轻经济滞胀，反而会因为社会有效需求的增加而进一步加剧通货膨胀。因为此时，问题并不是出在有效需求不足，而是出在资源供给不足上。在资源供给不足的情况下，通过政府投资来改善经济，只会加剧通货膨胀。在这种情况下，新自由主义产生了。新自由主义者将"滞胀"的原因归于政府干预过多。从本质上说，新自由主义是一种资本主义国家为了巩固权威统治而进行的绩效治理模式调整：从过分注重政府的调控，转向自由与调控并存的治理模式。里根主义与撒切尔主义是这种新自由主义在实践中的代表。美国总统里根和英国首相撒切尔夫人在上台后推行的一系列自由化的方针和举措，很大程度上缓解了"滞胀"危机，巩固了资产阶级的统治。在思想界，新自由主义的经济学家们也由此占据了主流。作为一种"凯恩斯革命的反革命"，新自由主义又被称为"新保守主义"。新自由主义主要分为伦敦学派、现代货币学派以及理性预期学派。

(一)伦敦学派——以哈耶克为代表

伦敦学派的主要代表人物是爱德温·坎南、T. E. G. 格雷高里、莱昂内尔·罗宾斯、哈耶克等。哈耶克作为伦敦学派的集大成者，不仅在经济上指出了凯恩斯主义的弊端，还从政治和法律上分别论述了新自由主义的精神实质。他长期活跃于反思凯恩斯主义、批判国家干预的新自由主义理论的前沿。他既是主张经济自由的伦敦学派的主要代表，又是芝加哥学派的核心成员，同时也是奥地利学派的骨干。他不仅对经济学说有深入研究，在法学、政治哲学等领域也多有建树。可以说，哈耶克不仅是一位经济学家，更是一位政治学理论家。他的思想令他跻身新自由主义思潮的领导者之列。

哈耶克全面回归了古典自由主义思想。他热情地赞颂了私有制对于维护个人自由和权利的意义："只是由于生产资料掌握在许多个独立行动的人的手里，才没有人有控制我们的全权，我们才能够以个人的身份来决定我们要做的事情。如果所有的生产资料都落到一个人手里，不管它在名义上是属于整个'社会'的，还是属于独裁者的，谁行使这个管理权，谁就有全权控制我们。"① 哈耶克反对几乎任何形式的政府干预以及福利国家的各种主张，他认为只有自由经济才能够维护个人政治上的自由和权利。在他眼中，几乎一切国家对经济资源的控制都将导致低效率和不正义的后果。他重新提倡市场的自由竞争，认为只有市场竞争才能够给经济带来效率与活力："在竞争之下价格体系所提供的正是这种记录，而且这种任务没有任何其它东西可望完成。价格体系令企业家只要像工程师注视少数仪表的指针那样，注视较少数的价格变动，就可调整他们的活动以适应他们同行的行动。此处的重要之点在于，只有竞争普遍发生时，也就是说只有在个别生产者必得调整自己的活动以适应价格的变化但不能控制价格的变化时，价格体系才能完成这种职能。整体越复杂，我们就越得凭借在个人之间的分散的知识，这些个人的个别行动，是由我们叫作价格体系的那种用以传播有关消息的非人为的机制来加以调节的。"② 在这里，斯密"无形的手"的声音再一次响起。不仅如此，哈耶克还论证了自由对于人类进步

---

① 〔英〕哈耶克：《通往奴役之路》，中国社会科学出版社，1997，第41~42页。
② 〔英〕哈耶克：《通往奴役之路》，中国社会科学出版社，1997，第21页。

的重要意义。正是允许自由竞争下的创新，使得整个社会在历史中取得了进步。因为"新知识的用途是无限的（只要我们不以垄断的方式人为地造成知识的稀缺），尽管物质资源始终处于稀缺状况并不得不被保留于有限的用途"。① 他以电视机为例说明了这个道理。作为重要的娱乐工具，电视机最初也是作为奢侈品仅为少数消费者享用，但是随着自由竞争下技术的进步，电视机的生产技术成本日益降低。在最初少数生产商获得利润之后，竞争使得电视机的价格日益下降，最后，电视成为普遍大众都能消费的消费品。在此，是自由鼓励了创新，创新带来了暂时的高利润，但是自由市场下的竞争反过来又促进了这种创新成果的普及化，最终增加了全社会的福利。所以哈耶克断言："阻碍领先者进步，很快就会变成对所有其他后进者的进步的阻碍，而这种结果乃是我们最不愿意见到的事情。"② 在这里，哈耶克对自由主义的经济理论进行了适当的创新。当然，哈耶克并不反对所有的社会保障政策。对于一些必要的国家福利制度，他也是表示支持的："保障中的第一种是，防止严重的物质匮乏的保障，即确保每个人维持生计的某种最低需要；第二种是，某种生活水准的保障。"③ 可见，哈耶克也多少吸取了一点福利国家的思想，这使得他的自由主义经济理论具有了一定的时代新意。

不仅在经济理论方面，哈耶克还在法哲学和政治学方面也颇有见地。对于当代资本主义国家如何完善民主制度，充分保障少数意见，从而巩固国家的制度权威问题，他有重要的见解。他批评了民主制度下"多数的暴政"，对于现当代资本主义国家权威面临的普遍支持性危机，他鲜明地提出要防止多数的暴政，保障少数的权利。他说道："人群之所以发展成社会，通常都不是因为他们给自己规定了法律，而是因为他们遵循着同样的行为规则。"他强调多数的权力要受到这些规则的限制，并认为多数的权力根本上也是源于"少数也接受的规则"，"政府所作的任何事情都应当得到多数同意的原则，未必就规定了多数在道德上有资格为所欲为"。④ 在这里，哈耶克回归到了一种自然法的权威理论，认为传统的社会规则是一种对现有政治、法律治理的一种制约。只有遵循这种制约，多数的民主权力

---

① 〔英〕哈耶克：《自由秩序原理》（上册），生活·读书·新知三联书店，2003，第47页。
② 〔英〕哈耶克：《自由秩序原理》（上册），生活·读书·新知三联书店，2003，第58页。
③ 〔英〕哈耶克：《通往奴役之路》，中国社会科学出版社，1997，第48页。
④ 〔英〕哈耶克：《自由秩序原理》（上册），生活·读书·新知三联书店，2003，第130页。

才令人信服，才具有合法性。他甚至引用了柏拉图的"暴民政治"这一古典政治学语言来形容多数的专制。不过他对西方民主制度的基本认可并没有动摇，他认为"以点人头的方式（即投票的方式）来确定何种意见得到了更大的支持，要比采取战斗的方式成本更低。民主乃是人类有史以来发现的唯一的和平变革的方法"。① 可见，哈耶克并没有跳出其所在阶级和历史的局限。在法学方面，他反对强制性的法律设定。他认为"强制是一种恶，它阻止了一个人充分运用他的思考能力，从而也阻止了他为社会做出他所可能做出的最大的贡献"。② 与密尔不同，哈耶克是从根本上反对几乎任何形式的强制的，这种思想与他的自由主义主张是一致的。在此基础上，他还论证了"私域为王"的思想，认为法律应该有效地界定公民个人的"私域"。他主张为了保障自由，"就必须用财产权规则和契约规则来界定个人的私域"。③ 在自由得到充分保障的基础上，他重申了"法治"的国家权威理念。他主张法律面前人人平等的准则，这也符合资产阶级国家权威的治理需要。不可否认，哈耶克的思想是具有一定的阶级局限的，不过其丰富的内涵和清晰的论证，足以值得后世学者们的借鉴。

（二）现代货币学派——以弗里德曼为代表

现代货币学派是 20 世纪 50 年代在美国兴起的新自由主义学说。这一学说以现代货币数量论为理论中心，认为货币是政府干预经济活动的重要环节，必须通过采取货币的政策和举措来制止通货膨胀和反对国家干预；主张实行"唯一规则"的货币政策，将货币政策作为主要的宏观调控工具，以减少国家对自由市场经济的干扰。货币学派的经济学家们认为，货币政策比财政政策对有效需求的影响更大，货币供应中的政府滥发行为是通货膨胀的根源。他们认为货币是一种重要的商品，人们保留货币、债券以及股票等都说明了这一点。国家通过滥发货币为自己的债务埋单，这却反过来加剧了国家的通货膨胀，如果与此同时社会生产没有提高，就会进一步造成经济发展的长期停滞。可以说，该学派就是以货币为中心来解释现代社会经济运转的。这一学派的主要代表有经济学家 M. 弗里德曼、布伦纳等。其中，弗里德曼是现当代世界最有影响的经济学家之一。作为新

---

① 〔英〕哈耶克：《自由秩序原理》（上册），生活·读书·新知三联书店，2003，第131页。
② 〔英〕哈耶克：《自由秩序原理》（上册），生活·读书·新知三联书店，2003，第165页。
③ 〔英〕哈耶克：《自由秩序原理》（上册），生活·读书·新知三联书店，2003，第175页。

自由主义经济学派中现代货币学说的创始人，他曾经在美国的中央财政机构任职，熟悉国家的宏观经济管理，也曾经进入尼克松总统的经济顾问委员会工作，有参与制定国家经济政策的实践经历。弗里德曼著述广泛，他在市场经济理论、经济分析方法、市场货币数量历史研究、消费者函数理论等方面均有建树，并因消费理论、货币理论以及其在稳定货币政策方面的贡献，于 1976 年获得诺贝尔经济学奖。

同哈耶克一样，弗里德曼的经济学思想也是一种对传统自由主义的回归。弗里德曼认为经济自由不仅是一种工具意义上的手段，更是一种独立的目的本身。一个国家的治理应该兼顾两个方面的自由。也就是说，市场自由本身就是个人自由的一个部分，是一个国家和社会的主要目标。他说道："作为自由主义者，我们把个人自由，也许或者是家庭自由作为我们鉴定社会安排的最终目标。在这个意义上，作为一种生活目标的自由牵涉到和人们之间的相互关系。"[1] 在弗里德曼的眼中，自由是一个社会安排的终极价值或终极目标。在这个终极目标的意义上，政治过程包括民主过程，其往往破坏了公意，最终干扰了自由的实现："虽然使用政治渠道是不可避免的，它趋向于削弱一个稳定的社会所必需的社会结合在一起的力量。假使共同行动的协议只限于有限范围的人们无论如何也会同意的问题，那么，削弱的程度会是最少的。"相反，"假使事情发展到触及人们感情深处而又有不同意见的问题，那很可能要瓦解这个社会"[2]。所以，在弗里德曼的眼中，政治过程是迫不得已而用之的办法。他认为作为规则制定者和裁判员的政府一方面在制定着规则，另一方面又是这个规则的裁判员。当然，对于这样一个双重角色的政府，弗里德曼也承认其必要性："不论无政府主义作为一种哲学具有多大的吸引力，但是在不完善的人们的世界里，它是行不通的。"[3] 但是，这样的一种政治管理的机构必然会在某种程度上干涉市场的"自由交易"。弗里德曼指出了政府滥用货币政策的机会主义风险："政府对货币制度的责任很早已经被认识到……因为它增加了政府从适合于自由社会的活动扩展到不适合自由社会的那些活动的危险性，增加了从提供货币机构到决定个人之间资源的分配的危险性。"在这个意义上，弗里德曼提出了政府作为货币政策制定者和执行者的重要

---

① 〔美〕米尔顿·弗里德曼：《资本主义与自由》，商务印书馆，2006，第 16 页。
② 〔美〕米尔顿·弗里德曼：《资本主义与自由》，商务印书馆，2006，第 28 页。
③ 〔美〕米尔顿·弗里德曼：《资本主义与自由》，商务印书馆，2006，第 31 页。

责任。他认为，政府应该制定一种尽可能少地干预自由市场经济的、能够让人们理性预期的稳定的货币政策。首先，应当建立美联储这类中央银行系统，以应对 1929 年世界经济危机那样的金融危机。"正如我们所看到的那样，建立联邦储备系统的主要原因之一是处理这样的事态。"在此基础上，货币管理规章应该"按照货币数量的变化来制定"，弗里德曼主张"由立法机关制定规章，命令货币当局来使得货币数量按照具体的比例增长"。① 弗里德曼主张的货币政策就是这样一种按货币增长比例而进行调整的，可以预期的货币规章。他认为这样的货币管理政策对自由市场经济的影响是较小的。在货币政策论证的基础上，弗里德曼主张自由浮动汇率的外汇管理政策。他推崇"没有政府干预而完全由市场上的私人交易所决定的自由浮动的汇率制度"。② 在美国国内的种族歧视、最低保障房、公立教育的范围与职业教育等问题上，弗里德曼也提出了自己的自由主义治理主张。他认为，政府的管制无益于这些问题的根本解决。只有实现在一定限度保障下的充分自由，才能够促进这些社会问题的根本解决，否则政府管理就很难说是一种规范意义上的善治。同哈耶克一样，他支持自由对于人类进步与发展的意义："把人民群众从繁重的劳动中解放出来，并且使他们可以得到以前限于上层阶级的产品和劳务，而与此同时，并不以任何相应的方法来扩展富有者所能有的物品和劳务。"③ 应该说，弗里德曼的自由主义思想的虽然没有哈耶克那样在政治学和法哲学上广博深入，但是以经济管理问题的视角来分析美国社会治理的一些方面，也是很有理论价值的。当然，由于阶级和时代的局限性，弗里德曼的观点也有不少错误之处，我们可以批判性地借鉴其思想的精华部分。

（三）理性预期学派——以卢卡斯为代表

理性预期学派是新自由主义经济思想的又一派别。该学说在经济学经典效用理论模型的基础上，进行了进一步的论证。作为理性预期学派的代表人物，美国芝加哥大学教授卢卡斯是理性自利人理论的坚定主张者。他认为，市场中的人是理性的，其总是会在理性计算中追求自身利益的最大化。由于市场变幻莫测，为了能够在未来的市场中抢占先机，理性的自利

① 〔美〕米尔顿·弗里德曼：《资本主义与自由》，商务印书馆，2006，第 60 页。
② 〔美〕米尔顿·弗里德曼：《资本主义与自由》，商务印书馆，2006，第 73 页。
③ 〔美〕米尔顿·弗里德曼：《资本主义与自由》，商务印书馆，2006，第 183 页。

人会通过各种方式获得可用的信息，在自身的实践和知识的基础上，对未来的经济变化做出判断，并对其有一定观念与心理上的预期，这种预期就决定了未来的市场走向。所以，理性预期可以有效地调节生产与消费，保证国民经济的充分就业，并且在长期内规避通货膨胀等对经济发展的不利因素。在这样的情况下，政府的干预要么加剧了经济的不稳定，要么徒劳无功，是不可取的无谓干涉。理性预期学派的主张将静态的效用理论发展为一种动态的预期模式。人们并不仅仅是在交易的时候才会忖度商品对自身的效用，继而通过博弈来确定价格，这只是人们理性计算的一个方面。人们更多的是通过计算，对未来的经济走向进行判断。市场正是在这种理性的预期中，实现了自身"无形的手"的效用。卢卡斯将宏观经济的发展归结于人力资源的内在增长。这种人力资源的增长，具有重要的聚集效应和外部效应，它可以使自身的边际收益递增，并且可以带动其他要素投入的边际收益增长。所以，在卢卡斯眼中，不同国家具有不同的产业特点和经济优势的根本原因就在于不同国家在人力资源方面的差异，这种差异从长期来看会加剧经济发展的不平衡。

第五节　权威的来源：（政治系统）内源说与外源说

关于公共权力合法性的来源，学术界有着不同的观点，基本上可以分为两类。一类是内源说。这种观点认为合法性来源于政治系统内部的自我创造。政治系统通过经济治理、形象宣传、意识形态的教化等多种方式，从自身的运动中获得了源源不断的支持依据。也就是说，政治系统可以通过自身的运转，制造一种社会服从的图景，从而证明了自身的合法性，最终达到巩固权威的目的。从这个意义上说，合法性和权威只不过是一种虚幻的人为构造物，并不具备更多规范的意义。这种内源说肇始于主张理性工具主义的马克斯·韦伯，并在结构功能主义的影响下被发挥到了极致，代表人物有帕森斯、卢曼。除此之外，受结构功能主义影响，主张合法性的内源学说的，还有熊·彼得、李普塞特、戴维·伊斯顿、阿尔蒙德等政治思想家。

另一类观点则是外源说。这些主张认为合法性源于政治系统外部的规范性授予。政治系统不能从自身的运动中自说自话地创造权威，它必须从社会上获得某种规范性的认同，如卢梭语境下的"共同的同意"。没有这种来自政治系统外部的支持，政治系统的合法性就是无源之水，无本之木，其权威必将摇摇欲坠。这种观点的代表就是传统的契约论学说。契约论认为公共权力合法性必然建立在社会契约的"公意"基础上，没有这种共同的同意，政治统治就是邪恶的，不可接受的。除了契约论，自然法学说或多或少也带有一些外源说的色彩，如路易十四时代的"君权神授"思想，董仲舒的"天人感应"学说等，只不过自然法学说所主张的合法性来源，不是民众，而是"神""上天"等超验的存在物，具有浓厚的神秘色彩。现当代，在多元民主主义、规范分析复兴、商谈主义等政治学、社会学研究思潮的影响下，支持这种观点的思想家有约翰·罗尔斯、罗伯特·诺齐克、罗伯特·达尔、戴维·赫尔德、于尔根·哈贝马斯等。

下面就对这两种学说进行分析。

一　经验分析：内源说——构造的统治

关于政治权威的内源构造论，马克思早就有过相关论证。马克思并没有对权威的内源与外源问题进行单一选择，但是马克思在批判资本主义生产过程对人的"异化"的过程中涉及了这个问题。马克思批判资本主义社会通过机器大生产将工人固定在一定的生产、生活与社会流程中，这种过程完全地压抑了工人阶级的自主性，强迫工人阶级服从其国家权威的统治。马克思指出："劳动固然为富人生产出奇妙的作品，却替劳动者生产出穷困。劳动生产出宫殿，替劳动者生产出茅棚……劳动者用机器来代替劳动，却把一部分劳动者抛回到野蛮方式的劳动，把剩下的一部分劳动者变成机器。劳动生产出聪明才智，替劳动者却生产出愚蠢和白痴。"① 在这种异化的过程中，工人在被强制性地与自己的劳动产品联结在一起的同时，对作为衣食来源的工厂工作更加依赖。从某种意义上来说，工人成了自身的奴隶。他们将自身强制性地融入了一种非人化的生产过程中。与此同时，工人同自己的人类本质相异化，同其他人之间的关系也在异化。总之，马克思认为资本主义机器大生产将人异化的本质在于：一方面制造了经济上工人与资本家的巨大不平等；另一方面又迫使工人变成了"愚蠢和白痴"，麻木地、没有觉悟地服从资本主义国家的权威统治。马克思主义

---

① 〔德〕卡尔·马克思：《1844 年经济学哲学手稿》，人民出版社，1979，第 131 页。

理论在揭露资本主义社会权威的自我构造过程中，提供了犀利的分析视角，令人们深入地看到了资本主义的本质。

（一）韦伯的思想

卡尔·马克思的论证具有划时代的意义，而系统地提出权威的内源构造说，还是要从马克斯·韦伯开始。韦伯学说的一个重要的部分（如果不是主要的部分）就是关于合法性与权威的论证。在分析法律和经济问题以及社会学研究方法之外，韦伯的主要关注点就是宗教、合法性与权威问题。而宗教问题作为社会意识形态的重要组成部分，又与合法性问题密切相关。从方法论上来看，韦伯的学说倾向于一种完全"祛魅"的社会学方法论的应用。在遇到价值倾向的问题时，韦伯主要是利用单纯的语言陈述方式，来表达与价值相关的规范性概念。在对合法性和权威问题的研究过程中，他更多地采取经验-历史的视角，类似于用一种完全自主的旁观者视角来分析社会历史现象。在韦伯的视域中，统治集团是以一种近乎完全的理性行动来对自身的合法性进行构建的。"统治者和行政管理班子之间的结合，出自纯粹物质的和目的合乎理性的动机"，[①] 在这种目的理性和工具理性的动机下，"一切经验表明，没有任何一种统治自愿的满足于仅仅以物质的动机或者仅仅以情绪的动机，或者仅仅以价值合乎理性的动机，作为其继续存在的机会"。任何一种统治权威，都会主动地构造和维持自身的合法性，"任何统治都企图唤起并维持对它的'合法性'信仰"。[②] 统治集团的这种构造和维持，是离不开一定的社会组织工具的。这种工具就是运用一种层级制、专业化和工资固定化的"官僚行政管理班子"，"通过协议的或强加的任何法"对社会进行管理，并且使得团体内的成员服从统治者。韦伯赞美这种通过官僚班子的权威合法性构建"纯粹从技术上看可以达到最高的完善程度，在所有这些意义上是实施统治最合理的形式"。[③] 不仅如此，官僚工具下的官员们还是"根据知识进行统治：这是它所固有的特别合理的基本性质。除了受专业知识制约的巨大的实力地位外，官僚体制（或者利用它的统治者）还倾向于通过公务知识，进一步提高其权力"。这种运用专业知识提高自身权威的过程，是一种更加隐蔽的合法性

---

① 〔德〕马克斯·韦伯：《经济与社会》（上册），商务印书馆，2006，第238页。
② 〔德〕马克斯·韦伯：《经济与社会》（上册），商务印书馆，2006，第239页。
③ 〔德〕马克斯·韦伯：《经济与社会》（上册），商务印书馆，2006，第248页。

构建模式。韦伯指出："在公务交往中获得的或者熟谙档案的实践知识。职务机密的概念不仅是官僚体制的概念，但是特别指的是官僚体制的概念，它渊源于这种权力欲望——它同专业知识的关系，大约可与商业经营秘密与技术秘密的关系相比较。"① 韦伯在这里指出了政治系统的合法性的自我构建的工具——官僚机构，以及这种构建方式的主要基础——专业化知识。举例说明，哪怕是一个普通的档案人员也可以运用其手中的"实践知识"人为构建出种种程序、规定甚至是"传统"，来驱使人们向他请教，从而形成对他的某种意义上的服从，比如何时来办理业务、怎样来填写、怎样取得档案等环节，如果相关规定的说辞还没有特别的过激，那么作为办理事务的人员基本上只能服从。至于官僚系统的专业化领域，诸如铁路运输、航空运输、司法、税务、审计等部门，就更可以运用其专业知识来对社会构建一种人为的权威了。在飞机和轮船上，机长和船长自然成为一种权威；警察局和法院的工作人员在法律事务的管理过程中，更是拥有一种执法者的超凡地位与知识水平，并且足以利用这些凭借来将自身的权力进一步延伸，最终提升权威的合法性。韦伯不仅在这种中观、微观的层次提出了官僚机构对政治权威的自我构建，甚至还从宏观上分析了国家的理性。韦伯认为，一个国家（政治系统）是可以具备自身的理性的，这种理性就是自身对自身合法性的培养、构造与维护。他从对中世纪古罗马法的分析开始，从法律制定的工具效益，到对外经济贸易过程中的重商主义，再到救灾积储的国家经济政策，最后论及了理性的国家是一种"垄断合法的暴力和强制机构"。一个理性的国家正是综合运用政治、经济、外交等诸多方面的职能和能力，最终达成"被统治的人就必须服从进行统治的人所要求的权威"。② 这种人为工具理性下的权威构建，是韦伯合法性学说的关键内涵。

（二）帕森斯的结构功能主义

韦伯确定了合法性与权威论说的内源理论，而这种理论在社会学结构功能主义的研究范式下被发扬光大。结构功能主义的创始人是帕森斯，他的合法性学说将内源论的权威观念进行了进一步的阐释。帕森斯学说的基

---

① 〔德〕马克斯·韦伯：《经济与社会》（上册），商务印书馆，2006，第 250 页。
② 参见〔德〕马克斯·韦伯《经济与社会》（下册），商务印书馆，2006，第 719~732 页。

本假设是社会是通过一定的结构分化，来实现特定的功能的。在这种假设下，他分析了社会组织的概念。他说道："（组织）这个词是指一种被认为在现代工业社会里占有特别重要地位的大型集体。"对于这种组织，他给予了"为了实现专门目标的基本取向"的定义。① 不仅如此，他还将组织作为一种社会系统的基本形式与总的社会体系相关联了起来，"首先，把组织看成一个系统，这个系统具有任何一个社会系统都有的基本性质。其次，把组织看作是一个更大社会系统中的功能分化子系统"。② 这样，帕森斯就构建了他结构功能学说的基础：以个别的社会组织为细胞，社会分化为不同的结构层次，每种结构的分化带来了社会的特定功能。正是这种结构分化和功能产生的互动过程，定义了现代社会的自身运动。在分析了社会系统之后，帕森斯转向了对政治系统的分析，他认为："在政治领域的社会功能子系统恰恰就是'政体'。经济的目标或功能是生产；在经济的而不是物理的意义上，产品是收入或财富。我认为政体的目标或功能是推动社会资源的流通，负责实现集体目标，形成和实施'公共政策'。'政体'系统的产品是权力。③ 在这里，帕森斯主张，如同社会经济组织生产出财富一样，政治系统生产出来的是一种权威与合法性。那么这种自造的权威是怎样产生的呢？他接下来对政治系统内部的运作过程进行了分析。首先，他将责任与功能联系在一起，在政治系统中，通过使主体担负一定的责任实现特定的目标。同韦伯一样，他认为"在早期的文明，政治责任倾向于在上层阶级或贵族手中被制度化，而在现代西方社会，起码的倾向是，这方面转到或多或少的职业角色的群体手中"。④ 其次，通过授权，政治责任将权力作为资源，使其在政治体系内部流动，"允许、指定或布置与具体情境和目标有关的一定类型的措施"。⑤ 在前两者的运动过程中，制度通过将价值有意地内化，为权力的流动提供导向。最终，政治系统在这样三位一体的运动中，达成了一定的政治目标，完成合法性的建造及维护。帕森斯的合法性学说是建立在其结构——功能主义范式的基础上的，政治体系的价值内化、权力和责任的分配以及进行授权的过程，就是一种

---

① 〔美〕T. 帕森斯：《现代社会的结构与过程》，光明日报出版社，1988，第15页。
② 〔美〕T. 帕森斯：《现代社会的结构与过程》，光明日报出版社，1988，第17页。
③ 〔美〕T. 帕森斯：《现代社会的结构与过程》，光明日报出版社，1988，第148页。
④ 〔美〕T. 帕森斯：《现代社会的结构与过程》，光明日报出版社，1988，第150页。
⑤ 〔美〕T. 帕森斯：《现代社会的结构与过程》，光明日报出版社，1988，第161页。

政治体系内部的结构分化过程。这种分化如同生物适应周围自然界的变化一样，是一种自我内部的调整。通过这种调整，政治系统就像变色龙一样，适应了外在社会体系的变化，最终维护了自身权威的合法性。帕森斯继承了韦伯的理性主义传统，并运用结构-功能的分析方法解释了政治系统在现代社会中的变迁与分化过程，将一种功能的绩效因素加入合法性的分析过程。帕森斯的学说具有极大的启发意义，影响了一大批社会学、政治学等领域的学者，甚至形成了结构-功能主义的思潮。

（三）卢曼的创新

作为帕森斯的学生，当代社会学领域的大师尼克拉斯·卢曼也是政治权威通过政治系统内源自造学说的主张者。在继承帕森斯结构-功能的基本分析方法的基础上，面对当代社会进一步加剧的分化趋势，卢曼对结构功能主义进行了创新，并在此基础上，进一步完善了结构-功能主义范式下的权威内源构造的学说。首先，卢曼继承了帕森斯符号与象征（sign and symbol）① 的社会媒介表达的工具论。帕森斯在其著作 *The Social System*（《社会系统》）一书中，成体系地论证了其结构功能范式的工具论。作为结构与功能之间的联结，符号与象征对于结构与功能的运动变化至关重要。帕森斯认为社会子系统之间的媒介和交流离不开一种沟通的工具，最原始的工具就是语言。随着人类社会的进步，语言连同其他一些沟通媒介，转化成为一种符号与象征，这种符号和象征是一种在社会系统中进行的交流的简化方式。通过运用这种符号和象征，在特定社会组织的实际行动系统中（actual action systems），社会系统的分化结构便能够有效地产生其功能（function）。② 一些专业行业中所谓的"行话"，如金融领域中的"头寸""卖空""买空"等语言，就是帕森斯这种符号和象征的生动体现。在这个意义上，符号和象征就如同血液，贯通于整个社会系统的有机体。在卢曼的视角中，帕森斯的"符号与象征"变成了"媒介代码"。卢曼这样定义了这种"媒介代码"："与所有升级的可能性相联系的，是作为代码与过程分化的基本东西：符号的普遍化。普遍化的意思是意义取向的一般化，这使人们在不同处境中面临不同的模式时可能坚持同一的意义，

① Talcott Parsons, *The Social System*, ROUTLEDGE. Taylor & Francis Group, 1991edition, p. 50.
② Talcott Parsons, *The Social System*, ROUTLEDGE. Taylor & Francis Group, 1991edition, p. 54.

以便得出相同的、或相似的结论。"① 对政治系统来说，媒介代码就是其专用的"权力代码"。在卢曼的论证中，通过在这种媒介代码下进行结构分化与整合，政治系统实现了特定的功能，完成了自身权威的构造和维持。这种构造和维持是以一种媒介代码下的内生分化的方式来达成的，这种方式"在能以具有这些功能的充分专门化的媒介代码为前提的任何地方，类似于催化作用，加速了社会结构的复杂化"。② 在政治系统的分化过程中，最集中的表现就是选择机会的增多。权力在卢曼的眼中已经不再是"使他人服从权力主体意志的能力"意义上的驱动性因素，而是一种在众多选择基础上通过筛选让权力客体不得不服从权威意志的结构模式。这种模式的基础，就是政治系统结构与功能的加剧分化。"交往媒介理论以代码与交往过程的差异为基础，用概念阐明权力现象。而不是站在一个立场上把权力当作一种资质或者能力作用于另一方。"③ 在卢曼的眼中，权力不再是一种单向度的"力量"或者"推动"意义上的事物，而是一种以多种选择的否定形式出场，影响权力客体的选择，使权力客体服从的社会分化意义上的结构。"需要经由一种否定的见解的道路，对权力代码提出某种要求。如果权力要影响选定抉择的组合，而且如果其他抉择仍然起作用，那么这种组合只可能借助于同时进行的协调的抉择淘汰而得到维持。"④ 在社会系统高度分化、权力客体可以"抉择"的选项日益丰富的今天，这种权力模式已经成为政治系统经常使用的权威自我构建方式。

这种权力观点是卢曼对合法性与权威理论的重要贡献，下面用通俗的案例来解释之。例如，在某个西方国家，一个权力客体（公民）的房屋被当地小镇政府强行征用，为了取得救济，他有如下选择：A. 直接向法院提起诉讼；B. 向上级行政机关提出行政复议；C. 基层调解机制；D. 接受小镇政府的征用条件。这四种选择模式是当代社会政治系统进一步分化的结果，司法解决纠纷途径的多元化在世界范围内普遍存在，这是现代社会高速发展下，效率和公平原则在政治系统中的体现。在这种分化的基础上，权力客体就有了这四种选择。但在该例中，如果权利客体直接选择 A，则要面临诉讼费用过高和诉讼时间过长（3 个月以上的时间）的问题，这样

---

① 〔德〕卢曼：《权力》，世纪出版集团、上海人民出版社，2005，第 35 页。
② 〔德〕卢曼：《权力》，世纪出版集团、上海人民出版社，2005，第 78 页。
③ 〔德〕卢曼：《权力》，世纪出版集团、上海人民出版社，2005，第 17 页。
④ 〔德〕卢曼：《权力》，世纪出版集团、上海人民出版社，2005，第 24 页。

不仅他通过该房屋进行的生意将要遭受近半年的损失，而且还要承担巨额的诉讼费用，结果还未必能够对他有利，所以事实上选项 A 对于权力客体来说是不现实的，他不会选择。对于选项 B，上级行政机关往往更可能对他的复议请求置之不理，拖延两个月以上。我们知道，对于公民来说，如果拖延了这么久，在经济上就不如同意镇政府的征用条件来得合算，所以选项 B 事实上也是没有意义的。对于选项 C 的基层调解机制，该公民可能会惊奇地发现，该房屋所在的地区没有基层人民调解委员会。而相关的法律规定，类似纠纷只能向当地的基层调解组织提出。这样，事实上选项 C 也是没有可能实现的。最终，该权力客体经过理性的计算和提出行政复议的尝试，不得不选择选项 D 的服从。我们注意到，这里 A、B、C 选项之所以对于该公民来说是不可行的，是因为政治系统通过一定的安排，比如司法的一审时间设定、对复议案件如何处理的设定以及对相关调节法律的规定，限制了这些选项的可实现性。从宏观上看，虽然政治系统并没有直接运用权力对该公民实施干涉行为，但是如卢曼所说，对各种不同选择的"否定机制"，最终造成了该公民的服从。这就是政治系统在自身结构-功能的分化基础上，通过设置多种选择机制，同时又在各种选择机制中设定种种限制，甚至是一种"掌权者的制裁威胁"，[①] 最终促使社会成员对其服从，巩固其权威的合法性的过程。

除此之外，卢曼还分析了另一个问题，那就是在整个社会加速分化，个人职业分化加剧的大背景下，政治系统的媒介代码不能及时照顾到这种职业分化下的每一种具体要求，从而政治系统与社会成员都不得不将诉求进行抽象化、简单化的表达。这样，具有多种多样职业要求的公民诉求就在很大程度上被过滤掉了。卢曼认为，社会已经分化为一种不能简单地利用分层分析等范式来分析的状态。每一个个人所担负的社会功能急剧的分散化，同时，每个个体进一步的原子化。社会进入了一种极其复杂的结构状态。[②] 政治系统通过简化的媒介代码忽略了大量的民意表达。也可以说，在这种过程中，公民最终不得不"被服从"[③] 了。例如，张三是一名高级

---

① 〔德〕卢曼：《权力》，世纪出版集团、上海人民出版社，2005，第 25 页。
② 参见〔德〕卢曼《法律的社会学理论》（英文版），中国社会科学出版社，1999，第 24~31 页。
③ 参见〔德〕卢曼《法律的社会学理论》（英文版），中国社会科学出版社，1999，第 199~203 页。

制鞋作坊的师傅，在一个大城市中，像他这样的师傅不超过十个人。对于张三以及他的同行们来说，没有一个恰当的职业阶层可以将他们完全的涵盖。政府的选举机构职能将他们这几个人归为高级技工这一分类。因而在表达意愿的时候，他们实际上缺乏一个有效的意愿表达渠道来表达他们这一个小行业的诉求，比如说应对皮革商的高价盘剥等诉求。最后，他们的诉求只能作为高级技工这一个泛泛团体的要求的一个小支流而出现。这样，他们的诉求实际上就是被忽略了。总而言之，卢曼在结构-功能主义范式的分析框架下，论证了政治权威在"运作自成一体性及其在与世界的关系中受限制的特殊复杂性中产生的选择压力"下，通过结构的变化，维护自身权威的"自我生成能力"，[①] 最终内源地构造出了自身合法性的现实过程，其理论具有极大的现实意义和启发意义。

（四）伊斯顿与阿尔蒙德

20 世纪的结构功能主义学派极大地影响了政治学等其他社会学科的研究，关于政治系统的专门论证也由此开始兴起，其代表人物是美国政治学家戴维·伊斯顿与加布里埃尔·A.阿尔蒙德。与结构功能主义的社会学研究相比，政治系统论关注的是政治系统的"输入—处理—输出"的反应过程。在这种应激反馈的过程中，如何处理要求，成为政治系统的重要任务。伊斯顿首先强调了要求的重要性："如果没有要求，当局委实不可能对社会作出约束性决策。"[②] 光有要求还不行，这种要求还必须要对愿望进行复杂的转化。这种转化过程就是政治系统的流动模式。有的要求还没有从愿望中凸显出来就消失了；有的则被转化成为另一种要求；有的和其他要求结合在一起；有的要求"进入系统，立即中途夭折"，在刚刚进入政治系统的时候就消失了，这是一种"最普通的情况"；还有的要求转化为政治系统内某种程度上的"争论"。总之，"大量的要求被组合或者修改，尔后加以控制"。[③] 在这种政治愿望转化为要求从而输入政治系统的过程中，一些结构性调节者，诸如社团、集团、机构等，扮演了政治系统"守门员"的角色。这种守门员的任务，就是完成对愿望的引导、转换甚至是压制，最终完成要求输入的人为控制和管理。这表现为要求的综合与缩减

---

① 〔德〕卢曼：《社会的法律》，人民出版社，2009，第 127~128 页。
② 〔美〕戴维·伊斯顿：《政治生活的系统分析》，华夏出版社，1999，第 55 页。
③ 〔美〕戴维·伊斯顿：《政治生活的系统分析》，华夏出版社，1999，第 90~91 页。

过程，如同上文示例中的高级手工制鞋师傅，虽然他们属于高收入阶层，具有一定的经济实力。但是由于他们人数过于稀少，他们的愿望就被整合为高级技工团体的一种团体诉求，因而他们所关注的高级真皮皮革商的控制市场价格的问题，就很容易在输入政治系统的过程中被转化、综合甚至忽略。在将社会的政治要求吸纳了之后，政治体系通过将不同分裂阶层与集团进行同质化、改进表达结构、修改典则规范等方式，[①] 对政治输入进行反应，最终形成政治输出。需要指出的是，这种输出不仅是被动的反应，还是一种主动的对潜在要求的控制。政治系统通过利益延期、部分满足、时间延缓、妥协等"权宜之计"，最大限度地将特定性支持转化为散布性支持，[②] 或者将两者进行有益组合，最终达到控制社会政治愿望与要求的目的。在这个过程中，"当局将在一定程度上依靠说服，利用自私和传统施加压力，或是依靠武力，以便使人们承认或默许他们的输出和他们借以产生的结构"。[③] 运用文化的说教也好，依靠权谋的手段也罢，无论是什么方式，只要政治系统引导或者强迫人们达成一种哪怕是默许意义下的"自愿服从"状态，"只要存在这种相信当局和他们借以运行的秩序的正确性和适当性的信仰，那么这就是正式承认输出具有权威性及约束性的一个开始"。[④] 阿尔蒙德在《比较政治学：体系、过程和政策》一书中也阐述了类似的政治系统的概念体系。首先，他将政治系统的输入分为三种类型：要求、参与者支持和服从者支持。政治系统除了有转换功能，还有输出的功能。阿尔蒙德认为输出具有提取，行为管制，分配产品、服务、机会、荣誉、地位等，以及象征性输出四个方面，[⑤] 分别涉及经济、暴力、价值的三种层次的权威与合法性。在政治系统的运动过程中，利益整合、政策制定、文化信仰等因素协同发挥作用，并形成了特定的利益输出。同伊斯顿一样，阿尔蒙德也是政治系统权威内源构造学说的主张者。他也认为："如果某一社会中的公民都愿意遵守当权者制定和实施的法规，而且还不仅仅是因为若不遵守就会受到惩处，而是因为他们确信遵守是应该的，那么，这个政治权威就是合法的……如果存在某种合法性的基础的话，权威

① 参见〔美〕戴维·伊斯顿《政治生活的系统分析》，华夏出版社，1999，第 297~320 页。
② 参见〔美〕戴维·伊斯顿《政治生活的系统分析》，华夏出版社，1999，第 321~330 页。
③ 〔美〕戴维·伊斯顿：《政治生活的系统分析》，华夏出版社，1999，第 336 页。
④ 〔美〕戴维·伊斯顿：《政治生活的系统分析》，华夏出版社，1999，第 338 页。
⑤ 〔美〕加布里埃尔·A. 阿尔蒙德等：《比较政治学：体系、过程和政策》，上海译文出版社，1987，第 10~13 页。

人物在困难的处境之中也有时间和能力来处理社会和经济问题。正因为当公民和精英人物都相信权威的合法性时要使人们遵守法规就容易得多，所以事实上所有的政府，甚至最野蛮、最专制的政府，都试图让公民相信，他们应当服从政治法规，而且当权者可以合法地运用强制手段来实施这些法规。"① 可见，政治系统论也是一种权威来源的内源学说。

（五）熊·彼得的虚幻"公意"

与政治系统论不同，熊·彼得更加关注对公意有效性的分析。熊·彼得更加明确地提出了共同意志下的权力合法性是一种政治系统内部构造物的观点。他认为在现代国家的政治生活中，共同意志往往并不是一种大众自然而真实的意图表露。很多时候，不是大众共同的意志，而是"人为的"某种具有虚构成分的意志在代表着共同意志。在具体的政治生活过程中，往往是一种构建下的"共同意志"在支持着政府的合法性。首先，他论证了共同意志的模糊性。共同意志的形成是不确定的，也是不可靠的。他直接断言"不存在什么全体人民能够同意或者理性论证的力量从而能够决定的共同的幸福的那样的东西"。② 既然不存在所谓共同意志，那么公共权力的合法性下的大众服从就只能是一种人为的虚构。他还反向论证道，即便是存在功利意义上的共同幸福，这种幸福也是不完整的，不能够真实体现大众的意志和需要。不仅如此，公民"责任感的减弱和有效意志的缺乏，又说明了公民在国内和国外政策上的无知和判断力的缺乏"。③ 在熊·彼得的眼中，普通的公民很难明确地表达自身的意志并且肩负政治责任，这就更加宣告了共同意志假设的破产。所谓的"共同意志"，不过是统治集团人为构建下的合法性而已。

（六）米歇尔斯与莫斯卡

米歇尔斯与莫斯卡是"统治阶级"理论范式的代表。虽然他们的论证尚未涉及政治系统论的观点，但是他们从社会中总是会有一个统治集团的观点出发，论证了政治权威来源于统治集团内部的观点。在这种理论范式

---

① 〔美〕加布里埃尔·A. 阿尔蒙德等：《比较政治学：体系、过程和政策》，上海译文出版社，1987，第35~36页。
② 〔美〕熊·彼得：《资本主义、社会主义和民主主义》，商务印书馆，1979，第314页。
③ 〔美〕熊·彼得：《资本主义、社会主义和民主主义》，商务印书馆，1979，第327页。

下，统治集团的统治技术和统治艺术主导了政治权威与合法性的产生。换句话说，即便没有来自统治集团外部的规范性"公意"的授予，统治集团也可以自为地建立政治权威的合法性。这种学说与马克思主义有相似之处，不过马克思主义并不执着于合法性的问题，阶级国家在马克思主义的视域中是一个具有历史性特点的过渡概念，没有国家的共产主义才是马克思主义的终极社会理念。所以在这里就不对马克思主义的相关理论作叙述，只对米歇尔斯与莫斯卡的代表性观点进行评述。

莫斯卡认为一切社会都具有统治集团与非统治集团之间的对立。"一切社会，从非常原始、文明尚未成形的社会到高度发展、实力雄厚的社会，都会形成两个人们的集团，即统治阶级和被统治阶级。"[①] 虽然统治阶级在人数上处于劣势，但是统治阶级可以通过各种技术或者手段来对人数上占优的被统治阶级实施政治统治。统治阶级作为政治社会的主导，统治着社会的方方面面，但是这并不意味着被统治阶级的完全消极服从。莫斯卡也承认被统治阶级可以对统治阶级的政策产生一定的影响，但这种影响只可能是"在一定程度"[②] 上的，这种一定程度上的影响是无关政治统治大局的。统治阶级凭借组织、军队、宗教、知识、世袭身份、财富等手段和资源，就能够维持住自身对社会的统治。在组织上，"一个有组织的少数往往为某种动力所驱使，不可避免地主导一个无组织的多数"。[③] 统治阶级正是靠着有组织的力量凝聚，完成了对多数人的控制。在强制力量上，莫斯卡分析了武士阶级统治社会的现象，认为统治阶级通过对暴力的垄断和控制，就可以镇压住社会的反抗，最终控制社会。在物质基础上，"占据统治地位的是富人而非勇者"，[④] 当一个社会发展到一定程度的时候，财富对于统治来说就更为重要。统治阶级运用公共权力设立相关法律和制度，对自身的财产等物质基础加以保护，在巨额财富的基础上，统治阶级便可以稳坐钓鱼台，加强对社会的政治控制。除此之外，宗教与学识作为

① 〔意〕加埃塔诺·莫斯卡：《政治科学要义》，世纪出版集团、上海人民出版社，2005，第119页。
② 〔意〕加埃塔诺·莫斯卡：《政治科学要义》，世纪出版集团、上海人民出版社，2005，第120页。
③ 〔意〕加埃塔诺·莫斯卡：《政治科学要义》，世纪出版集团、上海人民出版社，2005，第122页。
④ 〔意〕加埃塔诺·莫斯卡：《政治科学要义》，世纪出版集团、上海人民出版社，2005，第125页。

一种知识的力量，也成为统治阶级进行政治统治的手段。"在人们笃信宗教的社会，专司信仰的牧师常常形成一个特殊的教师贵族阶级，该阶级几乎总是能够在不同程度上攫取财富和政治权力。"而"在文明高度发达的社会，祛除了神秘的宗教气息的专业化知识和真正的科学文化成为重要的政治力量"。① 无论是愚昧的社会还是发达的社会，宗教和知识作为一种精神上的力量也是统治阶级对社会进行控制的重要凭借。最后，世袭的身份与地位也是一种政治统治的途径。"当我们发现某一世袭等级在特定国家形成并垄断了政治权力，我们同样可以肯定，该等级在事实上的地位早在其法律地位确立之前就已经确立。"② 可见，一种封闭的等级与身份，同样是一种政治统治的重要依托与凭借。值得一提的是，莫斯卡提出了统治阶级与被统治阶级共同组成了"政治有机体"的概念，这个概念已经接近了政治系统理论。莫斯卡的统治阶级学说影响深远，很多后世的政治学家都对其思想进行了分析，不管是赞同还是批评，都说明了莫斯卡思想具有重要意义。

米歇尔斯是这种理论范式的另外一位代表。只不过在米歇尔斯的论域中，统治阶级被"领袖"一词替代，被统治阶级被"大众"一词替代，因为米歇尔斯所依据的是德国社会主义民主工党的政治实践材料。米歇尔斯认为领袖作为一种统治集团无论在技术上还是在组织上都是必要的。与莫斯卡不同，米歇尔斯并不是从历史的角度来论证统治阶级的必然存在，而是从逻辑上论证统治者阶级存在的客观必要性。米歇尔斯认为在现代社会中，"组织看来是形成集体意志的唯一途径"。③ 只有通过成立组织，一个集团才能将自身的意志凝聚起来。但是在这种组织中，大众通过直接民主进行统治无论在机制上还是在技术上都是不可能的，因此就必须选举领袖来代理组织成员的要求，而一旦出现领袖的代理，那么代理的脱节与领袖的专断就将产生。因为"操纵一大群人往往要比操纵一小撮人容易得多"。④ 不仅如此，现代社会组织内部的专业化分工也加剧了领导者与被领导者的分化。"组织使得政党或专业工会分化为少数领导者和占人口大多

---

① 〔意〕加埃塔诺·莫斯卡：《政治科学要义》，世纪出版集团、上海人民出版社，2005，第127页。
② 〔意〕加埃塔诺·莫斯卡：《政治科学要义》，世纪出版集团、上海人民出版社，2005，第129页。
③ 〔德〕罗伯特·米歇尔斯：《寡头统治铁律》，天津人民出版社，2003，第18页。
④ 〔德〕罗伯特·米歇尔斯：《寡头统治铁律》，天津人民出版社，2003，第21页。

数的被领导者。"① 此外，米歇尔斯还分析了领袖在组织中得以产生的心理基础，如对代表职位的习惯性觊觎、大众对领袖的需求、大众对领袖政治上的感激以及大众对领袖的盲信等因素。这样米歇尔斯就论证了在现代社会的政治组织（主要是政党）中，领袖与大众作为统治阶级与被统治阶级的崭新政治统治关系。不仅如此，在获得了领导权之后，领袖们还会具有专断倾向，这源于领袖集团的稳定性。"工人阶级政党官员在人事上甚至比一般的领导者集团还要趋于稳定。"② 无论是通过"轮流坐庄"的方式，还是通过"裙带关系"方式，对领袖进行筛选的过程很难起到对领袖群体的更新作用。这样，领袖在事实上就达成了对组织权力的垄断。他们控制着组织的财力、出版物，为了维持自身的统治地位而不择手段，以至于不通过大众的规范性外部授予，也可以在领导阶级的内部完成政治权威的构建。

（七）批判视角：法兰克福学派

在现代政治学思想的诸思潮中，法兰克福学派的观点也反映了政治权威通过政治体系内源地达成的现实。不过法兰克福学派的思想家们主要是运用一种批判的视角，对政治统治的现实进行了分析。而对现实的分析，并不意味着对该种现状的学理认同，如哈贝马斯是通过对现实的批判而提出相反的主张——一种规范性的外源说。所以，法兰克福思潮中对科学主义下政治权威的批判观点是本评述的主要内容。法兰克福学派的代表人物有霍克海默、阿道尔诺、马尔库赛、哈贝马斯等。

法兰克福学派的鲜明特点就是其批判性。该学派继承了青年马克思主义的某些观点，在马克思"异化"与卢卡奇"物化"思想的影响下，对当代西方工业社会提出了种种批判式的分析。该学派认为当代的西方资本主义国家的政治权威是一种科学面具下的新型专制。公共权力利用科学技术日益深入人们的生产与生活的现实，将自身的权威与科学主义连接起来，内源地构造了自身的合法性。在这个过程中，公共权力首先借助于以科学为内容的意识形态宣传，剥去大众传统的人性，将其塑造成一个个规格统一的服从者，使人们不再具有个性，这就是所谓的"个人的终结"。其次，

---

① 〔德〕罗伯特·米歇尔斯：《寡头统治铁律》，天津人民出版社，2003，第28页。
② 〔德〕罗伯特·米歇尔斯：《寡头统治铁律》，天津人民出版社，2003，第82页。

公共权力以科学为名义建立了话语领域的霸权。从这个意义上来说，质疑政治权威，就是质疑科学理念，这种行为是"非理性"的、是错误的。最后，公共权力通过科学技术日益普及下的社会分工，将社会大众打散为众多孤立的原子，传统契约论意义上的"共同意志"由此日渐消亡。

首先，利用了科学工具的政治统治剥夺了人性。在霍克海默等人看来，科学不过是一种新型的宗教。科学主义的最大错误，就是将科学等同于真理（显然科学不能等同于真理）。在这个意义上，科学变成了当代世界人们的一种新的宗教迷信。"神话变成了启蒙，自然法则变成了纯粹的客观性。人类为其权力的膨胀付出了他们在行使权力过程中不断异化的代价。启蒙对待万物，就像独裁者对人。"① 在启蒙主义科学统治一切的意识形态下，人们传统的人性逐渐褪色。道德情感、精神信仰、创新的灵感与热情、文艺中的人本主义，等等，这些以人性为中心的理念统统被科学主义打入冷宫。人们已经被科学的生活格式化为统一的模式，个性几乎已经不再存在，人们在科学意识形态的灌输中，或多或少地变成了服从的机器。

其次，政治权威还利用科学的名义，为自身的政治统治建立了话语上的霸权。在这种霸权下，政治话语系统日渐僵化、封闭和保守。"一个原子无法以表现的方式发生裂变，而只能是物质的一个样本；一只兔子也没法表现自己，事实上它只不过是实验室里的一个样本而已。正是因为实用科学的这种区分很是随意，每个事物都划入到同类物质之中，于是，科学的对象变得僵化了。"② 科学成为巫术的替代物。同巫术一样，操控语言成为科学统治的一种特点，通过操控语言，科学语言形成了一种"语词的遵从"，其效果是凡是科学之观念，就值得人们服从。"启蒙运动作为一种唯名论运动，总是停留在排他性精确概念，或者是专有名称这样一些唯名的阶段。"③ 在这个意义上，政治权威将自身的合法性定义为科学；质疑权威，就是质疑科学，这显然会被认为是非理性的、不明智的。这种语词统治无所不在，马尔库塞曾经举出的略缩语表达方式就是一个鲜明的例证。

---

① 〔德〕马克斯·霍克海默、西奥多·阿道尔诺：《启蒙辩证法——哲学断片》，世纪出版集团、上海人民出版社，2006，第6页。

② 〔德〕马克斯·霍克海默、西奥多·阿道尔诺：《启蒙辩证法——哲学断片》，世纪出版集团、上海人民出版社，2006，第7、15页。

③ 〔德〕马克斯·霍克海默、西奥多·阿道尔诺：《启蒙辩证法——哲学断片》，世纪出版集团、上海人民出版社，2006，第40页。

利用略缩语的表达方式，政治语言很大程度上将词汇中的政治内容忽略掉了。在这种方式下，几乎所有的政治词汇都日渐脱离了其实质内容，而变成了一个空洞的权威符号。例如将北大西洋公约组织简化为"NATO"，将苏维埃社会主义联盟简化为"USSR"，等等，这种方式在很大程度上淡化了政治词汇的内涵，从而麻痹大众而最终制造服从。①

最后，科学名义下的政治统治压制了"共意"。在科学日益深入人类社会的过程中，政治统治也利用科学的理性为自身的统治服务，通过推动社会分工的深入，将社会大众进一步打散为原子，个人面对社会这个庞然大物，其意见很快就被淹没在科学主义之中。人们的个性日渐消退，"共同意志"的汇集也日趋困难。"对个体而言，统治表现为普遍性，即现实中的理性。借助于强加在人们身上的分工，社会所有成员的权力——他们除此之外无路可循——一次又一次带来了整体的实现，整体的合理性也恰恰以此方式得以成倍增长。少数人对所有人的所作所为，总是呈现为多数人对个体的支配：社会压迫总是表现出集体压迫的特征。"② 这种集体压迫，就是公共权力在科学深入社会这一过程中推动分工，将"共意"进一步打散为原子的过程。

综上可见，法兰克福学派继承了马克思主义犀利的批判思维，对于分析现当代西方资本主义世界政治权威与合法性的危机具有重要的意义。

二　规范分析：外源说——外部的授予

合法性与权威外源于政治系统的学说早在古希腊时期和孔子时代的自然法思想中已经初见端倪了。到了近代，卢梭提出的契约论标志着外源学说的新时期。在现代理性主义风靡的时期，外源说也曾经一度沉寂。直到20世纪70年代，该学说才随着罗尔斯《正义论》的横空出世，在达尔、哈贝马斯等思想界领军人物的带领下重新活跃了起来。外源说与内源说不同，它认为合法性与权威不能是政治系统自说自话、人为构造的，只有建基于来自政治系统外部的规范性价值，合法性与权威才是具有正当意义的。下面，就对主要的当代外源说思想进行述评。

---

① 参见〔美〕马尔库塞《单向度的人》，上海世纪出版集团、上海译文出版社，2008，第76~77页。

② 〔德〕马克斯·霍克海默、西奥多·阿道尔诺：《启蒙辩证法——哲学断片》，世纪出版集团、上海人民出版社，2006，第16~17页。

（一）罗尔斯的《正义论》

罗尔斯的《正义论》开启了规范分析研究的新阶段。罗尔斯从契约论的原初状态开始论证，为了"确定一个能够代替一般的功利主义、从而也能代替它的各种变化形式的作为一种选择对象的正义论"，[①] 他对功利主义进行了批判分析。在功利主义的理论体系中，一个社会就如同一个人一样，只要能够增加幸福的总量，就意味着社会的自身安排是合理的。罗尔斯深刻地批判了这种经验分析的唯理性逻辑，认为正义与平等的价值相关。罗尔斯批判了功利主义简单地将个人的功利原则推广于社会的观点，认为这种方式的论证纯粹是一种目的论的做法，是不足取的。"正义总是表示着某种平等，形式的正义就意味着它要求：法律和制度方面的管理平等地（即以同样的方式）适用于那些属于由它们规定的阶层的人们。"[②] 可见，在罗尔斯的眼中，纯粹理性的功利主义是不正确的，应该有一种规范性的正义原则，对社会的物质财富与机会的分配进行调节。由此他引出了正义的两个原则："第一个原则：每个人对于其他人所拥有的最广泛的基本自由体系相容的类似自由体系都应有一种平等的权利。第二个原则：社会的和经济的不平等应该这样安排，使它们1、被合理地期望适合于每一个人的利益；并且2、依系于地位和职务向所有人开放。"[③] 罗尔斯的正义原则是一种基本公平基础上的特殊对待，而且这种特殊对待也必须从总体目标上符合全体社会成员的利益，其机会也必须向全体社会成员平等开放。在这样的正义原则下，"自由只能为了自由的缘故而被限制"，不平等本身也必须"扩展那些机会较少者的机会"，并且"最终减轻承受这一重负的人们的负担（代际正义）"。[④] 罗尔斯并没有直接论证合法性与权威问题，但是他相信"只要把一个组织良好的社会的各个方面综合起来并在恰当的联系中看清它们就足以达成……正义和善"。他认为只要在上述原则下安排的社会，"作为一种合理的东西，对所有的人也都是合理的；因而不存在不稳定倾向"。也就是说，只要是符合了上述正义的标准，一个社会的权威就值得服从。这种服从不是政治系统自身的自圆其说，而是在一

---

① 〔美〕约翰·罗尔斯：《正义论》，中国社会科学出版社，1988，第21页。
② 〔美〕约翰·罗尔斯：《正义论》，中国社会科学出版社，1988，第58页。
③ 〔美〕约翰·罗尔斯：《正义论》，中国社会科学出版社，1988，第60~61页。
④ 〔美〕约翰·罗尔斯：《正义论》，中国社会科学出版社，1988，第302~303页。

种规范的指导下，在满足全体成员的自由和发展权利的基础上形成的一种外源的规范认同。在这种外源的规范意义下，人们"知道制度是公正的，知道其他人有（并将继续有）一种与他类似的正义感，因而他们也按照（并将继续按照）这些安排去做"。① 在这个意义上，人们是对一种"公意"层面上的规范进行服从，而不是对政治系统的具体行为服从。这样，罗尔斯就构建了一种规范意义上的合法性与权威的外源学说。

（二）诺齐克的思想

诺齐克与罗尔斯齐名。他的《无政府、国家与乌托邦》也从规范的意义上论证了自由主义的精神，从政治学角度来理解，属于坚持合法性与权威来自政治系统外部的学说。学术界对于他与罗尔斯两人之间的论争颇感兴趣，二者的分歧从本质上说是福利国家与自由主义的论争，这个在上文中我们已经有详细介绍。显然，罗尔斯主张一种积极行动的国家。在罗尔斯眼中，建立于正义原则基础上的善治，是需要国家推行充分的福利措施的。而诺齐克则坚持自由主义的主张，主张建立一种"最弱意义上的国家"，回归古典自由主义的国家"守夜人"理论。虽然两者有着这样的分歧，但是在主张国家权威应该来源于政治系统外部的规范性授予这一点上还是意见一致的。

诺齐克也是以自然状态作为理论的论证起点的。他分析了从自然状态，到人类的自发性社团，再到国家的整个发展过程，最终得出的国家理论是一种对最弱意义的国家的偏好。诺齐克认为"古典自由主义理论的守夜人式国家，其功能仅限于保护它所有的公民免遭暴力、偷窃、欺骗之害，并强制实行契约等，这种国家看来是再分配的"。② 他将古典自由主义论域下的国家称为"超弱意义上的国家"，这种国家是他心中的政治体系的理想形式。一方面，他论证了"最弱意义上的国家"的合理性；另一方面，他又论证了超越这种"最弱意义上的国家"的更加强大的国家的非合理性。这样，这种"最弱意义上的国家"就在诺齐克的理论中被证明成立了。在国家论的基础上，同罗尔斯一样，他批评了功利主义的狭隘性，并且主张国家应该肩负一种"善"的规范意义上的责任。"正当、应当等要

① 〔美〕约翰·罗尔斯：《正义论》，中国社会科学出版社，1988，第570~571页。
② 〔美〕罗伯特·诺齐克：《无政府、国家与乌托邦》，中国社会科学出版社，1991，第35~36页。

通过能产生（或倾向于产生）最大的善（所有目标都包括在这个善之内）的东西来解释。"① 这种观点将诺齐克从经验分析范式中划分了出来。在他看来，这种善的首要意义，就是要充分保证个人的自由。他重提古典自由主义中的"私域为王"的概念，而洛克和密尔的学说则是他的思想库。他认为："一个人可以对自己做某些事情，但是这些事情别人若不经他同意而对他做，就将侵越他的疆界（这些事情中有的可能也是他无法对自己做的）。"② 个人在私人领域内权利的不可侵犯性，是诺齐克伦理理论的重要观点。在这一点上，他认为即便是在法律上被允许的"被害人承诺"③ 免责条款，在道德上也是不允许的。除此之外，诺齐克还强调了"无罪推定"的程序正义："每个人都有一种权利，使他的定罪由某种最少危险和众所周知的程序来决定，亦即由一种最不可能把一个无辜者定为也有罪的程序来决定。"④ 在没有充分的定罪证据时，国家对行为人必须坚持一种无罪假设，这是一种现代法理学对人权的保障原则。这样，诺齐克就从实体和程序两个方面再次重申了个人的权利对于国家的重要性。他认为应当将这些保护个人自由的权利规范"放入一种国家的解释"，他认为只有这种能够在规范意义上保护个人自由的国家，才具有合法性。这样，诺齐克就最终证明了他关于合法性与权威来自政治系统外部的规范性授予的观点。他的思想是契约论与自由主义的一种融合，具有相当的时代意义和创新意义。

（三）达尔的多元民主

美国政治学者罗伯特·达尔是当今政治学界多元民主理论的大师。在权威与合法性的问题上，达尔也认为政治系统的权威需要一种外部的规范性授予。而民主，正是这一外部"公意"授予的合法性来源。在《论民主》以及《民主及其批评者》等著作中，达尔分析了民主的起源及其发展

---

① 〔美〕罗伯特·诺齐克：《无政府、国家与乌托邦》，中国社会科学出版社，1991，第37页。
② 〔美〕罗伯特·诺齐克：《无政府、国家与乌托邦》，中国社会科学出版社，1991，第67页。
③ 被害人出于某种目的，请求侵害人对其进行的某种侵害行为在法律上是可以免责的——作者按。
④ 〔美〕罗伯特·诺齐克：《无政府、国家与乌托邦》，中国社会科学出版社，1991，第102页。

阶段，对民主这一政治治理模式的内在危险和对立意见进行了分析。虽然达尔也承认民主有着这样或那样的挑战和问题，但是民主仍然是"优越的"，在达尔眼中"它可以促进自由的发展……其次，民主进程促进人的发展，不仅仅发展实践自决的能力、道德自治和为自己选择负责的能力。最后，它是人们得以保护和促进与别人共享的利益和好处的最确定的方式"。① 达尔这种强调规范性外部授予的权威合法性理论主要有两个层次的内容，一个是形式上的，另一个是内容上的。从形式上看，就是民主要有一种程序上的正义。与卢梭、洛克等人的思想相同，达尔的这种正义强调一种权利的不可侵犯性。达尔认为，这种政治上的平等权利，应该通过民主的程序性特征来表现。在达尔的眼中，一个民主制度应该具有如下的特征："1. 有效的参与；2. 投票的平等；3. 充分的知情；4. 对议程的最终控制；5. 成年人的公民资格。"② 在这里，达尔对民主的程序进行了总结，这种程序是一种公民权利观点的具体表达。"前四项标准，背后都隐含了公民权利的观点"，而最后一项要求，则是之前所有权利的基础。达尔认为这些标准背后的权利是一种不言而喻的民主，四条要求可以说是民主的四项基本原则，缺一不可，"如果任何一项遭到违反，成员就失去了政治上的平等"。③ 在这里，达尔继承了卢梭的绝对权利观念，对这种天赋人权的绝对性观念进行了程序性分析，并在现当代社会环境下将其重新定义。对于第五条中的公民资格问题，达尔认为要保持一种最大限度的包容性："demos（公民）应该包括所有服从联合体中具有约束力的集体决策的所有成年人。"④ 这里排除了种族、身份、出生地、文化、职业、财产等方面的差别，强调一种平等的政治权利下的公民身份原则。达尔的这种包容性观念最大限度地扩展了民主能够表达民意的范围，在理论上能够充分地扩展一个政治权威的代表范围，具有很强的现实意义。当然，达尔规范性"同意"的民主学说不仅仅局限于一种形式上的程序正义，在内容上，达尔也对民主所授予权威的实体价值进行了分析。他认为这些价值是一种共同体成员的"共同的善"，达尔定义这种"善"为："那些在某种特定意义上理解了他们的利益的人所拥有的一种对他们利益的开明理解"，这种开明

① 〔美〕罗伯特·A. 达尔：《民主及其批评者》，吉林人民出版社，2006，第443页。
② 〔美〕罗伯特·A. 达尔：《论民主》，商务印书馆，1999，第43页。
③ 〔美〕罗伯特·A. 达尔：《论民主》，商务印书馆，1999，第45页。
④ 〔美〕罗伯特·A. 达尔：《民主及其批评者》，吉林人民出版社，2006，第158页。

的理解仍然离不开经验性的选择,"一个不可或缺的要素就是如果他们达成了对由于其选择及其最相关的替代选择而产生的经验的彻底的理解"。① 也就是说,这种关于共同的善的观念不是封闭凝固的,而是一种开放活跃的互动过程。在这种互动过程中,共同体的善才得以实现。那么,具体说来,这些善包括哪些呢?达尔不厌其烦地进行了列举:"1. 避免暴政; 2. 基本的权利; 3. 普遍的自由; 4. 自主的决定; 5. 道德的自主; 6. 人性的培养; 7. 保护基本的个人利益; 8. 政治平等;此外,现代民主还会导致 9. 追求和平; 10. 繁荣。"② 在达尔的眼中,一个政治系统只有满足了上述的民主程序和实体价值要求,其权威才是合法的。达尔反对"连接统治者和被统治者的控制链条"③ 过长或者过于复杂,因为后者必然地损害了他心中的民主程序和实体上的正义性。达尔论证的一个特点就是充分注意到对立观点的批评。在这个问题上,达尔注意到了权威合法性内源说的种种论证,并对其进行了分析。达尔认为,即便在"少数统治"之下,政治体系中的"民主成分也决不是微不足道的"。④ 这样,达尔就在辩证的视角中概括了他的规范性民主理论。不可否认,达尔的观点具有其一定的阶级与历史的局限性,但是,他对于政治权威合法性通过民主过程授予的论证还是颇具理论意义的。

(四)哈贝马斯的"商谈论"

社会学家哈贝马斯继承了法兰克福学派的批判精神,对当代资本主义社会的合法性危机进行了较全面的论证。在对当代社会的合法性危机进行分析后,他提出了规范性的解决方案——商谈理论。哈贝马斯认为在现当代资本主义的发展过程中,无论是经济系统、文化系统还是认同机制都普遍存在合法性的危机。同霍克海默与马尔库塞对现代社会危机的批判一样,哈贝马斯认为这种合法性危机本质上是现代社会对于人的异化所造成的。从经济上看,哈贝马斯认为现当代福利国家、凯恩斯主义的国家干预政策并没有从本质上消除资本主义经济危机的根源,因为"国家行为没有

---

① 〔美〕罗伯特・A. 达尔:《民主及其批评者》,吉林人民出版社,2006,第438页。

② 〔美〕罗伯特・A. 达尔:《论民主》,商务印书馆,1999,第53页。

③ 参见〔美〕罗伯特・A. 达尔《民主及其批评者》,吉林人民出版社,2006,第389~390页。

④ 〔美〕罗伯特・A. 达尔:《民主及其批评者》,吉林人民出版社,2006,第392页。

终止价值规律的能动作用，而是听从于价值规律。因此，从长远角度看，行政行为必然会强化经济危机"。① 资本主义的国家干预政策，并没有改变"整个经济过程的无意识特征"，这就是晚期资本主义社会仍然存在周期性经济紊乱的根本原因。不仅如此，晚期资本主义生产关系的变化也加剧了国家干预调整经济的难度。哈贝马斯总结了三个方面："1.剩余价值的生产形式发生了变化，这就影响到了社会组织原则；2.出现了一种准政治性的雇佣结构，这就表现出了一种阶级妥协；3.政治系统的合法性需求有所增加，这就使得以使用价值为取向的需求起了作用，这种需求可能会与实现资本的需求产生竞争。"② 这样，哈贝马斯就从经济、社会和政治三个角度分析了当代国家干预经济所遇到的新困难，且这种困难必然导致经济危机问题的反复出现。与经济危机并行的还有另外一种危机，那就是文化危机。哈贝马斯认为晚期资本主义社会的发展使得传统的资产阶级文化意识逐渐消磨殆尽，而新的文化意识形态又没能有效生产出来，由此，社会普遍出现了文化异化的信仰危机，这种信仰危机直接动摇了资本主义制度的合法性。他说道："整个资产阶级文化也无法从自身再生产出来。它总是要倚赖于传统主义世界观对动机的有力补充。"不仅如此，这些文化的蜕变还改变了资产个人主义的传统理念，"不能长久地再生产出对于系统生存具有重要意义的一系列私人性"。③ 传统正在瓦解，韦伯在《新教伦理与资本主义精神》中所描述的那种勤俭持家、辛勤工作以求得资本积累的个人形象在现代社会正日益模糊，人们普遍在价值多元化的社会中随波逐流，丧失了自身的价值坚守。不仅如此，"在现代艺术的包装下，资产阶级艺术转变成了反文化"。④ 艺术本应具有观照人类心灵的实质美感，而在现当代社会的理性主义潮流中，价值普遍地被抛弃，形式替代了内容。语言或者风格替代了其所指向的内涵。例如，一部武打电影不再凭借武术的形式来表现侠义的内在精神，而是纯粹追求一种武术动作的花哨，甚至有

① 〔德〕尤尔根·哈贝马斯：《合法化危机》，上海世纪出版集团、上海人民出版社，2009，第 59 页。
② 〔德〕尤尔根·哈贝马斯：《合法化危机》，上海世纪出版集团、上海人民出版社，2009，第 62 页。
③ 〔德〕尤尔根·哈贝马斯：《合法化危机》，上海世纪出版集团、上海人民出版社，2009，第 84~85 页。
④ 〔德〕尤尔根·哈贝马斯：《合法化危机》，上海世纪出版集团、上海人民出版社，2009，第 91 页。

很多电影导演只描写血腥的场景，以一种吸引眼球的纯形式的表述，替代了侠义本身的内涵，最终将有血有肉的剧本演绎成了一部光怪陆离的戏剧，甚至美其名曰"暴力美学"。这就是哈贝马斯眼中后现代主义文艺的反文化本质。在价值观念的退潮中，人们正逐渐地被掏空，成为一个个形状相同的木偶。在这种意识形态的退化中，规范性的政治同意也逐渐消亡，人们评判政治的价值标准正日渐褪色，越来越少的人会去关心谁对谁错，孰是孰非。我们可以看到欧美国家选民的选举参与率正在大幅下降，很多时候甚至不足一半。在这个意义上，如同马尔库塞所批判的，资产阶级民主将变成一种特殊形式的独裁。

与法兰克福学派其他思想家的纯粹批判不同，哈贝马斯提出了针对上述合法性危机的解决方案，那就是商谈理论：通过康德意义上理性自律的公民们之间的交流，将"我"转化为"我们"，再将"我们"转化为共同同意，在此基础上，规范意义上的权威合法性的外部授予也将最终实现。这一思想的本质就是通过加强公民之间的意见沟通和整合，最终重建市民社会以及政治系统权威的外部授予。哈贝马斯认为，"民主原则是商谈原则和法律形式相互交叠的结果。这种相互交叠，我把它理解为权利的逻辑起源，对这种起源我们可以做一步步的重构"。[①] 在哈贝马斯眼中，与法律形式相比，商谈原则更具备一种对文化、社会和自发的公民间意见进行整合的能力。唯有法律形式和商谈原则重叠，才能生产出外在于政治系统的"共同同意"。对这种共同的同意，哈贝马斯为其注入了规范的价值内涵："无论是商谈原则，还是主体间关系的法律形式，但就其本身而言还都不足以为任何权利提供基础。商谈原则要能够通过法律媒介而获得民主原则的形式，只有当商谈原则和法律媒介彼此交叠，并形成一个使私人自主和公共自主建立起互为前提关系的权力体系。反过来说，政治自主的每一次行使，都意味着由一个历史的立法者对这些原则上'未填值'的权利进行诠释和安排……国家权力来自人民这条原则，必须根据具体情况被具体化。"[②] 在这里，哈贝马斯的权利观念与自由观念得以结合。他认为商谈理论的价值核心就在于通过公民间的意见沟通和交流，将公域与私域、个人

---

① 〔德〕哈贝马斯：《在事实与规范之间——关于法律和民主法治国的商谈理论》，生活·读书·新知三联书店，2011，第148页。

② 〔德〕哈贝马斯：《在事实与规范之间——关于法律和民主法治国的商谈理论》，生活·读书·新知三联书店，2011，第156页。

自由与公共权力、市民社会与政治系统这三个层面的意见交流整合起来，最终实现一种社会对政治系统权威合法性的外在规范性授予。总而言之，哈贝马斯的商谈理论就是在康德的理性自律人的基础上，通过个人与个人之间的意见碰撞，"为同一个善的价值而争执，并希望用协商来解决争执；或者，一个行动者群体面对一个挑战，而他们希望用合作的方式来应付这个挑战"。① 在一个形式化理性主义流行的时代中，哈贝马斯主张用一种具有价值内涵的商谈形式来重建一个社会权威合法性的公民规范性授予。

第六节　统治的艺术：工具论与道德论

在古今中外的政治学说中，关于政治治理方法论的论争，也体现出了规范分析和经验分析的分野。规范分析认为实现权威的方式应该是采用道德等价值标准，即权力主体应该以自身的积极价值标准感化大众，从而最终树立自身权威；而经验分析则认为实现权威的方式只是一种实践意义上的工具，即只要维持住了政治统治，权力主体是可以不择手段的。

一　经验分析：工具论

（一）中国法家学说

与儒家、道家相并列的，是法家的权力合法性学说。这三派学说的国家权力论是中国古代诸子百家思想的主流，所以对于法家的权力合法性学说也需要做一阐释。法家学说关于权力合法性的主要论说集中于君主如何运用"法"、"术"和"势"三种方法对驾驭权力并展现对群臣和百姓的威慑力之上。其主要代表人物有商鞅、申不害、慎到和韩非等。

一般来说，商鞅比较重视"法"的运用，这在商鞅的治国理念中得到了具体体现。"国无常势，奉法则强"，在他的改革下，秦国一跃成为强国，为日后统一天下做好了制度上的准备。与商鞅相比，申不害则注重"术"的钻研。韩非曾在其《定法》篇中阐述了申不害语境下"术"的概念："术者，因任而授官，循名而责实，操杀生之柄，课群臣之能者也，此人主之所执也。"所谓"术"，就是一种阴谋权术，这一概念在韩非子那

① 〔德〕哈贝马斯：《在事实与规范之间——关于法律和民主法治国的商谈理论》，生活·读书·新知三联书店，2011，第172页。

里发展到了顶峰。为了维护君权的安全和公共权力的合法性，申不害认为君主必须广泛、深入地运用"术"来驾驭群臣，一个君主应该大权独揽，以"独视""独听""独断"的形式来实行统治，从而保证权力的永固。而慎到则是法家中强调"势"的一派，他认为君主应该"握法处势"，无为而治天下。他结合了道家的无为而治的观点，认为君主只要能够以法治国，就可以摆脱国事的烦扰。另外，为了保持君主的权力，维护公共权力的合法性，他也强调"法"必须和"势"相结合，君主必须握有权势以执行法，这样"法"才有力量，所谓"贤智未足以服众，而势位足以缶贤者"，正是这个意思。韩非则是法家的集大成者，他融合道家老子的学说思想，将法家权力合法性的维持手段发展到了顶峰。他主张，君主应该维持一种神秘的威慑力，"去好去恶，臣乃见素；去旧去智，臣乃自备"①，在此基础上，君主应运用七种不同的手段并赏罚严明，从而最终实现权力的合法性。

韩非在权谋论上的分析可谓登峰造极。综观古今中外的权威工具论理论家们流传下来的著作，恐怕其中很少能够望其项背。"君臣之利异，故人臣莫忠，故臣利立而主利灭。"② 韩非子认为君主与大臣的利益在根本上是对立的，没有哪个大臣真正为君主效忠。君主要做的就是运用一定的权谋，去控制大臣，最终维持权威的合法性。在韩非子眼中，君主不能依靠臣下的忠诚，而要依靠自身的权谋。在这一点上，韩非子与马基雅维利是一致的，不过对于权谋的描述，马基雅维利则远远不如韩非。韩非为君主准备了七种对付大臣的权术，这是他著作的精华所在。这七种办法是："一曰众端参观，二曰必罚明威，三曰信赏尽能，四曰一听责下，五曰疑诏诡使，六曰挟知而问，七曰倒言反事。"③ 这七种办法以信息管理为核心，集中地阐述了法家权谋术的思想。通过明确赏罚的基础，君主得以确立自身的权威。但是，赏罚还不足以震慑住那些图谋不轨的大臣，为了防止大臣蒙蔽自己，君主还要学会适当的骗术，即运用权力进行信息的敲诈和勒索，以这种方式对大臣进行管理。这样，即使是大臣中有图谋不轨者，君主也可以通过这些方式发现这些谋反的人，从而维护自身的权威。不可否认，韩非子的这些思想集中体现了封建地主阶级的极端利己主义，

① 《韩非子》，山西古籍出版社，1999，第 1 页。
② 《韩非子》，山西古籍出版社，1999，第 84 页。
③ 《韩非子》，山西古籍出版社，1999，第 55 页。

具有明显的阶级局限性，在正常的政治生活和政治运行中是不足取的。但是，作为中国古代法家学说的集大成者，韩非子仍然不愧为一代法家思想的翘楚。

（二）智者学派

在西方，智者学派可谓是最早的政治统治工具论主张者。智者学派是希腊古典哲学中的一个分支。所谓智者，就是指"聪明而有才能的人"。①在公元前4世纪到公元前5世纪的希腊，智者主要指一些职业教师。在这些教师之中，有很多人是出色的哲学家。智者学派的奠基人物是普罗泰戈拉和高尔吉亚，他们的思想深刻影响了后期的智者学派。其他代表人物有：普罗狄柯、卡利克勒、克里底亚、安提丰、希庇阿与特拉西马库等。现在人们对他们的生平、具体学术观点都知之甚少。学术界对智者学派的思考，主要凭借柏拉图、亚里士多德等的著作的转述。

智者学派提出的关于政治合法性的工具论，主要体现为强者的天赋统治权论。这种观点认为人生来就有较强者与较弱者之分，强者统治弱者是自然的法则，强者具有天生的政治合法性。在这个意义上，政治统治就是强者的统治方法或者统治艺术。柏拉图在《高尔吉亚篇》中论述了智者学派与苏格拉底的争论，即关于强者权力的争论。智者学者卡利克勒认为正义便是强者的权利。卡利克勒说道："我认为这就是天然的正义，比较优秀和比较聪明的人应当统治比他们低劣的人，也应当比他们获得更多。"②卡利克勒认为弱者的立法不过是一种防止强者超过他们的努力，这种努力是违背自然规律的，"他们吓唬强者说，超过其他人是可耻的，是一种邪恶，向他人谋求利益是不义的"。③ 在卡利克勒眼中，强者运用自身的天然禀赋，凭借自身的智慧和手段去谋取政治权力，是一种天经地义的事情。这就是智者学派最早的政治合法性工具论说。

智者学派的观点反映了希腊启蒙时期的哲学家们对哲学自身的反思，无论是柏拉图还是亚里士多德，他们都是"规范分析"研究范式的早期代表，从柏拉图的城邦四美德到亚里士多德的正宗政体与变态政体的区分，都反映了自然法观念下的规范分析政治权威论。而智者学派提出的政治权

---

① 〔美〕梯利：《西方哲学史》，商务印书馆，2000，第44页。
② 〔古希腊〕柏拉图：《柏拉图全集》（第一卷），人民出版社，2002，第376页。
③ 〔古希腊〕柏拉图：《柏拉图全集》（第一卷），人民出版社，2002，第369页。

力工具论的论点，是一种那带有那个时代的理性主义色彩的"经验分析"研究论点。他们讥笑柏拉图等人的道德说教，认为现实中的人才是最重要的标准。普罗泰格拉这样说道："人是万物的尺度。"① 智者学派的强者统治论，从本质上说，就是一种从道德规范向人本身的回归。从这个意义上说来，智者学派反映了一种古老的启蒙主义观点。

（三）马基雅维利

马基雅维利可谓西方韩非子。他将政治描述为冷酷无情的君主权谋的观点，也令他在权威合法性的工具论中占有一席之地。马基雅维利生活在意大利四分五裂、内忧外患的时代，他的政治实践和理论创作无一不是在祖国繁荣昌盛、统一强大的热望下的发奋努力。即便他的理论带有一定的阴谋色彩，他爱国的情怀、献身的勇气以及"与古人晤对"的乐观创作精神，也足以使他成为一个理论与实践兼具的哲学王式的巨人，而不仅仅是一个思想家。马基雅维利的学说基础是坚持君主靠自己的力量来巩固统治、争夺地盘以及控制手下的大臣。他认为服从源于君主自身的本领，而不能假以外力。他不厌其烦地举例证明，通过外力征服来的地盘和统治都是不稳固的。首先，他分析了波斯帝国为什么没有被亚历山大完全征服，是因为马其顿的亚历山大大帝的后继者们没有坚持住自身的团结，是内部的溃败招致了亚历山大大帝国的短寿。"假如亚历山大的后继者们团结一致的话，他们本来能够牢牢地并安逸地享有这个国家，如果不是由于他们自己引起骚乱，那个王国是不会发生其他骚乱的。"② 接着他论证，为了建立一个新的国家制度，君主也不应该恳求别人，而应该依靠自身的力量，必要时可以运用强制。因为"（恳求别人的）结果总是恶劣的，并且永远不会取得什么成就。但是如果他们能够依靠自己并且能够采取强迫的方法，他们就罕有危险"。③ 他列举了摩西、居鲁士、提修斯和罗慕洛的例子，证明君主在维持一个国家的统治时，应该依靠自身的力量并且敢于运用强制，如此才能够获得成功。对于那些靠幸运夺得王位的人，马基雅维利认为他们可以凭借幸运登上王位，却无法继续靠幸运维持一个国家。要巩固一个国家，君主必须要有自己的力量，而且在适当的时候，要敢于使

---

① 〔美〕梯利：《西方哲学史》，商务印书馆，2000，第45页。
② 〔意〕尼可洛·马基雅维利：《君主论》，商务印书馆，2012，第20页。
③ 〔意〕尼可洛·马基雅维利：《君主论》，商务印书馆，2012，第27页。

用强力。即便是一个道德恶劣的人运用卑鄙手段登上宝座，他们也可以凭借自身的力量来长期维持一个国家的统治。[①] 当然，马基雅维利也论证了对于市民社会的君主国，君主应该适当地对贵族和市民进行怀柔，从而巩固自身权威的合法性。接下来，他又论证了君主必须拥有自己的军事力量，而不能寄希望于外国的雇佣军。因为"雇佣军和援军是无益的，并且是危险的，一个人若以这种雇佣军队作为基础来确保他的国家，那么他既不会稳固亦不会安全"。[②] 在马基雅维利的眼中，君主从根本上必须靠自身的谋略和硬实力来完成统一国家的伟业，幻想依靠各种外力都是徒劳的。在论证了在当时的背景下一个国家的治理、国民和军事这几项主要事务之后，马基雅维利转向了君主自身品德的论证，他认为君主宁可稍有吝啬也不能过于慷慨而浪费财富，君主的威严比君主的仁慈对于维护统治来说更加重要，以及君主应该如何对待大臣与谄媚者等问题。当然，关于君主最需要的核心品质的论述就是那著名的"狐狸与狮子"的两面统治论。总之，在马基雅维利的眼中，当时意大利最需要的就是这样依靠自身的力量，审时度势，沉着冷静，具备统一国家的雄才大略的君王。可惜的是，终马基雅维利一生，他也没有遇到这样的明君，英雄难逢英主，壮志难酬，是历史永久的悲鸣。

（四）拉斯韦尔

美国政治学家拉斯韦尔也是一位对权威工具论颇有研究的思想家。他的研究是在现代工业社会乃至信息化社会的背景下进行论述的，关于权威合法性的工具性技巧，他的论证更加具有现实意义。与莫斯卡、米歇尔斯和米尔斯一样，他认为一个社会的统治秩序是由精英和群众构成的。他认为一个社会中"渴望获取的价值可以分为在尊重、收入、安全等类。取得价值最多的人是精英；其余的人是群众"。[③] 精英统治群众是通过一系列的工具性手段来达成的。这些手段包括象征、暴力、物资和实际措施四个方面；这四个方面又同时指向四个方向的结果，那就是技能、阶级、人格和态度。关于象征，拉斯韦尔认为："任何精英都以共同命运的象征作为旗

---

① 参见〔意〕尼可洛·马基雅维利《君主论》，商务印书馆，2012，第39~44页。
② 〔意〕尼可洛·马基雅维利：《君主论》，商务印书馆，2012，第57页。
③ 〔美〕哈罗德·D. 拉斯韦尔：《政治学——谁得到什么？何时和如何得到？》，商务印书馆，2006，第3页。

号来为自己辩护和维护自己的利益。这些象征就是现行制度的意识形态，即反对派精英所谓的'空想'。"① 通过象征的方式，精英们控制了社会大众的精神层面。这种控制是有技巧的，技巧就在于"选择那些能够产生希望中的共同行为的各种象征和方法。不断采用的方法常常是重复或分散注意力"。② 政治精英们通过控制舆论攻击的行为，将人们的"内疚、虚弱与喜爱"等情感因素玩弄于股掌之间。拉斯韦尔列举了大量运用象征手法的案例，如总统的就职仪式、日本的漫画以及宣传方式，还有"二战"时期敌对国家的宣传策略等，充分证明了象征是政治精英进行政治统治的头号利器。关于暴力，拉斯韦尔列举了自古至今的一些国家的武装力量的人数对比，认为"暴力，是精英用以进攻和防御的一种主要手段"。③ 同克劳塞维茨一样，拉斯韦尔认为战争是一种政治的延续，在暴力的斗争中，政治精英的目标仍然是锁定权力。在暴力斗争中，拉斯韦尔分析了出其不意战术的效果，以及战争与宣传、组织、新闻情报等工作的配合，他着重分析了刺杀行动和谍报工作的重要性。在拉斯韦尔的分析中，暴力是政治精英不可或缺的手段之二。关于物资，拉斯韦尔转向了政治控制的物质层面，他列举了政治精英们的物资措施，如"罢工、抵制、黑名单、不合作；配给、定价、贿赂"④ 等。政治精英们为了达成自身的政治目标，可以说是无所不为的。拉斯韦尔分析了配给制和市场制两种不同经济体制的分歧，强调了"经济繁荣"对政治精英的重要性。最后，关于实际措施，这是拉斯韦尔论述政治精英统治技术的最后一个方面，指的是"包括所有吸收和训练精英的方法和所有在制定政策和实行管理中所采取的形式"。⑤ 这个方面的措施就比较多样了，包括法律运用、应对危机、改革措施以及对于弱势群体的抚慰等。通过以上四个方面的论证，拉斯韦尔分析了统治精英进行政治统治的工具方法，他的著作也成为政治权威工具论的经典之一。

---

① 〔美〕哈罗德·D. 拉斯韦尔：《政治学——谁得到什么？何时和如何得到？》，商务印书馆，2006，第 19 页。

② 〔美〕哈罗德·D. 拉斯韦尔：《政治学——谁得到什么？何时和如何得到？》，商务印书馆，2006，第 25 页。

③ 〔美〕哈罗德·D. 拉斯韦尔：《政治学——谁得到什么？何时和如何得到？》，商务印书馆，2006，第 33 页。

④ 〔美〕哈罗德·D. 拉斯韦尔：《政治学——谁得到什么？何时和如何得到？》，商务印书馆，2006，第 47 页。

⑤ 〔美〕哈罗德·D. 拉斯韦尔：《政治学——谁得到什么？何时和如何得到？》，商务印书馆，2006，第 62 页。

二　规范分析：道德论

关于政治合法性的道德论说，这部分思想与本研究史第二节中对自然法学说的论述基本一致，这里便不再赘述。政治权力合法性的道德论主张权力的合法性来源于统治者对于道德的遵从。这种道德要么是先验的自然法，要么是约定俗成的，无论是何种形式的道德，对于这些道德规范的遵从，都会带来社会大众对于公共权力的服从。所谓"以德服人"，从孔子的仁，到柏拉图的城邦四美德，都是如此，具体请见本章第二节的详细论述。

第二章 果壳之王

——极端个性与公共性缺失

第一节 个体性与公共性的平衡

一 合法性联结公民与共同体

公民（citizen）是一个古老的政治哲学概念。从古希腊的柏拉图和亚里士多德，到启蒙思想的论证，再到现当代自由主义的解读，公民既是一个通俗的身份，又是一个神秘的概念。公民从含义中就体现了"公"与"私"的对立和统一。作为一个体现权利和义务的政治学范畴，公民是一个与个体德性及社会生活的目的、意义相关联的价值概念，"使个人得到勇敢之名的品质和使国家得到勇敢之名的品质是同一品质，并且在其他所有美德方面个人和国家也都有这种关系"。[①] 公民的德性与共同体的德性具有一致性，这种一致性体现在公民与政治共同体之间的张力中，公民既是政治共同体的成员，同时又具备着个体的私人利益。"公域"（public sphere）与"私域"（private sphere）的较量和争锋，始终是公民概念的激辩中心。而在理论中联结"公域"与"私域"的，正是具有超验意义和特征的政治价值所导向的政治合法性。政治合法性解决了公民为什么要服从共同体安排的根本问题，联结了公民和政治共同体。可以说，当政治合法性在道德意义上的价值标准受到挑战时，公民和共同体的规范联结就会受到影响甚至被扭曲。从这个意义上说，公民与共同体的德性状态规定了政治合法性的规范水平。有何种水平的道德积淀，就有何种水平的政治合法性。

---

① 〔古希腊〕柏拉图：《理想国》，商务印书馆，1986，第 168 页。

公民要在政治共同体中生存，就必须解决"个体性"和"公共性"之间的矛盾，协调"个体性"和"公共性"的关系就是合法性的任务，也是政治价值的内涵所在。柏拉图提出了"正义、节制、勇敢和智慧"的城邦四美德，希望从理念的超验视角为平衡公民和城邦的合法性建立标准和指针。虽然他的"理想国"具有某种乌托邦式的幻想性，但是柏拉图也建构了政治价值的基本范式——先验性和整体性，正是在这种先验和整体意义上的政治价值之下，政治合法性才具有了某种超越性的"规范"特征。政治价值必然是具有超验意义和整体意义的标准和范本，这是政治合法性的必然逻辑。不管启蒙运动的理性主义和后来的"科学主义"如何嘲讽先验性概念的"愚昧"和"落后"，不可否认的是，政治价值和政治合法性必须要具备先验性、终极性和整体性，如此才能沟通公民个体的"私域"与政治共同体的"公域"，消解两者之间的张力，完成公民权利和义务乃至政治共同体统治合法性的论证。公民要在政治共同体中生活，就必须首先回答两个问题：为什么要服从该政治共同体的安排？在这个政治共同体中有什么是可以符合我自身价值意义上的积极评价标准的？这两个问题，对个体而言不过是一种私人的打算，而上升到共同体则变成了一种整体的诉求和论证。为什么公民要服从共同体的政治安排？这是一个必须回答的问题。所以合法性问题从一开始就与公民与共同体的张力有关，是协调两者关系的关键概念。也就是说，公民必须与政治共同体具有同一种意义上的关联，唯有如此，公民进入该共同体才具有可能性。政治合法性是公共权力的正当性论证，这种正当性论证天然地具备了规范意义上的评断内涵。而评价一个政治权力是否正当，必须在汇集每一个公民的意见后才能进行。所以政治价值必然具备某种整体性，是对公民整体认同的衡量标准。而我们知道，政治生活中有诸多不可预见的因素，为了保证有一个稳定的参照标准用以调节公民与政治共同体的关系，从而评判政治共同体的合法性，政治价值就不能仅仅满足于整体性的特点，它必须上升到先验性的绝对判断，才能在超验的世界中建立终极的评判标准。柏拉图的理念哲学正是这一逻辑的产物，通过提出一个健康城邦必须具备四个价值的论证，柏拉图建立了公民和政治共同体之间的关联，平衡了内在于公民的个体性与公共性，也指明了评判公共权力合法性的标准。

亚里士多德进一步论证了公民与城邦关系的合法性问题。公民的品德应该与城邦具有内在的一致性，"公民既各为他所属政治体系中的一员，他的品德就应该符合这个政治体系"。① 从这个意义上说，公民与政治共同体是相辅相成的存在。有什么样的公民，就有什么样的城邦；有什么样的城邦，就有什么样的公民。综合起来说，有什么样的城邦和公民，就有什么样的政治合法性，政治合法性的规范程度与公民和共同体的品质有关。在这里先不讨论公民和城邦两者之中谁是政治合法性决定性因素的问题，从两者的历史关联来看，无论哪一方具有决定意义，在长时期中两者都必然保持属性的趋同，而这种趋同的属性也代表着该时期政治合法性的规范水平高低。正如《旧唐书》中所云，"天子有诤臣，虽无道不失其天下；父有诤子，虽无道不陷于不义"，一个国家中如果有正直有担当的大臣，那就说明这个国家的公民还有高贵的品质，继而就可以推断这个国家在品德意义上的规范统治还没有沦落。后来这句话变成了"国有诤臣，不亡其国；家有孝子，不灭其家"的俗谚，十分形象地说明了这个问题。历史上，公民的品质支撑着政治共同体的灵魂，政治共同体也反过来教化着公民的修养，两者相辅相成地诠释着合法性的存在。当吴国军队攻破楚都时，江山沦落，楚国大臣申包胥经七天七夜赶到咸阳向秦王求救，号啕于宫门直至昏厥。秦王忙出门赶来搭救，他抱起申包胥，感慨良多地说道："万乘大国的君主，如果得罪这样的志士，那就是不祥之兆"。于是秦国发兵帮助楚国度过了危机。这里固然有秦国不希望吴国坐大的制衡策略，但不可否认的是，申包胥的壮烈行为本身就昭示了楚国这个国家在品质基础上的政治合法性。民族英雄岳飞之所以流芳千古，不仅仅是因为他"还我河山"的豪情和壮烈，更是因为他代表了中华民族这个政治共同体的精神。中华民族世世代代有对这种精神的培育，就会有无穷无尽的申包胥和岳飞，这个民族和政治共同体也就能成为不可磨灭的伟大存在，这就是中华民族永恒意义上的合法性。类似的还有古希腊英雄马拉松的故事，当希腊联军在前线获胜时，马拉松为了能够及时将消息传递给大家，从战场一口气长跑几十公里回到雅典报信，然而报信之后他也力竭而亡。后来雅典人为了纪念他，专门于奥林匹克运动会中设置了马拉松项目并一直流传至今。可见，政治人代表着个体和共同体的双重品质。政治共同体中的公民所表现出来的品质与政治共同体的品质，是政治合法性问题的一体两面。

除了上述论证的问题，平衡性也是公民与城邦间合法性张力的重要内

① 〔古希腊〕亚里士多德：《政治学》，商务印书馆，1965，第124页。

涵。公民和政治共同体必须保持一种和谐的平衡关系，才能够产生规范的政治合法性。这种平衡性直接体现在公民的个体性与公共性之间的调节标准之中。亚里士多德在探讨城邦的"善"的时候，反复表明"中庸的度"对于城邦的重要意义，如果城邦没有了中庸的度，那就会陷入不平衡的危险之中，这种中庸的度，体现于城邦的秩序、财产的分布等多个方面。只有公民和政治共同体之间的关系能维系一种和谐的"度"的时候，政治合法性才是健康的、规范的。孔子说："中庸之为德也，其至矣乎"，平衡性是公民与政治共同体之间关系的重要方面。既不能过度强调公民的权利，也不能过度强调共同体的权利。两者必须在一种和谐的共存中，才能够并行不悖地共同繁荣。近代社会启蒙运动开启了自由主义思想的繁盛时代，资本主义国家普遍信奉自由主义的精神，在国家和公民之间进行了偏向于公民的价值设置。这一方面是启蒙运动人文关怀精神的落实，另一方面是对西欧千年黑暗中世纪对人性自由压抑的拨乱反正。在自由女神光芒的照耀下，资本主义文明创造了前所未有的奇迹。但是哲学家也对自由问题进行了反思，康德说道："任何一个行为，如果它本身是正确的，或者它依据的准则是正确的，那么，这个行为根据一条普遍法则，能够在行为上和每一个人的意志自由同时并存。"① 不能仅仅强调自由，公民的自由必须在外在有所限制，否则就会陷入不均衡的危机。自由以自由的原因而必须受到限制，那就是一个人的自由的存在，必然是以其承诺尊重他人的自由为前提的。这样，权利和义务就成为自由问题不可分割的两个方面。公民有自身权利的自由，但是他也必须履行自身的义务。这种论证和卢梭关于社会契约的自然权利通过社会契约而向政治共同体献出从而获得社会权利的论证如出一辙。个体要成为政治共同体的一员，他就必须献出自身行使自然权利的绝对自由，将自然权利转化为社会契约下的社会权利。唯有如此，绝对不受限制的自然人才能变成社会人，公民和政治共同体的关系才能存续。否则，过度强调某一个方面，必将导致严重的历史灾难。自由主义对自由的过度强调导致了资本主义经济、社会的大危机，并最终引发了政治危机，纳粹主义等"救世方案"则过分强调国家的力量和个人的服从义务，最终沦为了政治狂人们进行种族灭绝和战争侵略的武器。大危机和世界大战给了人们以深刻的教训，公民和政治共同体的关系必须维持某种

---

① 〔德〕康德：《法的形而上学原理——权利的科学》，商务印书馆，2008，第40页。

和谐意义上的均衡，国家才能在"合法"的意义上稳定有序地繁荣发展。"二战"后，资本主义各国吸取了教训，摒弃了绝对的自由主义和纳粹主义，选择了自由主义基础上的国家干预策略，在这样的策略下，资本主义在战后创造了新的繁荣和稳定。新科技革命方兴未艾，它推动着人类向更深广的范围进步，人类的文明进入了史无前例的崭新境界。

综上所述，我们可以看到调节公民与政治共同体之间合法性关系的政治价值的诸种原则。首先，政治价值具备终极性、超验性和整体性的特征。政治价值必然是超验意义上的终极评判标准，如此才能在整体上兼顾每一个公民的属性，从而在政治共同体层面判断政治合法性的成立与否。其次，公民的价值和政治共同体的价值具有同一性的特征。两者的品质从长期看具备一致性。有什么样的政治共同体，就有什么样的公民，政治合法性的水平与公民和共同体的品质相辅相成。最后，政治价值的原则还体现为公民和政治共同体之间的均衡关系。公民的权利和义务必须维持某种微妙的平衡，才能令个体与共同体在"合法性"的框架下并行不悖地健康发展。

二　静态的合法性——政治价值

规范意义上的合法性离不开价值锻造的权威。在人类社会中，这种价值基础表现为意识形态、法律与传统这三个方面的内容。规范性认同，就是政治合法性中由对这三种规范性要素的认同形成的部分。换句话说，规范性认同就是社会大众基于对意识形态、法律与传统这三种价值规范的认同而产生的对公共权力的服从。

作为政治合法性的规范性基础，意识形态、法律与传统首先表现为特定时空下的静态规范。没有意识形态、法律与传统内在的价值作为规范，也就不会有社会大众对公认价值取向的认同和服从，更不会产生一种规范意义上的权威合法性。正是因为有了一定的价值作为标准，人们的服从行为才变得具有一定的合理性和正当性："我应当服从"与"我不得不服从"之间的差别是根本性的。意识形态、法律与传统内在的价值标准时时刻刻扮演着某种说服者的角色，它们说服社会大众服从其自身，从而最终服从公共权力的权威。从本质上来看，价值意义下的说服，就是社会大众的同意过程。没有规范性的价值存在，这种说服就是无源之水，无本之木。戴维·赫尔德分析了以服从为内容的合法性的层次，从低到高分为七个层次：第一是强制，或者服从于命令，这种层次的合法性往往是指一种暴力或压力下不得不服从的状态；第二是服从一种社会或者集团的传统；第三是政治冷漠，公民对于选择不胜其烦，因而表现为一种沉默的服从；第四是基于功利和默认，公民虽然谈不上满意，但是认为服从对自身来说是功利计算意义上可取的；第五是作为工具的接受，公民认为服从可以帮助自己达成其他的预期目标；第六是规范性同意；第七是理想状态的规范性同意。① 作者认为严格意义上说，只有第六和第七层次的服从才能称之为合法性。在赫尔德眼中，之所以第六和第七层次的服从才能被称为"合法性"，就是因为第六和第七层次的服从是在一种规范意义的价值说服下进行的，这种说服正是规范性政治合法性的来源。

（一）意识形态的价值标准

作为政治合法性的重要思想规范，意识形态具有政治批判性与功能调节性的特征。意识形态是在一定的价值标准之下进行批判和调节，从而最终完成其说服使命的。如曼海姆所说："意识形态的概念可用评价性的，动态的来表示其特征。它是评价性的，因为它预先假定关于思想现实和意识结构的某些判断；它是动态的，因为这些判断总是用不断变化着的现实来衡量。"② 可以说价值评判的标准，是意识形态的基本形式。"没有规矩，不成方圆"，在精神世界的霸权竞争中，没有一定的标准，统治集团的意识形态优势就不可能建立。可以说，设定具有统治导向的价值标准，正是意识形态的内在本质。在传统社会中，如李自成农民起义军的"均田免粮"背后的平等价值，就是一种农民政权的意识形态价值标准。这种标准反映了农民阶级朴素的对平均土地和过上平等安康生活的向往，在这种平等意义的意识形态下，农民们纷纷选择服从农民起义军的领导。而对于传统社会的统治阶级来说，平等则不会是他们的意识形态标准，"罢黜百家，独尊儒术""三纲五常"等内在的等级和秩序价值才是符合他们统治利益的意识形态标准。在这些封建内容的价值标准下，人们乐天知命，选择了逆来顺受的服从。在现代社会，左翼政治派别与右翼政治派别的意识形态价值标准也是迥然不同的。在法国，以保卫共和联盟为首的右翼政治集团

---

① 〔英〕戴维·赫尔德：《民主的模式》，中央编译出版社，2004，第245~246、316 页。
② 〔德〕卡尔·曼海姆：《意识形态与乌托邦》，商务印书馆，2000，第98 页。

的意识形态价值标准主要有效率、私有化、自由市场经济等；而法国共产党、工人党、社会党等组成的左翼政治集团的意识形态价值标准则主要有公平、公有化、国家干预（福利国家）等。两种针锋相对的价值标准直接反映了不同意识形态的本质特征。虽然近半个世纪以来，两派的意识形态标准日益趋同化，但是这种意识形态交锋的本质是不会改变的。不仅仅是政治派别的标准迥异，不同国家的意识形态价值标准也是风格不同的。正是这些迥异的风格，反映了意识形态价值标准在不同国家、民族的具体历史形态下的说服特点。如美国的国家意识形态就充满了一种神圣的宗教色彩。"威尔逊 1919 年宣称，我比任何人更相信美国的使命，我认为她有一种精神力量，任何其他国家都不用此来使人类获得解放，美国享有完成其使命和拯救世界的无限特权！1991 年海湾战争期间，布什宣称，在世界各民族中，只有美国既有道德标准，又有手段维护世界和平，且是这个星球上能够团结和平力量的唯一民族！"① 实际上，这种源于上帝信仰的意识形态标准，正是由美国国家历史和阶级的现状所决定的。在这种具体的历史条件下，美国的意识形态价值标准就具备了一定的宗教神学的说服意义。综上可见，意识形态作为一种价值标准，是一种重要的规范性权威的静态标准。

（二）法律的规则标准

法律的价值标准意义，主要体现在规则的内容上。如凯尔森所说："法律规则是对人的行为的规定"，"法律规则只指人的行为：它们讲人们应当如何行为。而不讲人们的实际行为及其原因"。② 法律的这种规则性质决定了它的价值标准特征。法律规则的特征是多样的，按照不同的标准，体现出不同的内容和特点。其一，按照法律规则是否有条件，可以将法律规则分为有条件规则和无条件规则。③ 有条件规则指的是在一定条件下才具备效力的法律规则，反之就是无条件规则。如善意取得制度规定，善意取得物权者必须满足受让时的善意与支付相应对价的两个基本条件，才能获得物权。这就是一条典型的有条件规则。其二，按照规则的内容不同，

① 龚柏松、邹琪：《美国意识形态的特点及其对外交政策的影响》，《湖北社会科学》2006年第 11 期，第 101 页。
② 〔奥〕凯尔森：《法与国家的一般理论》，中国大百科全书出版社，2003，第 40 页。
③ 参见〔奥〕凯尔森《法与国家的一般理论》，中国大百科全书出版社，2003，第 41 页。

法律规则可以分为权利性规则和义务性规则。所谓权利性规则，就是授予当事人一定权利的规则，通过这种规定，当事人获得了某种权利。这种权利可以是一种行为，也可以是一种资格；可以指向物，也可以指向人。反之，义务性规则则是赋予当事人一定义务的规则，通过这种规定，当事人肩负了一定的责任，这种义务和责任也可以是针对物或者人的。权利性规则与义务性规则的本质区别在于对当事人权利在消极性与积极性向度上的规定不同。[1] 其三，按照规则文字确切性程度的不同，可以把法律规则分为决定性规则、委任性规则和准用性规则。所谓决定性规则，指的是自身文本就可以将含义完整表达的法律规则，这种规则是法律规则体系的基础。绝大多数法律规则都属于决定性规则。委任性规则是指法律规则本身并没有对相关事项和权利义务进行确切规定，而是规定当事人可以遵循某些机构的决定对相关事项或权利义务进行处理。委任性规则本质上是一种法律对相关机构的授权。在这种授权下，相关机构的决定就成为当事人依据的规则。准用性规则是指规则自身并没有相关规定，但是准许当事人可以依照相关法律规则进行行为的规则。准用性规则与委任性规则的区别在于：前者是对某种机构进行授权，而后者是对某种业已存在的法律规则进行授权。在这种授权下，当事人或者依据相关的机构决定，或者是参照有关法律来调节自身的行为。其四，按照规则对人们行为进行规制的效力程度，可以把法律规则分为强行性规则和任意性规则。所谓强行性规则，是指对当事人行为的方向、性质、尺度、内容进行了详尽的规定，当事人自身不能对这些规定进行更改或变动的法律规则。而任意性规则是指并没有对当事人行为的方向、性质、尺度和内容进行详尽的规定，当事人可以在一定范围内自行选择作为或者不作为、作为的尺度等法律规则。这两种规则的本质区别在于当事人是否有一定的自由裁量权。综上可见，作为建设统治秩序的规范性权威基础，法律也是一种重要的价值标准。

（三）传统的道德标准

作为一种经由历史和社会的沉淀而形成的价值体系，传统也是一种重要的权威价值标准。我们知道传统具有多种多样的载体形式，如宗教、风俗、习惯、礼仪、方言，甚至艺术等。这些多种多样的载体形式都承载了

---

[1] 参见〔英〕边沁《论一般法律》，上海三联书店，2008，第126页。

传统的核心内涵：道德意义。从宗教到艺术，种种传统价值的载体都集中反映了特定历史和社会沉淀中的道德标准。传统意义上的道德标准也是具有重要的形式特征的，除了上文从内容角度分析的阶级性、潜在性和稳定性之外，传统的道德标准最重要的形式特征就是内在性和非强制性。

首先，传统道德标准具有内在性特征。孔子曾经说过："道之以政，齐之以刑，民免而无耻；道之以德，齐之以礼，有耻且格。"① 国家如果仅仅采用刑罚等治理方式来管理人民，那么其建立起来的权威就是不稳固的。因为"民免而无耻"，老百姓虽然害怕官府的刑罚，但其内心深处并没有一个善恶观念，也就是没有一种规范意义上的服从。换一个角度来说，仅仅凭借治理的行动，虽然能够建立一定的治理性权威，但是老百姓仍然不可能做到"自觉"的服从，因为他们内心深处还缺乏一种道德观念的善恶标准。只有"道之以礼，齐之以政"，推行道德的教化和行政管理这种规范与治理双管齐下的统治，才能够建立一种规范意义上的政治权威。"有耻且格"，就是这样的规范性权威下的服从，这是一种发自内心的服从。传统道德标准的重要形式特点就在于其内生性，它是基于人类善良的天性和自我反思之上的规范性服从。康德说道："纯粹理性是实践的，也就是说，它能够不依赖于任何经验的东西自为地决定意志——而且它通过一个事实做到这一点，在这个事实之中我们的纯粹理性证明自己实际上是实践的；这个事实就是理性借以决定意志去践行的德性原理之中的自律。"② 人们的理性，就在于能够在自我反思的基础上进行自我约束的自律性。这种反思是内在的、先验的道德反思，通过这种反思，人们知道了自己的行为是否符合一种特定历史和社会中的传统道德标准。从这个意义上说，传统道德标准是一种基于内在反省基础上的权威性规范。通过人们对自身的反省和检视，传统道德标准成为一种能够令人服从的权威。

其次，传统道德标准具有非强制性特征。与意识形态和法律相比，传统道德标准没有纪律、法律意义上的强制性处罚，它更多的是一种人们自律意义上的规范标准。当然，在中国传统的封建社会中，传统道德标准也包含种类多样的惩罚措施，有些惩罚措施甚至比法律处罚还要严酷，如对不贞不忠的妇女的处罚、对不肖子孙的处罚等，但是这些处罚仅仅是针对

① 杨伯峻译注：《论语译注》，中华书局，1980，第 12 页
② 〔德〕康德：《实践理性批判》，商务印书馆，1999，第 44 页。

违反"三纲五常"的"大逆"级别的道德罪行行为人进行的，并没有扩散到每一种具体的传统道德标准中去，比如如何规范兄弟、朋友之间的"悌""信"等。不仅仅是中国，中世纪的欧洲也是这样，虽然对于渎神罪也有火刑等残酷的处罚，但是具体到生活中的每一种道德标准的细节，并没有全面的强制性措施。所以总的说来，传统道德标准具有非强制性的特征。人们是基于一种内心的信仰而对传统道德标准进行服从的。

三　动态的合法性——政治社会化

在传统政治学理论中，内在认同得以存在，仅仅有意识形态、法律和传统的静态价值标准还不够，它必须在一定的动态过程中发挥功能。这种动态过程，就是一种政治社会化的过程。所谓政治社会化，是指意识形态、法律和传统等价值因素通过各种方式向社会传播，最终促进社会对政治权威服从的动态过程。关于政治社会化的学术理解，学界大概有文化学观点、传播学观点与教育学观点等。

关于政治社会化的文化学观点是政治社会化研究的重要思想流派。文化学观点从政治文化出发，着重分析政治文化对于个人政治心理与政治观念的影响。这种影响是动态的、历史的、具体的。阿尔蒙德就认为，"政治社会化是政治文化得以维持和变迁的过程。经过此种过程，个人便纳入了政治文化，形成对于政治目标的取向，政治文化模式也向政治社会化变迁"。[①] 阿尔蒙德从 20 世纪 60 年代的青年运动开始分析，对精英人物的亚文化观念进行了探究，在结构性政治社会化的基础如家庭、共同体、教会、工作场所等基础上，提出了政治发展的概念。[②] 阿尔蒙德的分析为政治社会化的研究提供了重要的理论范式。在他的影响下，有的学者从个体成长的时间视角分析政治社会化的功能和作用；有的学者则侧重于政治文化的横向互动研究。1958 年，美国政治学家戴维·伊斯顿和罗伯特·海斯发表的论文《政治社会化研究中的若干问题》，对政治社会化问题做了专门研究，对政治文化的互动因素进行了论证。另外，也有学者集中于分析政治文化对于政治心理的影响。赫伯特·海曼的《政治社会化：政治行为

---

① 〔美〕加布里埃尔·A.阿尔蒙德等：《比较政治学：体系、过程和政策》，上海译文出版社，1987，第 91 页。

② 参见〔美〕加布里埃尔·A.阿尔蒙德等《比较政治学：体系、过程和政策》，上海译文出版社，1987，第 97~126 页。

的心理研究》一书，就是从政治心理的视角，分析政治社会化过程中政治文化对人们政治心理影响的力作。

传播学观点也是政治社会化研究的一种重要观点。这种分析在 20 世纪 60 年代中后期兴起，随着政治社会化与政治发展研究的转变，逐渐成为政治社会化研究领域的重要视角。传播学的观点注重分析政治社会化动态过程涉及的领域，试图通过对这些不同的政治社会化领域的分析来揭示政治社会化的本质。在政治文化的传播过程中，在不同的领域和整个动态过程中，政治文化表现出了不同的特点与内容，形成了一系列的分析领域。一般来说，传播学的观点主要注重如下一些方面：

> 生命周期中的政治社会化；
> 政治学习过程；
> 政治社会化对不同人的影响；
> 特殊人物尤其是精英人物的政治社会化；
> 跨代的政治社会化；
> 跨文化的政治社会化比较；
> 政治社会化的内容；
> 亚群体和亚文化的多样性；
> 政治社会化因素和政治社会化机构；
> 政治社会化过程和制度的关系等。①

从相关学者的总结来看，政治社会化研究中的传播学观点关注的是政治社会化的时空领域性特点，从政治社会化过程的生命周期、个体政治学习的动态过程、不同政治群体的政治亚文化研究、不同社会的跨文化研究、政治社会化的组织机构到政治社会所依托的制度因素等，不一而足。这些领域要么是横向的，要么是纵向的；要么是静态的，要么是动态的；要么是封闭的，要么是开放的；要么是单独的研究，要么是比较性的研究。可以说政治社会化的传播学观点为我们分析政治社会化问题提供了多种多样的研究视角。

除了文化学和传播学的观点，教育学的观点也是政治社会化理论研究

---

① 何丽君：《新时期中国公民政治社会化研究》，中央党校博士学位论文，第 4 页。

的重要领域。教育学视角关注的是政治系统对个人的政治信念和政治心理的灌输与教育过程。这种观点认为政治社会化是一种政治观念的教化、传习、影响和模仿的过程。经过这一过程，政治系统便完成了自身合法性的宣传，最终达成了社会的服从。从教育学的角度来分析政治社会化问题的思想家主要有：戴维·伊斯顿、杰克·丹尼斯、派伊等。其中，伊斯顿和丹尼斯认为，政治社会化是社会大众在一定的政治教育和政治传播的影响下，接受特定的政治信念与行为模式的过程。[1] 伊斯顿在系统分析的理论框架中，将政治信念的教化过程称为一种文化规范下对愿望转换的调解。这是一种输出意义下的调解过程："文化规范有助于禁止或者如我们将会看的那样，有时会推动系统的成员通过共同体的调解而使愿望得以实现。"[2] 通过一种对相应政治信念的主动影响，政治系统就排斥了不利于自身权威的信念，将有利于权威的信念灌输进了社会之中。另外，阿尔蒙德从文化观点就政治社会化过程中的教育过程也进行了相关论证。他认为文化的教育过程主要有三个方面："（1）认知的取向，也就是关于政治系统、他的角色和角色的承担者、他的输入和输出的知识以及信念；（2）情感的取向，或关于政治系统、它的角色、人员和行为的感情；以及（3）评价的取向，关于政治对象的判断和见解，特别是那些涉及价值的标准和准则，可以和信息与感情相结合的政治对象。"[3] 阿尔蒙德从认知、情感与评价三个方面分析了政治系统对社会大众政治信念与政治心理的灌输性影响。

　　各种研究的不同理论派别为我们提供了充足的观察视角。可以说政治社会化就是一种动态的内在认同。在这种动态过程中，意识形态、法律和传统一起将重要的政治价值和政治观念向社会大众传输。在政治权威对社会大众的观念进行灌输与整合的动态过程中，内在认同最终导向了社会对公共权力在认同基础上的服从。

①　David Easton and Jack Dennis, *Children in the Political System: Origins of Political Legitimacy*, N. Y. McGraw-Rill. 1969. 7.

②　〔美〕戴维·伊斯顿：《政治生活的系统分析》，华夏出版社，1999，第119页。

③　〔美〕加布里埃尔·A. 阿尔蒙德、西德尼·维伯：《公民文化——五个国家的政治态度和民主制》，华夏出版社，1989，第17页。

第二节　偏执的个体性——个体理性的胡闹

一　价值的解构——原子化公民

在科学技术繁荣发展的晚期资本主义社会，公民与政治共同体之间的关系体现出了新的特征——一种原子化公民与以"自由"为面貌出现的社会结构化控制共存的局面。在科学技术的推动下，社会发展催生了原子化形态的公民。科学技术的发展以城市化、工业化、信息化等方式消灭了传统政治价值的经济基础和社会基础，自然经济进一步瓦解，"乡村"日益变成"农场"，"农民"也变成了"农场主"。乡村的情结、价值和传统变成了城市的喧嚣、便利和五光十色；市民社会也在城市中瓦解，过去以街道和行业为组织特点的市民群体被行业的进一步精细化分工和人口的高速流动打破。现代化的交通工具、通信方式在加强了人们的联系的同时，也造成了"各人自扫门前雪"的孤立状态。以往乡村社会和市民社会的群居状态被打破了，城市化以不可抗拒的力量将资本主义社会的大多数人口带入"现代化"的生活逻辑中。在这种崭新的境遇中，原来的农场主们难以找回原有的乡村情结，因而表达出一种在城市中孤独漂流的感伤。美国20世纪中叶以来流行的乡村文艺流派就是这种对情绪的表达。西部的狂沙、风和牛仔的时代已经一去不返，只存在于文艺作品、音乐和人们的回忆里了。同样地，市民社会的群体生活也被科学技术的发展瓦解，根据研究资料，近四十年来美国家庭的迁徙次数为年均十六次之多。这种高速度的人口流动，与市场经济的全球化、分工的精细化和市场竞争加剧等因素有关。人们不再眷恋家乡的传统街道和邻居，固定行业的行规、行会和传统都被进一步细化的分工和经济全球化打破。商业化的生活状态弥漫于整个社会，时间的计量从小时、分钟缩短到秒。在新型的商业工作模式中，通宵达旦的工作方式诞生了，"空中飞人"产生了，人们的职业除了巨量的精细分工之外，还具有了高度流动性的特征。所有这些都推动了无数原子化公民的诞生。

除此之外，新科技革命催生了众多的崭新行业和产品。给人类社会带来了前所未有的丰裕的生活景象。人们的个体生活有了无尽的选择。在传统社会中，人们可以购买的衣服鞋帽的款式和数量都是有限的，而在晚期资本主义现代性社会中，不可计量的消费品闯入了人们的生活，甚至连流行偶像团体的人数都由几个人一个合唱团发展到几十个人一个合唱团（为了满足不同崇拜者的差异化偏好）。五彩缤纷的产品一方面满足了社会大众差异化的需要，另一方面也将社会大众彻底差异化了。消费主义成为个人自由的一种表达，"我消费，故我在"已经替代了笛卡尔的"我思，故我在"。按照不同的方式搭配不同款式的鞋帽衣裤，就能生成无穷的"个性"。自由就等于物质的外在堆砌，人们的生活日益由精神世界转向物质世界。传统的书籍市场衰落了，实体书店已经乏人问津。电子化的书籍和精神垃圾充斥人们的视野，只要是具备商业价值的内容，不管真实与否，不管内容多么空洞贫乏，都可以成为电子书阅读软件上的点击率冠军，因为只要有能够赚取经济利益的高点击率就是胜利。人们的生活已经脱离了价值内容意义上的本质而走向物质的外观奴役。需要注意的是，精神的空洞与生活节奏的急剧加速是相辅相成的。当代社会的快节奏生活挤压了人们的时间，日复一日的工作使单纯的程序逻辑充斥于公民的头脑，加速了公民的原子化过程。文件和报告的堆砌、西装革履的整齐划一、按时打卡的生活逻辑，这一切工作中的责任虚构着公民梦中的自由。当然，胜利者会自由，不胜利者仍然可以自由。正如同丘吉尔所说："我奋斗一生，正是为了人民能够有罢免我的权力。"公民们在高楼广厦的格子间的熙熙攘攘的人群中感到了自身的孤独和无助，每当此时，他们就从消费主义中寻找安慰，用温馨的晚餐、美好的偶像剧、美味的烛光晚餐来诠释自己的"自由"。在晚期的资本主义社会中，工作、消费、娱乐已经成了人们封闭的生活回路。公民的神经和注意力被这一生活回路完全占据，他们在各自的生活回路中幸福地生活着，或许某些人对自身的孤立状态有所感悟，但是很快就被工作的压力和消费的诱惑转移了注意力；他们有着独立的个性，却只能在无法逃离的果壳中"自由地"存在。从这个意义上说，公民的主体性被五光十色的商品包裹着，成为科技时代下的生活个性，这种被信息化和消费主义包裹着的个体，进一步脱离了群体意义上的公民概念，成为孤立存在的原子化公民。有趣的是，大多数原子化的公民享受着他们的自由状态，认为这是一种"潮流"，他们无限的自恋，美颜、自拍杆甚至整容都变成了一种产业。他们没有节制地分享着他们貌似物质外观丰富却内容空洞贫乏的自由。自恋和虚荣伴随着原子化的公民，"我"（me）就是他们心中反复响起的回音，如同希腊神话中的自恋之神纳喀索斯，他们不仅爱上了自己在水中的倒影，甚至以自己作为性爱的想象对象。

需要注意的是，原子化公民并不是马尔库塞语境下的"单向度的人"，他们仍然有政治价值和主观超越的能力，只不过这种超越的评断能力是在孤立状态下发挥作用的；他们的价值标准也被物化掏空了内容。在新技术主导下的晚期资本主义社会，虽然原子化公民已经很难在群体的语境和意涵下理解正义、民主、自由等政治价值的真实内涵，但是他们从小深受价值教育的影响，对这些价值的名字有深刻的印象，因而他们普遍使用自己的利益取向和对世界的局部见解来填充这些价值的内容。在这个意义上，政治价值的整体性、终极性已然消失。类似于卡普兰提出的"理性的胡闹"（rational irrationality）① 的概念，原子化的公民在私人领域的极端个性是理性的，但是在公共领域，他们则不顾他人和共同体意义上的价值而行事。个体的偏好和取向成为"神圣的自由"，果壳里的暴君们个个神采飞扬，神经敏感而不可侵犯。从这个意义上说，狭隘的公民们并不关注政治共同体的生死存亡，他们眼中只有自己的生活诉求，只要能够满足他们眼前的、现实的需求，政治价值就是合理的，政治权力也就具备了合法性。这样，政治价值在传统意义上的终极性、整体性就被打破了，价值变成了可以被交易的名义。价值不再是神界中不可侵犯的女神，而是走下神坛，成为"任人打扮的小姑娘"，不再具有终极的、整体的评断意义。极度自由的公民可以在个体意义上重新诠释政治价值，换句话说，每一个公民都是孤傲的果壳之王，他们可以按照自身的需要来对政治价值进行解读。价值日益碎片化，每一个公民都变成了一个孤岛，他们相互间不再有关联，权利和义务意义上的自由变成了孤岛上的绝对自由。每一个人都在自己的世界里以自由为冕而称王。现当代的后现代主义艺术就反映了这种思潮——极度的自由，标新立异的形象和观点，乃至于产生了各种各样的生存方式"变态"的人。公民在自我生活回路的世界里称王的状态，与晚期资本主义社会的极大丰富发展有密切的关联。科学技术令人产生了一种盲目的自信，过去的群体才能提供的信息和功能仿佛被科学技术取代了，人们手持着科技的利刃，察觉到了自身的力量；他们主观上开始认为自身脱

---

① 参见〔美〕布莱恩·卡普兰《理性选民的神话》，上海人民出版社，2010，第149～150页。

离了群体照样可以耳聪目明地洞察世事，对政治合法性做出判断。既然生活中的吃穿住用行都可以用科学技术和信息化的技术装备解决，那么政治上的同意也可以通过科学技术来进行表达，不需要群体意义上的类存在功能。换句话说，晚期资本主义社会的公民仍然在规范地进行着同意，只不过这种同意是建立在原子化社会的基础上的，公民个体已经在极大意义上脱离了类存在，成为人类社会中的点点星火，这些星火们遥遥相望，"老死不相往来"。人们或许曾在某一瞬间感受到了自身的孤独处境，但很快就被工作的回路和消费的诱惑征服；他们忘记了作为群体的公民的威力和强大，偏执地相信自身的力量，认为自己即圣人，可以对政治问题做出单独的评断了。

事实上，原子化公民的这种偏执的自信，是和极端自由主义的发展密不可分的。随着20世纪中后期开始的以里根和撒切尔改革为代表的资本主义治理模式的转变，在强调自由主义的趋势下，极端个人主义得到了发展。网络经济和信息技术的发展，令每一个公民都仿佛找到了绝对的自由，他们将虚拟的网络空间的绝对自由照搬到自己身上，认为科学技术给自己带来了无穷的能力。超级英雄的系列电影、商业成功人士的现身说法，都表明了一种极端个人主义的自信。当自由主义发展至极端，公民和政治共同体的和谐必将被打破。过分自信的原子化公民表面上进行着独立的价值评断，实际上则虚弱无比。他们既无法了解政治价值的整体意涵，又不能从政治共同体的视角进行思考，只会从自身的狭隘私利出发来进行政治判断，以自己的个性来诠释价值，来评断一切。这种意义上的公民已经不是原来意义上的公民了，个人已经变成了无数果壳中的暴君，他们以自身的任性来标榜自己的自由。而这种自由由于脱离了社会经济的基础，因而是一种单独的原子式的知识和认知，很容易被外在的环境影响。很大程度上，公民的同意已经变成了可以被影响和计算的自愿认同。选票很大程度上成了可以测度的指标，只要当局能满足个体的需要和利益，那么个体就对当局报以规范性的同意。在晚期资本主义国家中，民意调查普遍成为一种行业，民意和认同在现代科学技术的分析下已然变成了某种物化的标准。在这种合法性逻辑中，物性取代了终极性，公民变成了自己所标榜的"绝对自由"的奴隶。

在公民个体性被极端强调、公共性被忽视的条件下，资本主义国家必然地乘虚而入了。既然价值变得可以交易，那么当局就用绩效性的满足来诱导公民，直接交换公民的同意和服从。资本主义运用自身资本生殖的逻辑，在科学技术的武装下，顺应社会物化的潮流，将政治价值进一步俗化了。公民在这种潮流中也变得急功近利，他们眼中只有狭小领域的利益而没有公益意义上的整体关怀。选票的金钱意味日益浓厚，绩效性的产品满足变成了规范同意的必备品。所有的政治家在参与竞选的时候都要考虑给选民以何种"承诺"，而不管这种"承诺"是否符合政治价值的终极评判。美国新任总统特朗普的种种新奇做法就反映了这种趋势，资本主义各国政治家的怪异行为本身就体现了以绩效性换取规范性的荒唐逻辑，甚至很多不切实际的政治口号，如"以长城做类比在墨西哥边境筑墙"等，都能引起公民的普遍认同，这足以说明公民社会政治价值的俗化、物化和退化。虽然公民们仍然是在规范地进行着认同，但是这种认同是危险的认同，是可能导致民主之下的腐败和暴政的认同。除了物质绩效的收买，在社会层面，晚期资本主义当局主要的举措是"无为"的统治艺术。既然价值已经没有了终极和整体的评断功能，那么就顺应公民们的自由趋势，以自由主义为名对公民原子化的趋势听之任之。某种程度上说，原子化公民的大面积出现，正是晚期资本主义社会传统道德沦丧、以现代性替代人性、物化和异化占据上风的结果。用绝对自由的名义来孤立公民，建立五光十色的物质世界包围公民，让他们无暇思考政治价值的真谛，也无法在集体讨论中识别政治合法性的构建计谋，这样，无论在名义上还是在实质上，晚期资本主义社会的统治阶级都掌握了政治统治的主动权——在貌似自由的极端推广中，整体层面的压制正在蔓延。需要注意的是，这种国家的介入是以非常隐蔽的方式进行的，因为表面上当局并没有采取任何主动的说服和干预活动，只是以"自由主义"为名放任现代性的发展而已。要知道自由主义本来就是资本主义社会的意识形态，是大众耳熟能详的政治修辞，以自由主义为名，不仅不会引起公众的普遍反感和注意，反而能得到很多公民的规范性支持。但是自由主义的极端化并不是促成良性公民政治认同的正确途径，分散化的公民虽然在各自的空间中自由地生活着，但是由于缺乏群体意义上的关怀，他们很难看到整体的景象，也无法真正从政治共同体的视角来思考问题。在狭隘的、自私的视角中，他们很难看到政治合法性的重大意义和真正内涵。晚期资本主义社会中，原子化公民众说纷纭地发表政治意见成为一种常态，当社会的政治意见足够分散时，如同上市公司的原子股东，他们各自对整体的影响就变得微乎其微。在这个意义上，公民虽然能够对合法性进行独立评断，但是由于难以形成整体意义上的政治话语和意见，因而只能以某种"主流"的、权威的意见作为参考，这就给了资本主义国家建构自身的合法性以可乘之机。综观晚期资本主义社会，多数的民意已经很难形成，在投票率持续低迷的情况下，有效选票的多数也不过是全体选民中的少数。民主制度很难汇集真正意义上的民意了。原子化的公民在各自的孤岛上过着鲁滨孙的生活，在某种程度上甚至达到了"不知有汉，无论魏晋"的状态，他们关注的不过是自身狭隘领域的利益和议题。原子化个体在信息化社会的代码海洋中独自挣扎，自信地认为自己能够获知政治的真知，其实不过是坐井观天。根据相关研究成果，美国社会公民所关注的政治议题大多是破碎的、零散的，生活中鸡毛蒜皮的小事甚至变成了公民的终身追求。除此之外，突发性政治事件对民意的影响要远远大于各种定期的选举制度安排，这反映出原子化社会对价值的解构和对人性本身的压抑，说明民主制度本身已经很难反映大众整体意义上的共同诉求了。近年来学术界兴起的关于"协商民主"议题的讨论就是在公民原子化的背景和趋势下产生的。协商民主与多元民主理论密切关联，众多学者从不同的角度对此进行了思考，其中共同决定理论和交往行动理论是比较著名的两种主张。协商民主理论力求在分散的多元意志中寻找整体意义上的公意并以此挽救原子化的公民生态。需要注意的是，社会存在决定社会意识。公民的原子化生态不是通过协商和交流就能够改变的，协商民主的逻辑没有注意到科学技术发展下的社会分工极大化的趋势，也没有看到社会结构中传统经济基础和社会基础的变化，因而是不能从根本上解决问题的。另外，从原子化公民的生活状态来看，很多个体是很难进行协商和交往的。电影《爱国者之日》根据美国的真实恐怖事件改编，叙述了美国在种族歧视等排外主义思潮的泛滥下的极端主义恐怖行为。对丁种族主义者来说，白人优异论的观点是根深蒂固的，是不能协商的。从种族主义者个人来说，种族优越感恐怕是他唯一能称道的优势了。这种表面上看起来荒唐的种族观点竟然成为一种政治思潮，从中我们足以看出原子化公民们将自身的偏见"小题大做"的能力。其实严格说来，美国的种族主义并不仅仅是白人独有的，印第安人的部族主义、黑人的街头文化乃至华人在美国的黑社会文化都是一种排他的以强调种族为主要特征的思维模式，这些种族主义的思维只在极小范围内起作用，它们互相排斥，几乎不存在协商的可能性。此外，其他诸如公路飞车、保护鲟鱼甚至是对猫王的崇拜和祭奠都能成为小型的政治"思潮"并掀起小范围的群体骚动，这都说明在原子化的公民社会，自下而上的意见整合已然是很大的难题。代议制民主和原子化的公民社会之间已然产生了深刻的断裂，多元民主被进一步分散化了，原子化的政治意见同科学进步所赋予的绝对自由一起，打造了无数的孤立人格——陌生人的社会产生了。自信甚至有些自傲的公民们在原子化的社会结构中找到了自我，同时在群体意义上又迷失了自我，他们已经不相信整体意义上的政治价值，只关注与自身利益相关的议题的他们，可以用微不足道的名义掀起一场自身意义上的"革命"。这种分散化的规范同意表面上显得倔强而有个性，不可说服，事实上却脆弱无比，在社会整体化的控制面前只不过是掀不起大浪的众多微小的鱼虾。资本主义国家通过无处不在的政治渗透，很容易就利用政治系统的过滤和同化功能将这些政治意见转化为规范的认同。从这个意义上说，原子化的社会结构是对公民性的整体的格式化解构，公民的"公共性"完全被转化为"个体性"，公民内涵中的价值平衡在极大意义上偏向了极致的私域，果壳之王们诞生了。

二 群体性的解构——政治的"反社会化"

与传统的政治社会化不同，科学统治下的资本主义社会日益体现出"反社会化"的特点。"反社会化"的政治变迁作为政治社会化的反动，是一种政治社会的解构过程。科学作为一种彻底的经验导向的思维方式和知识体系，改变了人们对世界的认知方法和认知手段。自然世界和人类社会不再需要人们去亲身经历和体验了，千年前老子《道德经》中所说的"不出户，知天下；不窥牖，见天道"的生活状态在现当代人类社会中变成了现实。人们坐在家里就可以从网络和各种媒体中得知海量的信息；人们轻轻点击鼠标就可以完成与远在地球另一端的商品销售方的交易；人们随时随地操作智能手机就可以看到远方真实发生的事件的实时直播。网络时代的信息技术给人类带来了无穷的便利，世界仿佛变成了地球村，人们的联系也貌似被拉近了。

事实上并非如此。人们之间的联系并没有因为科学技术的进步而更加紧密，相反，科学技术疏远了人与人之间的关系。当前，网络信息呈现出爆炸性增长的态势，但信息的来源、可比性、相关性、可靠性等方面基本上都是存在疑问的。面对巨量的信息，网民们实际上是被操纵的木偶。因为他们不知道真相，只能盲目地依赖屏幕上二维空间的信息而忽略了与真实人类的互动。在网络空间构建的虚幻世界中，他们根本不知道世界的真实，其自身不过是信息海洋的奴隶而已。至于移动通信，虽然电话、视频聊天等方式给人们带来了便利，让人们远隔千山万水也可以进行长距离的通话和交流，但是无论电话、视频等方式多么便捷，都不是活生生的、真实的人的交流，人们看到的只是屏幕上的一个幻象。体会一个人的真正需求和价值，必须面对面地去感悟，而不能靠只言片语或者图像片段。因为人的价值和需要是不能量化的，那是一种本质上独一无二的属性。移动通信给人们带来便利的同时，也过滤掉了关于人类价值和需求的大部分信息。可以说在网络时代和信息时代，人已然被格式化为一种符号。网络论坛上的头像代替了真实的人；朋友之间的交流日益减少，彼此都变成了对方聊天软件上一个闪动的光标。人正日益变成一种符号，他的本质、价值和需求正被现代社会格式化为统一的模式。从终极的意义上说，人类最终会被自身创造的科学技术毁灭。

不仅如此，在科学技术迅猛发展的晚期资本主义社会，社会分工以爆炸的方式进行着拓展。以往可以分类的行业和职业出现了内部不断细分的趋势，职业和行业多到不可胜数，行业和职业的分工极大地加大了人们进行"类融合"的难度，人们很难在社会中找到自身的"同类"了。战后资本主义国家行业和职业的发展是惊人的。根据《美国职业名称词典》（DOT）的统计，美国职业类别呈现出加速增长的趋势，1950年人口普查中有268个职业类别，1960年增加到295个，1970年增加到427个，1980年增加到503个，1998年增加到821个，目前《美国职业名称词典》的职业类别有979种，比67年前增长了2.65倍。1939年出版的职业名称词典第一版大约包含了17500个按照字母顺序排列的职业定义。1965年美国劳工部出版的第三版职业名称词典，共对21741种职业进行了描述，而最新的《美国职业名称词典》则对十余万种职业进行了介绍。仅仅是统计师（statisticians）一种职业，就有96种分类之多，每一种统计师的职业在教育、领域、工作、技能、知识等方面都迥然不同，即便是以统计师为职业的人们，也几乎找不到和自身完全相同的工种。在科学技术的发展给社会带来的空前规模的解构中，职业的分工只是冰山一角而已。在现代科学技术的推动下，市场经济和全球化进程给大众提供了不计其数的产品种类，在貌似极大丰富的社会产品中，隐含的是极端自由的个性陷阱。人们普遍将自身标榜成各种极具"个性"标志的组合——阿迪达斯的运动鞋、高尔夫的休闲上装，时尚潮流的各种服饰搭配，表面上看是个性的组合，实际上则是以物性的标准将公民格式化为物质产品的组合。公民找不到自身类存在意义上的同类，因而转向对绝对自由的追求，极端的个性和狭隘的价值判断占据了上风，政治价值的终极和先验意义也已然在这种格式化中泯灭了，公民日益成为极端个性的价值空壳。表面上他们在进行着规范的政治合法性评断，但事实上他们只是分散的原子，在各自微末的领域中进行着挣扎。需要注意的是，这种公民原子化的个性，体现的是自由主义的极端发展。自由主义的原意是指一种政治、经济和社会的安排，在这种安排中，不同来源、身份和特征的人们可以获得相同的政治地位和对待。自由的意义在于平等地对待每一个人，换句话说，自由主义本身并不是绝对的、无限制的自由，而是相对的、在政治共同体中受到规约的自由。卢梭的关于枷锁的名言，康德用个体自由推理社会自由的论证，都说明了这一点。可是在晚期资本主义社会，公民的自由被绝对化了。公民的主体性得到了前所未有的重视，公民的个性很大程度上变成了独自的任性，自由的公民个体正变成孤立果壳里的暴君。现当代美国政治学思潮对自由主义的批评就说明了这一点。当自由被过度强调时，公民与政治共同体的平衡就被打破了。自由必须在平衡的意义上才具有良性的价值意义。"任何一方都需要对方，而两方结合到一起才能定义一个新的社会和文化创造物。"[1]然而在科学技术的影响下，个体日益体现出一种盲目的自信，一种对自身掌握全部政治价值真谛的自信。仿佛在新的时代，不需要类的群体性存在，个体即可以依据自身的管窥之见对政治进行完整和恰当的评断了。从这个意义上说，尼采的唯意志论在科学技术武装的信息时代以一种非理性的形式复活了，只不过这种复活是原子化的公民的极端自信的扭曲反映。

在这样的社会背景下，类意义上的政治性正在逐步被原子化的公民剥夺，人正在从类存在转化成为一个个孤立的原子状态的存在。换句话说，在科学技术的解构攻势下，人类的政治社会化过程呈现出相反的方向，即政治的"反社会化"。从微观上说，首先，政治的反社会化表现为个体的政治价值诉求与客观现实的割裂。政治社会化对于个体来说，既是一种客观实际的政治学习、政治参与的经验过程，也是一种政治价值的政治感

---

[1] 〔美〕麦金太尔：《谁之正义？何种合理性？》，当代中国出版社，1996，第 444 页。

知、政治思考与政治表达的思想过程。两种过程可以说相辅相成，不可分割。客观经验为主观思考提供了充分的现实质料，主观思考反过来又能指导个体的客观政治实践。在主、客观政治活动的辩证统一中，个体完成了自身的政治社会化过程，习得了一定的政治技能，建立了一定的政治观念。可以说，政治价值必须与客观现实建立强力关联才能生存下去。在科学技术的统治下，各种科技装备和信息技术在"加强人与人之间联系"的谎言中打破了群体性生态，疏远了人与人的关系，政治个体从书本中习得的政治价值观念没有现实的映照，始终处于孤立的空想境界之中，最终被个体遗忘。正如聋会导致哑，哑也会导致聋的现象一样，政治价值观念和客观现实必须有生动的关联，否则价值观念和客观现实都将变成孤立的事物，它们之间的政治意义也将消失殆尽。如果不能冲破现代性对人性的束缚，人的政治价值与客观现实之间的割裂，必将使人在政治上又聋又瞎。从根本上说，原子化的生活状态打破了公民的群体生态。公民们的政治价值更加难以和群体化的公共性现实相关联，日益变成孤立的偏狭评断。

其次，政治的反社会化表现为在极度个性化基础上制造的公共性。每一个个体的自然情况、素质特点、活动经历和生命周期都是独一无二的，他们在接受政治社会化的教化过程中，其政治观念、信仰是千差万别、姿态各异的。但是在这种姿态各异中，个体性也蕴含着一种人性基础上的公共性，如人类的自然性质、民族、国家和传统的共性等。这种公共性反映了人类群体政治本质意义上的内在一致性。正是在共性与个性的对立统一中，个体完成了其自身政治观念的建立。也就是说，个体的政治观念离不开作为人的普遍属性，也离不开其所在民族、国家、地域等的共同体属性。正是在个人的自主选择和个人与群体的互动影响过程中，个体的政治社会化才得以完成。在科学技术的时代，公民日益原子化。偏狭的个体脱离了群体意义上的生态，导致价值日益碎片化，公民内涵中社会意义上的公共性日渐缺失。此时，为了弥补这种公共性的空洞，由晚期资本主义国家制造的公共性诞生了。原子化公民的需求表面上千差万别，体现出各自的独立个性，但实际上在社会的层面已经被科学技术武装的统治意图格式化了。晚期资本主义国家用信息时代的大工业生产将人们的吃穿住用行都改造成一种可以计量的模式。人们不过是机器生产出的生活用品的排列组合而已。换句话说，人不过是他所购买物品的排列组合，人貌似有无尽的选择，事实上其公共性已经被压制了。在政治领域，资本主义的逻辑同样适用，各派政治势力提出的政治方案就是格式化的政治产品，大众在这些政治产品的争论中忘却了自身真正的价值需要。作为占社会大多数的中产阶级选民们被特朗普和希拉里关于公民所得税的争论吸引，他们希望美国联邦政府减少自身的税收，却忘记了他们的收入之所以不能提高的根本原因——金融寡头和垄断资产阶级的压榨。事实上，在这样的政治障眼法之下，公民的真实公共诉求已经被抹平了。貌似民主、自由的选择，事实上则是一种给出 A、B、C 三个选项，却隐含真正重要的 D 选项的欺诈。在这种政治"反社会化"的过程中，公民的原子化的个性掩盖了自身真实的公共性，造成了外部建构的公共性的泛滥。

最后，政治反社会化表现为由主动性向被动性的退化。从微视角来看，个体总是存在于一定的社会群体之中。其所在社会群体的政治观念、态度和价值，从个体出生开始就在或明或暗、或强或弱地以各种方式影响着个体政治信念的形成。美国的孩子们是看着超级英雄的漫画书和动画片长大的，在对超级英雄的耳濡目染中，他们普遍建立了一种个人主义的政治观念。在我们中国的传统故事中，孟母之所以三次搬家，就是为了能够让孩子接受良好的社会群体的教化和影响。所以，个体从来都不是完全自由地进行政治观念的选择和接受的。历史的、社会的宏观条件很大程度上决定了个体政治观念的性质、内容和形式。在现当代科学技术的统治下，政治观念以一种被解构的模式灌输给了大众。大众在貌似"主动"的过程中被动地变成了认同的工具。在政治价值与客观现实的割裂环境中，公民的主动性没有客观作为依托，"自由"的公民诉求没有投诉的渠道。现实存在的国会、议会等民意机制所生产出的政治产品与公民的需要相差甚远，资产阶级的议员不过是在名义上代表大众。公民的真实诉求早已被搁置，于是"自由"的诉求转化成政治领域之外的自由放任，在政治领域，西方国家的公民们普遍选择了政治冷漠的态度。

从宏观上看，首先，政治的反社会化体现为政治性与社会性的割裂。传统的政治社会化过程以政治价值为核心，同时离不开社会性质的外在形式。政治社会化不可能单一依靠政治标志、政治符号与政治语言的直接宣传和教育。很大程度上，政治社会化依靠的是社会性质的工具途径。例如，早期的家庭教育会对一个人的政治观念和信仰产生重大的影响。相似的诸如行业协会、工作场所、学校经历等，都是一种社会性质的政治社会化形式。没有一定的社会载体作为依托，政治话语的传播和教化就将是一种空洞的理论，很难产生实际效果。所以，宏观上看来，在政治社会化的过程中，个体是在社会性质的载体中学习、思考和接受一定的政治观念、态度乃至信仰的。在晚期资本主义社会，随着科学技术的迅猛发展，社会分工以爆炸般的速度进一步深入而广泛地影响着公民社会。人们在各自封闭的生活循环中独立而自由着，每个人都仿佛拥有无尽的政治力量，同时却各自为战，对政治议题的现实干预无能为力。以美国为例，多年来校园暴力、种族暴力、极端主义事件频发，有趣的是这些事件的主人公往往是喊着某种"政治口号"来犯罪的，公民的政治动机在割裂的社会关系中被异化了，他们找不到传统阶级和集团意义上的政治关怀，只能用极端的行动来表达自己的"政治主张"，而这种主张因为没有经历社会化的提炼和凝结，往往显得苍白而幼稚。这些事件从反面证明了政治反社会化中社会性与政治性的割裂。

其次，政治的反社会化体现为政治价值继承性的割裂。从宏观上看，不同时期、不同时代的人类群体具有各式各样的特点，他们所面临的客观环境和历史要求也大不相同。在过去革命与战争的时代，一代人的政治使命可能是一种暴力和激情下的民族解放运动。而在当今和平与发展的世界大势中，一代人的政治使命可能就是一种对文明、民主、富强和进步的追求。所以，个体的政治社会化必然是与时俱进的。与此同时，政治社会化还具有一定的继承性特点。每个人都是在一定的历史传统中进行政治技能、观念、态度与方法的学习，脱离了一定的传统背景，这种学习几乎是不可能进行的。原子化公民的社会生态使得传统政治价值与现代性之间产生了继承性危机。科学技术所代表的现代性从各个方面瓦解了传统价值所赖以生存的经济基础和社会基础，公民的公共性一步步沦为极端的个体性，价值判断也日益多元化，甚至每个公民都有了独立的价值评断；意见汇集意义上的整体性被逐步消解，传统资本主义的正义、自由、博爱等价值在原子化的社会结构中难以为继，沦为公民们局部短视行为的空洞标语，其整体层面的终极性已然消失，最终造成了政治价值继承意义上的割裂。

第三节　公共性的缺乏
——公民对权威的"无意识"需要

公民内在的个体性与公共性之间的平衡在科学和信息的时代被打破了，对个人自由的过度强调，既是科学技术和信息社会发展的必然结果，反过来也促使科技和信息更加向易于为个体接受的形式靠拢，巩固了原子化公民的社会结构。原子化的个性使得晚期资本主义社会的公共性异常稀缺，这体现在原子化公民狭隘的激进话语以及急功近利的价值倾向上，公民群体在社会意义上的意见聚集已经难以实现了。原子化的公民和社会是"百年所未有之变局"，传统的资本主义代议制民主面对原子化的社会意见显得力不从心。选民代表的形式越来越难以汇集分散化的意见和利益，原子化的社会结构将原有资本主义的民主逻辑打碎了，自发的、原生的合法性已然很难自圆其说了。这样，晚期资本主义社会的公民内涵就体现出个体性的极化强调和公共性的缺乏，这种公共性的缺乏为当局的合法性建构提供了可能性和必要性。资本主义国家运用现代科学和信息技术，通过社会、经济、文化等领域的政治渗透，工具性价值和诱导式绩效充斥于合法性的形成过程，构建的认同填充了公民社会公共性的巨大缺口，将原子化公民微观层次的千差万别转化成社会宏观层次的政治同意。

一　价值需要——苍白的激进话语

原子化公民在微观层面的激进话语，表面上标示着他们的极度"个性"，"绝对的自由"，实际上却显示出晚期资本主义国家中公共精神的缺乏，体现了社会整体意义上的价值需要。这种整体意义上的需要，是原子化公民们"无意识"的需要。从他们个体的角度而言，只要有自身狭隘领域的利益和价值标准即可以对政治进行判断了，整体意义上的价值是无意义的，甚至是"迷信"而"愚蠢"的。但是从社会整体的层面上看，整体意义上的价值需求不是丧失了，而是更加急迫了。无论公民个体生活多么"自主"而无关社会，社会意义上最低程度的公共性标准也是必要的，否则，这个社会就会陷入混乱。换句话说，晚期资本主义国家社会层面的价值需要不是原子化公民的主观意愿或者是共同意志下的认同，而是客观意义上的必然需要。而这种客观意义上的迫切需要，正是原子化公民所造成的。他们分散在社会各个角落，自以为果壳之王而自说自话，自觉"纯粹的自由"而把公共性价值的空洞抛给了社会。

以美国为例，原子化公民意识形态下的极端主义已然愈演愈烈。近年来该国的恶性公共恐怖事件中，本土激进主义所策划的威胁活动日益增多。这种局面和美国民主党任期内支持控枪、鼓励移民等原因相关，但更关键的原因则是原子化公民的公共性价值标准的丧失，其在貌似自由的原子化政治价值指导下自由自在的行动，甚至剑走偏锋。据美国知名社会团体"南方贫困法律中心"（SPLC）的研究报告，奥巴马执政期间，美国国内持原子化立场、以"爱国者"自居的小团体数量正大幅增加，据统计，2012 年全美这类团体数量达 1360 个，其中 321 个"爱国者"组织是暴力性质的。绝大多数激进组织都具备原子化的激进政治观点，诸如反对控枪立法、激烈抵制堕胎、对同性恋进行歧视等。从全国视角看，这些原子化政治组织在得克萨斯州、密歇根州和佛罗里达州有密集的分布。这种本土的极端主义由来已久，各种各样的"邪教"、党派分散化地存在于美国各地，这说到底是被解构的社会结构下的必然现象。早在 1978 年 11 月 18 日，美国的一个名叫"人民圣殿教"的邪教的 914 名信徒，突然在圭亚那首都乔治敦附近的一个营地里集体服毒自杀，这次集体自杀事件共造成 914 人死亡，其中包括 276 名儿童。1993 年 3 月，一批"大卫教"教众在得州的韦科镇与美国政府进行武装对抗。4 月 19 日，警方进攻，教徒集体自焚。1995 年 4 月 19 日，俄克拉荷马城的联邦大楼被炸弹摧毁，168 人死亡，实施这起"9·11"前最大恐怖事件的蒂莫西·麦克维（Timothy McVeigh）正是参加过海湾战争的老兵——孤独的老兵用自己原子化的信念"规范地"走向了极端主义。如同奥斯卡影片《爱国者之日》所描述的 4 月 19 日波士顿马拉松爆炸案，以"爱国者"为名义的极端组织们集中选择美国独立战争开始的这一天或附近几天发起行动。1999 年 4 月 20 日的科伦拜恩校园枪击案、2007 年 4 月 16 日的弗吉尼亚校园枪击案，俄城爆炸、韦科惨案、弗吉尼亚枪击，都是在"爱国者日"附近发生的。"爱国者日"标示着为反抗外族暴政，公民进行武装自卫的伟大抗争。在这一天发起行动，表现了他们政治观点的自由性质，这种剑走偏锋的原子化公民的偏狭政治观点在社会层面带给我们的不仅仅是关于公共性缺乏的思考，更深层次的是带来了对内在于人本性的群体关爱和道德标准的考量。原子化的政治意见从绝对意义上解构了人的群体性，凭借其绝对自由意义上的

"规范性"，疯狂的原子就能够以无辜者的生命为代价来完成向世界进行昭示的使命。"为了伟大的信念，必须要有人牺牲"，"这些牺牲的人他们不过是在愚昧的过活"，"用他们的生命来唤起社会的觉醒"，这些话语恐怕就是极端公民在内心安慰自身的"信念"。可是生命的价值是不能用"代价"等字眼来计量的，正义、自由的价值都是超验的、绝对的标准，不能因一人之执念而对其进行计算、权衡和取舍。这种极端主义原子化的政治观念和逻辑，无非就是个人层面意义上对价值的碎片化解读和政治价值的空洞化，这些个人貌似"自由"，事实上已经脱离了公民的公共性而走入了个体性的极端。

除了极端组织，偏见犯罪也是原子化公民社会的结果。美国1990年联邦《仇恨犯罪统计法》将偏见犯罪定义为"全部或部分由于行为人在种族、宗教、国籍、性取向等方面的偏见引起的对人身或财产的犯罪"。行为极端的原子公民由政治偏见而导致的犯罪，已然成为美国长期以来无法摆脱的问题。美国历史上的"偏见犯罪"源远流长，1871年《民权法案》中就有打击对黑人群体进行偏见犯罪的内容，然而立法很难改变价值碎裂的整体历史趋势。到了1968年，在战后新科技革命下公民原子化发展的不可抗拒的社会生态中，约翰逊总统签署了新《民权法案》，"仇恨犯罪"成了民主制度所打击的主要人权威胁。至今，美国已有45个州为"仇恨犯罪"立法。根据联邦调查局（FBI）的统计，美国在2011年共发生"仇恨犯罪"6222起，其中有60%由受害人的种族或国籍身份引发，其他的重要诱因还包括性取向偏见或宗教偏见。在因种族或国籍偏见而遭遇不幸的受害者中，非洲裔和西班牙裔占据了最大的比例。另外，同性恋及双性恋者、犹太人也是频繁遭受"偏见犯罪"的群体。原子化的社会生活使得公民的社交范围极其狭小，公民们极度缺乏意见汇集下形而上的政治价值观念。然而原子化的公民又具有规范化评断的能力。缺乏整体和终极意义价值理念的原子化公民转而将一些简单而明确的身份特征变成价值的评判标准，并以此为终身之志，这与极端化的个人主义有关。公民越来越"自恋"地衡量着自身和世界，由此他们就会去排斥和自己肤色、种族、国籍等有所不同的人群，通过人为地制造矛盾而成就自身的"政治性"。在这种原子化的政治性中，公民自顾自地享受着某种"实现"的快感。当然，偏见也会形成星罗棋布的偏见化的政治主张，只不过在社会整体层面无法统一而已。需要注意的是，尼采的意志论、纳粹主义等解构主义思想形态是偏见犯罪的重要思想源泉。2012 年在威斯康星州发生的锡克庙屠杀案，以及 2013 年发生的亚拉巴马州预谋袭击案，犯罪嫌疑人都自称"新纳粹主义者"或明确将袭击对象指向黑人、同性恋者。科学时代和解构主义极大程度地加强了公民社会"原子化"的趋势。

在晚期资本主义世界，原子化公民社会的特征还体现为民粹主义。民粹主义没有统一的定义，它的基本内容是为了保护平民的个人自由而不择手段地采取行动。从思想史上看，民粹主义是启蒙运动思想的俗化和碎裂化。它是与弱势群体们在缺乏成熟政治价值观念下的极端行为相伴生的思想。在民粹主义的思想中，原子化公民企图通过自身的"革命"行为而达成平民利益的伸张。19 世纪下半叶，民粹主义在北美和东欧几乎同时兴起。19 世纪末，美国西南部农民试图控制当地政府的激进主义行为，俄国知识分子和东欧农民对平均地权的强烈要求被认为是最初的民粹主义。在 20 世纪，随着科学技术的深刻发展，网络信息时代开始了，个人从功能和思想上都获得了碎片意义上的"独立"，貌似独立的原子化公民们以"平凡"作为自身的独特性，认为公民的原子化生态就是一种神圣的状态，他们认为以自己个体的"原生态"视角来观察世界并批判政治，就是自由的最高阶段。在 20 世纪八九十年代，民粹主义迎来了广泛的扩散。它体现为愤世嫉俗的极端评价：小区的垃圾问题、交通拥堵问题、社区中不同种族杂居的问题等都成为原子化民粹主义的攻击对象，他们把细枝末节的问题不断上升、绝对化为一种"政治理念"，事实上体现了政治价值本身的缺失和碎裂。民粹主义的原子公民不加区别地反抗一切权威，然而他们的意见由于极端分散而狭隘，故而难以成为群体意义上的潮流。民粹和民主的根本区别就在于其非理性的狭隘主张和非群体性的政治导向，民粹主义将原子化公民的非理性情感转化为一种貌似有理的"政治观"，这是一种原子化公民将自身的非理性进行"理性化"的努力，只不过这种努力比较简单、低级而盲目而已。与民粹主义的绝对化和狭隘化相关，民粹主义还体现为一种"由高而低"的俗化过程。原子化公民在核心价值方面是空乏的，他们希望通过简单化、平易化的方式来进行政治改良。他们认为一切权威都是阴谋论，排斥一切他者的合理化主张，固执地将自身的偏狭判断上升到极端。民粹主义的公民要么自我陶醉，要么极度怨恨，要么头脑混乱，要么软弱无力，其主张无非是小题大做，将一些简单的问题复杂化、概念化，却迷失了真正的政治价值和方向。从这个意义上说，民粹主义的原子已经丧失了价值抽象的能力，他们只能在偏见的视角中进行他们自以为是的政治判断。网络世界普遍存在的"网络暴民"就是这样的民粹主义存在，他们以简单的标准来衡量政治事务。"日本的产业夺走了美国人的工作机会，所以日本人就是可恨的""中国人代表着红色的龙，是邪恶的民族，他们茹毛饮血""我曾经见过外星人，故而我有超能力"等荒诞不经的非理性表达，体现了民粹主义个体理性判断和责任能力的低下。原子化的公民正日益将自身变成孤独无助而又愤世嫉俗的盲目批判者。

与民粹主义相伴的是民族主义的激进原子观念。民族主义原是一个积极的概念，它描述的是爱国者奋不顾身保家卫国的理念。每一个民族都有知名的民族英雄，在家国动荡的时代，民族主义起到了积极的作用。然而原子化的社会中，民族主义被孤立存在的公民偏狭化了，它逐步变成了一种碎裂的、局部的盲目主张。饱受纳粹迫害而流亡美国的爱因斯坦曾说道："民族主义是一种发育不全的疾病。"晚期资本主义社会中，西方国家普遍出现了民粹主义和民族主义的结合。经济、社会的发展等因素加剧了原子化社会结构中公民的疏离感，他们自发地表达了各种盲目排外的主张。2005～2014 年，西方资本主义发达国家65%以上家庭的实际收入水平没有实质增长。根据美国政府提供的关于基尼系数的数据，美国最穷的20%人口的收入仅占全民总收入的 3.1%，而最富有的20%人口的收入占到 51.4%。在科技革命的大背景下，随着经济危机下生活水平的下降和竞争的加剧，资本主义社会的原子化大众趋势进一步发展。盲目排外的民族主义成为众多公民的个性执念，21 世纪以来，除了美国的"爱国者日"运动，在欧洲大陆，德国右翼民族激进主义的暴力事件不断增加，德国官方也承认在互联网上种族主义和排外的煽动性言论已然泛滥成灾。伴随着2017 年而来的难民涌入等社会问题的挑战，欧盟各国的民族主义和排外主义、民粹主义一道，形成了星火燎原的拓展之势。新近的民族主义的特点就是碎片化、非政治化，这集中体现出原子化社会结构的公民表达特点。当然，网络上的言语攻击只有少数转化为线下的真实行动，这也是由网络时代原子化公民的生活状态所决定的：人们肆无忌惮地进行偏狭的评断却没有胆略去行动，这就是原子化暴君们内心的怯懦。网络空间的作用对于原子化的社会生态来说，主要在于其可以将公民的个体偏激言语代为发表而无须令其负责。这种发表的过程，在心理上给了果壳中的"国王"们以表达的快感，却难以形成有效的群体性政治意见，因为这些意见分散而碎裂，盲目蔑视终极价值，很难获得理性意义上的"友声"，是极端缺乏公共性的扭曲评论。在解构主义非理性的原子化生态下，极端个性的公民们无论是在思想上还是在现实中都是孤立而无力的。他们愤世嫉俗的言论，无非是对他们自身状态的自我安慰，是在虚荣中维持他们孤岛之王的"尊严"罢了。

除去上述偏执的个性思想，在晚期资本主义社会中，民众的原子化还体现在普遍的政治冷漠之中。所谓政治冷漠，学界并没有一个统一的概念。总的来说，政治冷漠的概念主要是从心理和行动两个视角来分析的，从政治心理上来说，政治冷漠是一种政治态度，是一种"主体在有选择权的条件下，对政治生活缺乏责任心和兴趣，缺乏政治生活的动力的一种心理态度"；[1] 从政治行为上来说，政治冷漠是一种不作为意义上的政治现象，"政治冷漠是消极的政治态度在政治行为上的表现，即不参与政治生活，公民对于政治问题和政治活动的冷淡而不关心"。[2] 无论是心理上的漠不关心，还是行动上的缺乏参与，晚期资本主义国家的政治冷漠现象是普遍的。以最富于政治热情的年轻人为例，美国 2016 年总统大选中，两党的参选人都投入大量精力于网络平台、手机平台等潮流社交媒体，目的是吸引聚集于新媒体之上的年轻选民。但这一做法收效甚微，年轻人所表现出来的政治冷漠令人惊讶。2008 年总统选举中 18～24 岁青年的投票率只有41.2%，而 2014 年底中期选举中 18～29 岁青年的投票率只有 21.3%，2016年大选中青年的投票率不足 28.5%。事实上，欧美国家大选的参与率都呈现长期、大面积低水平的特点。美国 1996 年大选的投票率为 53.6%、2000年为 56.6%、2004 年为 62.1%、2008 年为 63.7%、2012 年为 60%、2016年为 55.4%，长期的低政治参与率反映出公民普遍的政治冷漠。晚期资本主义社会的政治冷漠根本上在于自由主义的极端化，公民的个体性在科学技术的时代被强化了，公共性变得不再重要。网络信息技术、全球化的市场经济给了公民建立独立的"自由王国"以充分的物质条件。他们独自生活在自身的原子化世界中，自认为已经掌握了评判政治合法性的终极标准，这种盲目和自大是科学时代的产物。原子化的公民已经开始轻视社会

---

① 刘明君：《关于比较政治学领域中的政治冷淡主义》，《理论与现代化》1998 年第 3 期。
② 王浦劬：《政治学基础》，北京大学出版社，1995，第 220 页。

整体意义上的政治活动，"僵局"、"失灵"和"政府关门"等热词活跃于原子化公民的头脑之中，"肉食者鄙，不能远谋"的思想普遍存在于公民之中。他们已然没有了对政治活动的参与热情，传统民主政治中的群体化情愫已然丧失，风度翩翩的政治家变成了相互攻击的枪手，本应被万众景仰的总统却是一副玩世不恭的模样——无论是驴还是象，无非是半斤八两而没有实质区别。这样的政治观念下，原子化的公民对民主过程普遍产生了失望情绪，他们不屑于参与民主的规范化、合法性汇聚过程，这造成了社会层面政治合法性规范源泉的枯竭。简而言之，政治冷漠不过是原子化公民对政治活动不信任的"背对背"状态的反映。这种"背对背"的状态，与其说是源于他们没有政治性，不如说是源于他们的政治价值和观念已经碎片化、原子化了，他们认为在自身的世界中即可找到某种规范性的评断的信仰。换句话说，客观上的政治冷漠场景，并不是公民的集体行为，而是原子化的公民"不约而同"地转向了自身的私域，将个体性无限神化了。个体性的"独善其身"造成了社会层面的政治公共性缺失，这是原子化公民们在"无意识"之中集体行动的结果，他们通过对自身个体性的极端强调，不约而同地造成了社会层面的政治冷漠。

无论是极端主义、民粹主义、民族主义还是政治冷漠，都是公民原子化社会结构的体现。在公民的个体性被无限夸大的同时，共同体意义上的公共性消失了。表面上，原子化的公民一个个精神抖擞，"理性"而有力，但是这种个体化的智慧只不过是"一叶障目不见泰山"的自欺欺人罢了，原子化的公民就是一只只"鸵鸟"，他们或多或少都在规避现实，生活在自身的规范政治王国的认同之中而不顾其他。公民必然要维持自身概念中个体性和公共性的均衡，否则就会导致个体性的泛滥和公共性的丧失。原子化公民的激进政治价值和话语并不能表明他们的强大。恰恰相反，这些狭隘的话语和碎片化的价值表现出原子化公民的幼稚和偏执。从社会整体意义上看，原子化公民的偏狭话语和价值并没有形成统一规范的政治合法性基础，而是带来了社会整体层面的合法性空洞。公共性价值和话语的缺失，急需社会层面的力量来弥补，然而传统的代议制民主、精英民主、多元民主等民意汇集模式面对原子化的大众显得无能为力。于是，构建的合法性和认同就产生了，晚期资本主义国家顺应了公民社会原子化的发展趋势，它们适时地运用科技等武器从经济、社会、文化等多个领域进行渗透，通过绩效交换的逻辑和价值工具的说服逻辑，无所不在地吸收着原子化大众的同意，最终构建了自身的合法性。从这个意义上说，晚期资本主义国家就像是有着无数面孔的"多面怪"，它能面对每一个原子化公民的特殊需要和利益，不再考虑公民整体意义上的价值和需要，只需用工具化的话语说服以及利益交换的把戏，就能将一个个原子化的公民"收服"，欺骗他们进行着规范的认同。从这个意义上说，晚期资本主义国家构建的认同，不仅是一种必然，还是一种必须。

二　绩效需要——急功近利的价值

科学技术时代人类的大发展主要体现在物质产品的极大丰富上。当今时代已经很难找到手工制作的产品，原初的制造意义上的"工匠精神"正在消失，取而代之的是标准化的巨量社会产品的生产过程。物质生活的无限丰富为原子化的公民社会奠定了经济基础，人们的生活消费开始面对无穷的选择，这些选择貌似给人以真正的自由，实际上则是用"物化"的逻辑改造了人类自身。五花八门的消费品包裹着的个人体现出无穷的排列组合，从这个意义上说，人们的个性体现也逐渐从内在的精神领域转移到了外在的物质领域，人自身的价值在这个意义上也从人性转向物性，成为可以衡量的外在标准。晚期资本主义社会的价值日益变得急功近利，俗不可耐。个人的价值完全在资本主义商业运作的逻辑中变成了金钱意义上的数字，不管是什么样的人，只要能够赚得利润，那就是伟大的人。价值的人文内涵和超验性被彻底解构了，原子化的公民进行政治评断所凭借的不再是自由、公正、平等的终极评价标准，而是金钱衡量的自由、金钱衡量的公正以及金钱意义上的平等，价值一方面没有了先验、终极和整体意义上的神圣性，另一方面变成了商业社会中数字计算的堂皇名义。计算的"理性"和功利充斥于价值的内涵，价值变得急功近利了。所有的尊重、名声和荣誉不过是金钱计量的数字而已，人已经无所谓自身人性意义上的表达。争取一切荣光的办法就是博取无尽的金钱，"实现美国梦"。与前现代社会不同的是，金钱主义在科学时代还体现出"专业性"的价值内涵。科学技术的繁荣发展，促使大量新兴行业诞生，每一个行业的内部分工也日益精细化。晚期资本主义各国的职业种类和数量都呈几何级数增长，在社会的边缘，五花八门的职业得以产生并获得了极大发展。专业性的世界对人进行了科学技术理性化的物性格式化。一方面，原子化的公民在各自的专业领域掌握着相应的专门技能；另一方面，这些技能也把原子化公民转化成福柯所说的专业化命令话语。专业表面上给了人以知识和力量，实质上则是把人变成了器物和工具。孔子在千年前就精辟地指出："君子不器"，人不能将自身局限于特定的用途和功能，否则人就失去了人性，变成"器"意义上的物品。在现代化生活中，科学技术下的分工带来了繁重、紧张的专业领域工作，在这种工作中，人必然将自己"变成某种符号"，日复一日的加班、专业领域的压力潜在地将人的价值按照功利意义上的标准格式化了：凡是适合市场需要的那就是好的，是无限伟大的，良心和品质在这种考量中都已经泯灭了。同时，市场中的消费者，也就是广大的原子化公民们，其难以满足、缺乏忍耐的消费逻辑把一切服务和商品都当成了金钱可以购买的快餐。麦当劳、肯德基的逻辑贯穿到了众多的商业领域，不管是否有营养，只要迅速、能吃饱就是成功。快餐式消费逻辑使公民进一步原子化，使他们看待世界的眼光日益短浅，理解世界的逻辑日益浅显，认为世界"不过如此"而已。马斯洛意义上的高阶需要一层一层地在原子化的公民社会破灭了，个人剩下的只是一个急功近利地消费着的肉体，和偏狭极端的工具性价值外壳；商品世界留给人们的是人性的格式化与功利的价值空壳。传统公民社会中经孜孜阅读下积累的公民品质和涵养在科学的时代被解构了。公民的品质正如程颐论证其理学时所说的"涵养功夫"，是一种环境和知识下的感悟性存在。公民一方面有个体性的价值体系，另一方面也有公共性的价值体系。两种价值体系共同存在于公民的生活中，并行不悖地构成了公民的规范化政治评价标准。一个公民的价值，是不能用金钱和急功近利的标准来衡量的，你必须要接近他、闻听他、与他交谈甚至一起生活，才能感受到"整体"意义上公民价值的存在。换句话说，在经典公民社会，一个公民的人格，就是整体公民社会的品质。"窥一斑而知全貌"，看一个公民就可以感知共同体的精神，因为公民的价值是终极的、整体意义上的信条，公民的精神和血脉与共同体的生命息息相关。在科学的时代，公民的品质和价值变成了一种鸵鸟式的逻辑，"只要我自己（或者我身边的少数人）过得好，不管世界如何"，这颇有暴君路易十四死前的名言："哪管身后洪水滔天"的神韵。极度自私的计算日益深入人心，原子化的公民的规范评断变成了一种急功近利的心态。在这种心态的影响下，晚期资本主义国家就面对了这样一种必要性和可能——通过满足大众的各种需要来获得合法性。这就是李普塞特所谓的"绩效性"合法性的来源。从理论上说，"绩效性"的合法性是用功能意义上的好处"贿赂"公民，从而获得公民规范意义上的认同。这种合法性的方式本质上并不"规范"，事实上是一种赤裸裸的收买和建构。试想如果有一个极其富有的人，他有无尽的财富可以向社会提供源源不断的高质量公共品，那么这个人在"绩效性"的逻辑下就可以理所应当地变成统治者了。显然，这是荒唐的逻辑，但是在晚期资本主义社会，这种通过绩效的满足来换取原子化公民的认同是其主要的合法性渠道。从这个意义上说，资本主义的民主制度从道德意义上已经"礼崩乐坏"了，因为公民的规范性同意变得可以收买。

从另一个角度来说，"绩效性"的手段可以满足原子化结构的公民社会，是科学技术为资本主义当局提供的强大物质工具决定的。科学技术和信息时代的无尽发明为资本主义国家控制社会提供了强大的武器。政治系统日益武装起高科技的工具、知识和人员，形成了极大的适变性和包容性。无论原子化公民的个别需求有多么独特，政治系统都能够有效地提供绩效性的输出产品来满足他们，然后用这种满足来换取公民的认同。需要注意的是，这种需要的满足包含两个层面。一方面是无尽信息的释放。在晚期资本主义社会，当局改变了以往的信息管理和压制的做法，它们放开了信息的门禁，网络、手机、图书和报纸传播了巨量的信息，在这一信息的海洋中，个体的公民根本不可能于其中得到完整的真实知识。但客观的信息爆炸，迫使原子化的公民必须在信息的海洋中进行信息挖掘（data mining）。从这个意义上说，虽然原子化的公民确实在自由地享用着信息，但信息海洋将真相掩盖了起来，把他们变成了偏狭关键词的奴隶。另一方面，是科学时代社会层面的结构化物质控制。科学时代的技术和生产能力形成了一种自然生发的"利维坦"，这只怪物从各个方向上向原子化的公民进行进攻。它所运用的武器不再只是物质上的产品，甚至包括了物化意义上的人自身。金钱堆砌出来的朋友关系，无处不在的性隐喻，使得人的需要被全方位满足了。在这个意义上，原子化的公民获得了极高水平的物质满足。晚期资本主义国家利用这种趋势，将自身的统治动机转化为潜在的社会结构，以绩效性的方式来满足急功近利的原子化公民，运用科技和市场的灵敏触角来洞察原子化公民的需要，进而通过满足这些需要来获得合法性，甚至在某些方面直接虚构公民的需要，令公民不能离开这些需要从而最终获得构建的认同。

三　民主失灵——代议制对原子化公民的无力

晚期资本主义社会中的代议民主制度普遍呈现出衰败趋势。对这个问题，西方学术界进行了广泛的思考，比较具有代表性的是乔舒亚·柯兰齐克的《撤退中的民主：中产阶级的反抗和代议制政府在世界范围内的衰退》，该书用大量的事实和理论支持了代议制衰退的观点。根据美国全球自由程度研究组织"自由之家"的调查数据，时至今日，西方世界的"自由程度"已经连续多年下滑。在晚期资本主义发达国家之外，研究全球民主发展的专业团体"贝塔斯曼基金会"宣称，从世界范围来看，发展中国家的新兴民主制度处于更加衰退的状态。虽然 20 世纪 90 年代以来，政治"自由化"蓬勃发展于亚非拉美国家，"西方式代议制民主"达到了一个发展的小高潮，很多落后地区和国家都标榜"民主"，"政治自由"在全球范围内得到发展。然而时至今日，在整个第三世界，"民主制度的总体质量已经恶化"；而放眼全球，"有缺陷的"和"存在严重缺陷的民主政体"的数量高达 52 个，这些政体的制度、选举和政治文化普遍存在缺陷。①

从理论上说，晚期资本主义发达国家的代议制衰退和第三世界民主建立过程中的倒退是社会原子化和政治反社会化的严重恶果。科学技术的发展下，社会原有的经济基础和社会基础受到了冲击，社会传统价值在解构浪潮下被多元化、分散化了，缺乏整合民意的能力成为代议制民主的重大问题。在晚期资本主义国家，由于已然有运行了上百年的资产阶级代议制，其原子化社会结构的表现就是原有的代议制制度不能适应极度多元化的社会价值，很难让原子化的公民融入政治共同体。大面积的政治冷漠、极端主义和民粹主义，这一价值原子化的态势使得代议制民主的原有逻辑遭到了挑战，原有按照公民居住区域和行业划分的代议制基础受到了挑战。科学技术发展之下，市场中众多的传统行业解体了，它们进一步细化成为更加细碎的社会分工，人们的地区分布更加分散。在美国，无论是总统大选，还是议会选举，抑或是各州选举，统计选民本身都已经变得十分困难，美国一些州的选民证件法（voter ID laws）中的各种规定不符合选民的实际情况就是明证。代议制制度的自身规定，很难满足原子化公民星罗

---

① 参见《求是》2017 年第 17 期，第 55～57 页。

棋布的价值特点和生活状态，这导致了选举中的长期、大面积投票率低下。在选民眼中，很多问题是不能通过投票解决的，因为民主选举不过是一种"僵局"，民主政治制度的失灵状态令选民失望。两党的政治策略和方针在大方向上几乎完全一致，对很多选民来说，投票的有效性预期已经下降到十分严重的程度了。原子化的公民各自生活在自身的独立领域中，他们或是因为工作的繁忙，或是因为对现实的失望和鄙夷而表现出了对政治的冷漠。这种冷漠背后，是公民价值的分裂和群体性的衰退。公民们被现代性的因素间隔，他们不再像以前那样经常聚集了，群体性的交流变得越来越少了。表面上，科技武装的现代化生活仿佛加强了人们的联络，然而如果不是面对面意义上的群体性交流，政治意义上的人性需要是很难通过电话、聊天工具等技术手段展现出来的。

西方学界关于"民主失灵"的研究由来已久，但是因为种种原因，"民主失灵"的经济学论说并没有分析到问题的实质——原子化的公民社会形态。现代性之下，人们的生活状态决定了群体政治生活的衰退，无论是古希腊的直接民主还是现代的代议制民主，其社会基础和群众基础都是经常发生的群体性政治生活。社会分工的极度发展和价值的碎裂化令代议制民主逐步丧失了现实的经济基础和群众基础。唐斯在论证"理性的无知"（rational ignorance）时指出，"假如他（选民——作者按）准备施加任何影响的话，他必须把他的干预限制在干预收益最大而信息成本最小的领域内"。[①] 当选民的信息成本很高，而收益又很低的时候，理性的人就会选择不去获得信息。唐斯分析了"民主失灵"的现象，却没有关注到代议制民主失灵的原因——原子化的公民社会形态。原子化社会的公民需求日益变成了有着各自利益取向的小众需求，这种需求很难被代议制民主汇集起来，原有的公民社团群体的整合能力也跟不上日益差异化的公民个性，这使得民主制度意见汇集对维护选民的利益作用极其微小。既然民主的选择与选民个体利益关系不大，那么他们自然会选择麻木和冷漠。与此同时，晚期资本主义国家普遍信奉信息社会的"自由主义"，放任天文数字般的信息充斥于书报、网络、手机等社会生活的方方面面，信息海洋中的公民耳聋目盲，他们根本无法发现关乎自身利益的有效信息，使用信息的成本变得异常巨大。在成本巨大而民主制收益小的情况下，"民主失灵"

---

① 〔美〕安东尼·唐斯：《民主的经济理论》，上海世纪出版集团，2005，第235页。

的情况就必然出现了。所以,代议制民主失效的根本原因在于原子化形态的公民社会。公民自身对个体性的过度强调,导致其公共性的缺乏。而代议制民主没有适应科学技术时代的社会形态变化,上层建筑脱离了经济基础的现实,社会意识落后于社会存在的发展。

民主失灵的长期存在,使得晚期资本主义国家必然采取介入的方式来拯救已经名存实亡的"公共性"。既然无法通过既有的代议制民主的渠道获取规范意义上的合法性,那就通过人为的构建来影响大众,说服诸多孤立存在的原子化公民,让他们进行规范的认同。公民社会原子化下的民主失灵,为构建的认同提供了必要性;而公民自身极端个体性下公共性的缺乏,则为构建的认同提供了必然性。

第三章　必要而必然的构建

——价值、绩效与惩戒

第一节　权威合法性的基础研究述评

所谓合法性的基础，就是政治权威获得服从的具体化表现。关于政治权威的合法性基础，众多学者进行了丰富多彩的论证。这些论证要么基于规范分析范式，主要对合法性的规范性来源进行分析；要么基于经验分析范式，主要对合法性的现实性基础进行论证。这些观点，贯穿于本书第一章所介绍的各种论点流派的演变过程中，对人们了解权威、认识权威的合法性基础，起到了重要的理论指导作用。

一　道德与同意

对于权力合法性来源于道德的观点，本书第一章关于自然法学说介绍中，有比较深入的陈述，所以这里不再赘述，只做简要概括。如中国的儒家学说中，孔子的"仁"、孟子的"义"，都是一种认为合法性是建立于道德基础上的权力学说。另外，亚里士多德、孟德斯鸠等思想家在论证政体形式时，也表达了道德对于维持一种政体健康运行的重要意义。孟德斯鸠认为对于君主政体来说，最重要的德性是荣誉；对于专制政体来说，最重要的德性是恐惧；对于共和政体来说，德性主要是节俭。孟德斯鸠认为如果没有注意到这些德性，那么政体很可能就会腐化。[①] 道德的学说与自然法紧密相关，很多宗教的权威合法性论证也是围绕着道德展开的。

对于权力合法性来源于同意的观点，本书第一章对契约论和权利论的概述中已有详细讨论，在此也不再赘述。

---

① 参见〔法〕孟德斯鸠《论法的精神》（上册），商务印书馆，2005，第114~153页。

二 韦伯的三类型：传统、个人魅力与理性

随着人类看到启蒙运动带来的理性曙光，权威合法性论说中道德观念的主体地位逐步被科学的分析替代，在这个过程中，合法性的规范性分析没有消亡，利用规范与经验的两种范式，近现代乃至当代的政治学思想家们也对权威的合法性基础进行了分析。

在这些理性主义的论说中，最为著名的就是韦伯的分析。近代政治合法性分类学说的开山者是马克斯·韦伯的三类型说。他将合法性的来源划分为"传统的性质、魅力的性质和合理的性质"① 三种。传统的权威就是建立在传统因素如血缘、继承等因素上的合法性；魅力型的权威是建立在领导者个人的超凡魅力和影响力之上的合法性。韦伯认为这两种合法性都不是科学意义上的正当权威，唯有近代社会才开启了法理型权威的先河，通过法治的实施和理性的说服从而建立的合法性才是进步、理性的权威。② 可见，韦伯的合法性学说有一个内在的二分法，那就是传统型与魅力型的合法性并不是理性的合法性，而具有合理性质来源的权威合法性才具备了一种理性、进步的内涵。韦伯的思想影响深远，后来的学者们在韦伯思维进路的基础上，对这几种权威进行了众多的分析。

社会学的结构功能主义沿着韦伯开创的道路，也对政治权威合法性的基础进行了分析。这些观点中比较有代表性的是帕森斯与卢曼的理论。

三 帕森斯的四标准：价值、责任、情景与惩罚

帕森斯认为，"就像任何其他制度的情况一样，权威的模式被界定是根据四个标准：（1）以社会一般价值为依据的合法；（2）适用于角色的或集体的系统的地位；（3）权威者被期望面临的情景类型；（4）制裁，一方面是权威转让，另一方面是在与他们的行动有关的其他人中产生"。③ 帕森斯认为在一个社会系统中，权威的来源离不开上述四个方面的界定。简而言之，这四个方面可以分别理解为价值、角色（或是责任④）、情景以及惩

① 〔德〕马克斯·韦伯：《经济与社会》（上册），商务印书馆，2006，第241页。
② 参见〔德〕马克斯·韦伯《经济与社会》（上册），商务印书馆，2006，第238~242页。
③ 〔美〕T. 帕森斯：《现代社会的结构与过程》，光明日报出版社，1988，第152~153页。
④ 帕森斯认为"适用于角色的或集体的系统的地位"是"领导的责任是要求权威作为履行责任的条件的焦点"，参见〔美〕T. 帕森斯《现代社会的结构与过程》，光明日报出版社，1988，第153页。

戒。在帕森斯的眼中，合法性就是权威主体在一定角色的责任下，面对特定情境，运用一定的价值判断标准，对一定的事物进行惩戒而产生的。帕森斯的"四因素说"是在其结构功能主义范式的基础上进行的，具有一定的科学性。但是，他的论证只看到了权威惩戒的一面，忽略了权威绩效的意义。

四　卢曼的三因素：传统、声誉与领导

卢曼将帕森斯的"传播媒介"概念进一步在政治系统中定义为"权力代码"。卢曼重新定义了权力，他认为在现代社会中，由于社会普遍的分化和人们价值观念的中立化，权力现象不再是一种单向度的力量意义上的事物，而是一种结构意义上的服从。在公民普遍价值中立（政治冷漠）的条件下，政治权威很难继续按照过去的方式进行价值灌输，必须要改弦更张。例如给公民三种选择，但政治系统潜在地为其中两种选择设置困难或者障碍使之不能实现，这样公民就只能选择那唯一的路径。在这种结构性权力中，政治系统不是命令公民去服从，而是给公民选择的余地，但是同时又限制其中的多数选择，最终间接地达成了公民的服从（具体请见第一章中关于卢曼的分析）。

卢曼认为，权力代码在形成权威合法性的过程中，具有三个维度的基础。权威是一种权力代码作用的普遍化，"自我之所以接受影响，因为其他人也接受它"。[1] 这种普遍化的动机就是社会对权力服从的基础。为了达成这种服从，权威的基础主要有三个方面："为了标明这些类型的普遍化，我们将把时间方面普遍化的影响称为传统，实事方面的普遍化称为声誉，而社会方面的普遍化称为领导。虽然传统、声誉和领导在方向上可能不同，但它们为接受影响提供了完全可兼容的动机。"[2] 可见，卢曼论域中的权威基础有传统、声誉和领导三个维度。

具体说来，"传统通过先前行动在机会分化的基础上产生。如果有影响力的交往，由于不管什么原因，一直是成功的，那么就产生强化这种机会的期待，助长新的尝试，而使否定变得比较困难"。传统是一种社会的风尚和习惯因素，这种因素直接促进了对权力的服从。在传统基础上，声

① 〔德〕卢曼：《权力》，世纪出版集团、上海人民出版社，2005，第81页。
② 〔德〕卢曼：《权力》，世纪出版集团、上海人民出版社，2005，第81~82页。

誉也起到了重要的作用："声誉的基础在于这种假定，即人们可能给出受影响行动的正确性理由。实事的影响普遍化也在于，与认知机制最紧密相联的普遍化的方向。"在这里，卢曼将帕森斯的价值因素替换为一种声誉的效应。在价值中立化的社会中，具有流行性的声誉是人们做出行动的判断标准和前提，从理念上推动着人们对权威服从。最后，"领导的基础——这里我们召回群体理论研究成果——在于不断增长的追随意愿，这是由其他人也追随的经验刺激的；换言之，它以模仿为基础。因此，某人之所以接受影响，因为其他人也这样接受；而且后者之所以接受影响，因为前者也如此"。① 在这里，与其说卢曼所言的"领导"是一种治理模式，还不如说是一种治理和服从过程中的心理现象，是人们在选择过程中的一种从众的心理习惯。弗洛伊德也曾在《超越快乐的原则》中深刻地论证了人类喜欢重复事物的心理倾向。

从本质上说，卢曼的权威基础"三因素论"强调了政治系统的一种治理功能。在结构性的权力定义中，政治系统通过自身的治理活动，很大程度上构造了自身的权威合法性。政治系统一方面扩大着自身的影响，另一方面也运用着社会的功能，将其内化，为自身所用。面对社会的加剧分化，政治系统运用社会的分化功能为公民设定更多的选项，表面上看是赋予其自由的权利，实际上则是一种体制内的控制。"政治系统的自我肯定不是唯一的、长期的与通过较大社会存在的权力资源相关的政治问题；也有保持不同系统作为不同系统存在的职能专门化问题。"② 这样，在现当代的社会环境中，权力"在没有它生产条件重新发生的情况下，以简单化形式被再生产出来"。③ 从这个意义上说，价值的中立、社会的分化和权威合法性的巩固得到了统一。他认为政治系统"可以不再依赖合法之法的自主源泉了。像其他功能系统一样，政治也借助于自己的代码而自成一体、成为一个自我封闭的交往循环"。于是，"与承担合法律性之功能的法律系统一起，这样一个偶然的、从外指性变成自指性的政治系统完全从自身获得其合法化的资源。合法化的需要可以按家长主义的方式、从大型组织的复杂网络出发、经过一连串联系——从政府和反对派的对抗性博弈、各党派

---

① 〔德〕卢曼：《权力》，世纪出版集团、上海人民出版社，2005，第 82~83 页。
② 〔德〕卢曼：《权力》，世纪出版集团、上海人民出版社，2005，第 101 页。
③ 〔德〕卢曼：《权力》，世纪出版集团、上海人民出版社，2005，第 103 页。

之间的竞争、一直到选民公众的松懈组织——而得到满足"。① 哈贝马斯对他的这种观点不以为然，并运用大量笔墨对其进行了批评。但是不能否认，卢曼关注了政治权威合法性的治理层面，在结构急剧分化的现当代社会中，卢曼的创新观点是具有相当的现实意义的。

五　伊斯顿的三来源：意识形态、结构与个人品质

政治系统论的代表人物戴维·伊斯顿认为，政治系统的合法性来源有三个基础，那就是意识形态、结构和个人品质。在政治系统中，权威的合法性支持需要上述三种条件的综合作用才能实现。意识形态是"对典则有效度的道义上的信任"，它体现了"对当局者有效度的道义上的信任"。可以说，意识形态是一种基于政治系统有效性之上的道义认同。但只有这种认同还不够，政治系统还需要社会对自身的结构进行认同。这是一种"对结构和规范有效度的独立信仰"，本质上是"对结构的信仰导致了对当局的信仰"。这种结构性要素在现实中对应的是法律系统的权威。法律自身有其内在的有效性，公民对法律系统的服从也是一种对政治权威服从的认同来源。当然，在意识形态与结构之外，个人品质也是政治权威合法性的重要来源。这种来源是"对当局者有效度的信仰导致对当局者本人的信仰"，是一种"因当局者的个人品质而对当局者有效度的独立的信仰"。②

对于政治系统而言，典则是一种"运作价值"③ 意义上的价值标准，在这种价值标准的基础上，政治系统在精神层面上建立了权威。作为法律的规则体系，其结构具有一定的稳定性，伊斯顿强调"在美国就有一种特别强烈的情感，反对在任何重要的结构或规范意义上篡改宪法"。如果一定的结构能够决定当局"合法地掌握和使用权力"，④ 那么结构本身就具备一定的有效性，从而也为政治系统赢得了服从。至于个人品质，伊斯顿认为这种来源要比韦伯的"超凡魅力"含义丰富。它是一种"更为广泛的领袖现象，并且包括韦伯的概念"。⑤ 伊斯顿眼中的权威合法性基础是与政治

---

① 〔德〕哈贝马斯：《在事实与规范之间——关于法律和民主治国的商谈理论》，生活·读书·新知三联书店，2011，第 424 页。
② 〔美〕戴维·伊斯顿：《政治生活的系统分析》，华夏出版社，1999，第 347 页。
③ 〔美〕戴维·伊斯顿：《政治生活的系统分析》，华夏出版社，1999，第 348 页。
④ 〔美〕戴维·伊斯顿：《政治生活的系统分析》，华夏出版社，1999，第 361 页。
⑤ 〔美〕戴维·伊斯顿：《政治生活的系统分析》，华夏出版社，1999，第 3 页。

系统论密切相关的，无论是意识形态、结构还是个人品质，其目的都是指向政治系统自身的合法性。伊斯顿的贡献在于分清了意识形态与作为法律的结构之间的区别。在现当代社会法律日新月异的情况下，对于权威来说，意识形态与法律是两种截然不同的合法性来源。

六 利普塞特的绩效性观点

利普塞特认为一个国家的权威合法性与其有效性密切相关。这种有效性是政治权力在现实中的一种绩效表达，也称为绩效性。他指出："有效性指实际的政绩，即该制度在大多数人民及势力集团如大商业或军队眼中能满足政府基本功能的程度。合法性涉及该制度产生并保持现存政治机构最符合社会需要的这种信念的能力。"[1] 这种绩效性实际上就是一种现实的作用，是一种对社会需求的满足。"一再地或长时期地缺乏有效性，将危及合法制度的稳定"。[2] 在利普塞特眼中，有效性直接决定了一个国家权威合法性的程度和水平，是合法性的最重要方面。为了分析有效性在形成权力合法性过程中的重要作用，他分析了四类国家：A. 有效性与合法性程度都高的国家；B. 有效性程度低但是合法性程度高的国家；C. 有效性程度高但是合法性程度低的国家；D. 有效性与合法性程度均低的国家。[3] 他对这四类国家进行了对比，分析了合法性与有效性之间的关系。利普塞特的分析侧重于有效性对合法性的作用，对政治权威合法性的分析具有重大贡献。从现实来看，他的分析也是具有实际意义的，如可用以分析泰国 20 世纪后期的动荡、拉美国家的政局不稳等。

七 国内一些学者的观点

近年来，国内关于政治合法性基础的研究也逐渐丰富了起来。马宝成、周光辉、伍俊斌、王海洲、郭晓东等人都提出了各自关于政治合法性基础的观点。马宝成在其北京大学博士学位论文《论政治权力的合法性基础》中分析了政治合法性的三种基础，那就是意识形态、规则与有效性；周光辉在其吉林大学博士学位论文《论公共权力的合法性》中分析了两种不同类型的合法性：理性服从的合法性与盲目服从的合法性；王海洲在其

---

① 〔美〕利普塞特：《政治人——政治的社会基础》，商务印书馆，1993，第 53 页。
② 〔美〕利普塞特：《政治人——政治的社会基础》，商务印书馆，1993，第 56 页。
③ 参见〔美〕利普塞特《政治人——政治的社会基础》，商务印书馆，1993，第 56~58 页。

专著《合法性的争夺——政治记忆的多重刻写》一书中，分析了政治合法性的规则基础、法律基础与民意基础；伍俊斌在《论政治权力的构成要素》一文中，将政治权力合法性基础归纳为法律规范、意识形态、治理绩效与认同机制四个方面；郭晓东在其吉林大学博士学位论文《西方政治合法性理论研究》中提出合法性应该基于各国不同民情价值构建的观点也非常具有启发意义。

八 研究动态

近年来，西方学界关于权威与合法性基础的著作繁多，而国内的相关研究还处于刚刚开始的阶段。这些国外学者的著作大多数还尚未被翻译成中文，笔者通过网络学术文库等方式阅读了相关文献，在这里也作一研究动态的总结。这些著作大体上可分为两类：一类是纯粹的理论研究，这些研究基本上也是遵循着规范分析或者经验分析两条基本路径进行论述的；另一类是关于合法性的案例研究，如黎巴嫩国家合法性研究、叙利亚的合法性研究、非洲国家或者部落的研究等。作为研究动态，本节单就第一类的文献做一简要介绍。

这些著作中按照规范分析范式进行研究的代表有：艾伦·布坎南（Allen Buchanan）的《正义、合法性与自主决定》（*Justice Legitimacy and Self-Determination*）、罗纳德·柯亨（Ronald Cohen）的《国家形成与政治合法性》（*State Formation and Political Legitimacy*）、卡尔·施密特（Carl Schmitt）的《合法律性与合法性》（*Legality and Legitimacy*）、布鲁斯·吉利（Bruce Gilley）的《统治的权利：国家如何取得和丧失合法性》（*The Right to Rule：How States Win and Lose Legitimacy*），等等。

按照经验分析范式进行研究的代表有：阿桑纳西奥斯·莫拉卡斯（Athanasios Moulakis）的《合法性》（*Legitimacy*）、皮埃尔·罗桑瓦隆（Pierre Rosanvallon）的《民主合法性：无偏性、反身性、相似性》（*Democratic Legitimacy：Impartiality，Reflexivity，Proximity*）、罗德尼·巴克（Rodney Barker）的《政治合法性与国家》（*Political Legitimacy and the State*），等等。

总体上看，目前西方学界关于合法性与权威问题的论证，无论是在文献的数量、观点的成熟度还是在讨论频度等方面，规范分析范式都略占上风。这可能与20世纪70年代以来罗尔斯发表《正义论》所标志的规范分析回潮有关。在这些著作中，科罗拉多大学教授阿桑纳西奥斯·莫拉卡斯的《合法性》一书的观点与本书的辩证观点接近，只不过他并没有明确地运用"辩证的"（dialectical）这个词语，虽然总体上他的作品也是按照经验分析的范式来进行分析的，但是他的著作多少也带有一种走中间路线的尝试。

在总结学界已有观点的基础上，本书从工具性价值、诱导式绩效与隐含性惩戒三个方面对构建的认同进行分析。在现当代社会，价值作为一种古老的精神目标和评判标准，已经被科学彻底格式化，从传统和宗教的经济基础和社会基础的瓦解，到"科学主义"的教条灌输，现代性取代了传统性，整体认同意义上的价值已经被碎片化了。从价值的社会基础来看，传统社会的村民情景和市民情景已经被原子化的社会分工打破，每个人都在自己的孤岛上生活，技术的牢笼将传统的价值内涵在个人层面删除。从宏观层面看，由于有影响意义上的群体利益联合已经变得越来越不可能，价值在社会中被碎片化了。总之，价值再也不是人类崇高的追求目标，它已然被彻底抽去筋骨和精神，成为资本主义政治统治的口号和工具。

绩效作为一种规范同意的来源，代表着政治合法性的现实层面。作为"你需要，我满足你，故而选举我"的逻辑的体现，绩效是政治主体统合自身政治利益和大众的经济社会利益的利器，通过绩效性的满足，统治与被统治之间被画上了规范性同意的等号。在晚期资本主义社会，科学笼罩下的绩效性满足，已然失去了往日满足大众需求的实质价值意义。"为了满足而满足"的构建性做法普遍存在于资本主义统治的骗术之中。诱导式绩效不是从社会大众的真实需要出发，而是从统治者的利益出发，运用科学技术在媒体、市场、社会等领域的统合威力，制造出种种虚幻的需要，然后再用这种需要来号召群众，以满足这种需要来说服群众进行规范性服从。应当注意的是，这种诱导式绩效一般来说也和大众的某种需要相关，但是这种需要是一种"障眼法"意义上的需要。通过强调、夸大某种非核心的需要从而掩盖阶级剥削的本质，通过创造一个新的议题转移大众的视线，规避真正的社会矛盾，这就是资本主义国家政治运作过程中诱导式绩效的本质。

在晚期资本主义社会，统治者的惩戒手段变得更加隐蔽而多样。军队、警察、催泪弹式的旧式暴力已经成为最后的不得已而为之的惩戒办法。在"大数据"流行的时代，利用科学技术的强大统合力量，统治者可以运用各种信息技术和科技装备，监控大众的种种举动，对人们的同意水平进行监测，对特定话题和关注进行有的放矢的引导、压制与惩戒。不仅如此，这种压制和惩戒甚至还可以以通过媒体而表达的中立而又温和的说服方式出现。最高明的惩戒不具备"惩戒"的外观形式，甚至令人无从察觉。统治者通过社会经济、法律、政治等方面的宏观结构性设计，从整体上对社会大众进行固化和压制，让大众从出生、教育到工作、家庭的各个领域都有固定的模式可以遵循，周而复始地重复他们的生活模式。这种整体意义上的惩戒和压制简直堪称统治的艺术了。

第二节 "空壳"价值的说服

从传统的视角来说，所谓权威合法性的价值基础，是指权威所代表的价值取向。在对某种价值取向的认同之下，人们服从特定的公共权威，公共权力在此过程中获得了自身的政治合法性。一般来说，合法性的价值基础是以法律、意识形态、传统等规范的语言修辞形式表达的。如让·夸克所说："任何价值都包含规范意义的范畴。当其中某一价值被赋予某种行为或是某个目标时，对于那些赞同这一价值的人来说，它就成为了一种评价的标准，因而应该对其而采取行动。"[①] 规范的政治合法性的价值基础正是这样一种存在，它体现了一种"应然"意义上的服从价值。"我服从，是因为公共权力具有正当性的理据"，这就是政治合法性价值基础的内在逻辑。在价值基础之中，意识形态具有政治意义上的灌输性与说服性，法律具有"共同意志"和公共价值意义上的规范性与固定性，而传统作为一种道德规范，也成为公共权力借以论证自身合法性的重要依据。

在现当代"科学主义"的解构大潮中，价值逐渐被抽去其目标意义上的内涵。资本主义社会的价值不再具有启蒙时代的深厚人文基础，价值本身被掏空了。为了政治统治目标的达成，资本主义意识形态再也不是作为价值的借用者而出现，它开始主动地改造价值，甚至创造新的词语来标榜某种"价值"。为了能说服大众内心的同意，哪怕是一种无意义的、没有现实内涵的同意，意识形态也不惜对"价值"加以过度装扮。传统意义上的价值成为无源之水、无本之木。自然经济和市民经济逐步被全球一体化

---

① 〔法〕让·夸克：《合法性与政治》，中央编译出版社，2002，第22页。

的经济模式代替，传统的社会存在被科学和市场的发展击碎，传统的价值实质只残存于逝去一代人的头脑中。在解构的历史进程中，传统的乡村惆怅、市民情结都随风而逝。另外，法律变成了技术化的工具，从古罗马法律思想到近代法学的复兴，再到功利主义法学和分析主义法学，法律所依赖的人文基础和价值基础已经十分脆弱，法律本身已经沦为资产阶级统治社会的工具。它不再反映任何有意义的利益和内容，而只是一个形式秩序的守护者。

下面，就分别对这三种工具性价值的形态进行分析。

一 意识形态装扮的价值

意识形态一词最早出现于法国思想家德·特拉西的著作《意识形态原理》中。这个词语在作者的眼中指的是社会群体之间偏执成见的根源的系统化，是一种所谓"观念的科学"。这种"观念的科学"期待对自身进行科学化论证，并试图以自身的"科学性"与其他群体的"非科学"相比，对他人进行批判。当拿破仑皇帝发现这个词语所代表的政治主张"反对他的帝国野心，从而轻蔑的称这些人为'意识形态主义者'时，现代的意识形态观便诞生了"。[1] 可见，意识形态一词从其诞生之日起，就具有了一定愤世嫉俗的批判意味。关于意识形态的概念，学术界可谓论点颇多。特里·伊格尔顿对目前西方理论学术著作中通用的意识形态概念进行了统计，发现对意识形态所下的定义至少有十多种，诸如从符号和代表意义上来定义意识形态，认为意识形态是社会价值的生产过程，或是认为意识形态与社会阶层相关，是表达阶级意识与思想的主要工具与媒介，以及意识形态是语言与政治权力的混合[2]，等等，不一而足。意识形态这个词语的科学含义，最终还是在马克思主义的视野里得以实现。意识形态是与一定的阶级、历史和现实紧密相关的。所谓意识形态，是指一定历史条件下，政治集团基于其特定利益而对政治事物构建的一系列观点、态度、取向与方法的价值体系。在阶级社会中，意识形态以统治集团的价值取向为核心，以实现政治权威的合法性为目的。

对于这个概念我们要注意把握两个要点。

---

① 〔德〕卡尔·曼海姆：《意识形态与乌托邦》，商务印书馆，2000，第73~74页。
② 参见孟登迎《意识形态与主体建构》，中国社会科学出版社，2002，第78页。

第一，意识形态作为一种构建的价值体系，集中反映了统治集团的利益取向。这一点是意识形态的本质特征。在马克思主义的视野中，意识形态的本质是一种阶级利益基础上的价值取向。所有的社会集团都会从文化传统的价值库中汲取营养，具备某种形式的意识形态。如葛兰西所说："所有社会集团，既产生于历来经济生产基础之上，也就同时有机地给自己造成一个或几个知识界阶层，这种阶层使知识界不仅在经济上，而且也在社会政治领域具有其自身作用的同一性和意识。"① 不仅如此，在阶级社会中，统治集团的意识形态是为了对社会进行精神统治而制造的价值武器。统治集团不仅在经济上占据了统治的地位，在精神层次他们也要建立霸权。现代社会中，借助科学技术的强大力量，资产阶级统治集团通过将自己的意识形态灌输给大众，向社会表达什么是好、什么是坏的价值选择程式。通过这样的程式，潜移默化地将社会大众的心理格式化，引导、说服甚至潜在地塑造着社会大众对其权威的认同。可见，意识形态是统治集团用以提高其合法性的重要价值观念工具，其核心是统治集团利益基础上的价值取向，其目的是现实服从基础上的权威合法性。

第二，意识形态以说服大众进行规范的社会服从为目标。为了达成这种目标，意识形态需要对价值进行选择、重构和解读。在这个意义上，意识形态必须有一定形式的现实话语力量作为依托。社会存在决定社会意识，意识形态自身体系再完美、理论再完备，也不过是纸面上的文字，要转化为社会对权威的现实服从，还需要依靠必要的媒介。否则对于志在控御社会的统治集团来说，意识形态的价值说教就只能是一种"纸上谈兵"，没有现实的意义。阿尔都塞将统治阶级意识形态的影响称为"意识形态国家机器"，他将意识形态的国家机器与镇压性质的国家机器区分开来，认为"第一点，很明显（镇压性）国家机器只有一个，而意识形态国家机器却有许多……第二点，很明显，统一的（镇压性）国家机器完全属于公共领域；与之相反，绝大部分的意识形态国家机器（它们显然是分散的）是私人领域的组成部分"。② 在这里，阿尔都塞清晰地将价值性的意识形态与意识形态在媒介表达过程中的实现进行了划分：构建的意识形态本身是一种价值与利益取向，是停留在人们精神层次的信念，这种信念能否在现实

---

① 〔意〕葛兰西：《狱中札记》，人民出版社，1983，第418页。
② 〔法〕阿尔都塞：《哲学与政治》，吉林人民出版社，2004，第336页。

中转化为普遍的服从，则是另外一个问题。要将构建的意识形态变成社会对国家权威的服从，还必须有媒介性的"意识形态国家机器"发挥作用。通过"意识形态国家机器"在社会、文化、经济、教育、家庭与传统等多个领域对统治集团价值进行传播和灌输，意识形态才成为令人们在现实中服从的认同观念。唯有如此，构建的价值才变成了构建的认同，统治者的观念才转化为被统治者的行动，统治集团意识形态的目的也才得以最终实现。

那么，概念分析过后，人们不禁要问，意识形态在构建过程中具有哪些特征呢？如上文论述，资本主义国家的统治集团运用其强大的科技和媒体力量，悄无声息地将其解读的价值通过多种结构模式注入社会的角落和方面，最终使社会大众变成"构建的服从"下的顺民，这样，统治集团的合法性与权威在精神层次上就得以建成。在这种无形的社会价值流动过程中，统治集团的意识形态具有如下特征。

（一）历史的继承与解构

意识形态作为社会意识的一种，是在特定的、具体的历史条件中动态产生、发展和消亡的。这种动态历史性就决定了意识形态的构建性本质：任何意识形态都是基于物质生活的现实而产生的价值构建体系，这种体系随着社会历史的变化而变迁。马克思曾论证了这种本质："从直接生活的物质生产出发阐述现实的生产过程，把同这种生产方式相联系的、它所产生的交往形式即各个不同阶段上的市民社会理解为整个历史的基础，从市民社会作为国家的活动描述市民社会，同时从市民社会出发阐明意识的所有各种不同理论的产物和形式，如宗教、哲学、道德等等，而且追溯它们产生的过程。"① 可以说，每一种意识形态都不能脱离它所在的特定历史条件和背景。只有在特定的历史条件和背景下，通过结合实际的论说和证明活动，建构的意识形态才可能是生动的、灵活的、具有实际效果的。卡尔·曼海姆也指出："一定的观点和一定的一组概念由于与某种社会现实紧密相关并产生于这一事实，便能够通过与这一现实的密切联系提供更多的揭示它们含义的机会。"② 没有一定的具体历史条件，意识形态的设计就

---

① 《马克思恩格斯选集》第一卷，人民出版社，1995，第92页。
② 〔德〕卡尔·曼海姆：《意识形态与乌托邦》，商务印书馆，2000，第82页。

只能是一种形而上学的空想。例如，正是在法国大革命的疾风暴雨中，革命党人整合各种传统价值和新兴价值，设立并论说了革命意识形态，从攻占巴士底狱到吉伦特派以及雅各宾派掌权，革命的思想形态也从最初的对平等与天赋权利价值的侧重，发展到中期的注重秩序与平衡的妥协，再到后期拥护和反对拿破仑帝制的各种思想，这些意识形态作为不同政治集团的价值表达，一直与法国的政治形势密切相关。"一战"之后，正是在魏玛德国政治经济的困境中，民族耻辱与生活窘迫的德国人民才受到了法西斯主义的蛊惑，偏重于民族和种族价值的意识形态占据了上风，最终推动纳粹上台。正是在战后以美国、苏联为首的东西方集团的政治军事竞逐过程中，美国社会才兴起了右翼极端主义的麦卡锡意识形态，极端的自由价值占据了上风，于是美国社会开始大范围地批判甚至是迫害无辜的左派人士。由此可见，一定的社会意识，必然是特定的历史条件的动态价值产品，它反映了当时当地，一定民族和国家基础上统治集团的主观利益需要和现实构建活动。

与历史的继承性相对，晚期资本主义社会的意识形态还表现出历史的解构性特点。尼采所宣称的"上帝死了"是一种对历史的解构性挑战。现代思想家德里达等也主张从各个角度对传统的"价值中心"进行分解。解构主义的思想方法在政治领域被资本主义国家借用。在反意义、反中心的思想浪潮中，正义、自由、人权等传统政治价值的人文内涵被删除了。在以科学技术为工具的现代性对传统的经济基础和社会基础进行格式化的进程中，资本主义国家充当了政治领域的"狮子"，对传统价值的巨龙进行了挑战。现当代资本主义意识形态对传统政治价值的"改造"主要体现为如下方面：首先，将价值"祛魅"。传统的政治价值，诸如正义、节制、勇敢、秩序等美德，是高高存在于超验的理念空间的。它们是人类最高精神原则的评判标尺，具有不容置疑的终极地位。现代科学将一切超验性的观念斥为"愚昧"，资本主义国家运用这种逻辑根除了大众对政治价值实在意义的信仰，将正义、民主、自由等价值拉入人间，正义、自由等价值从此之后不再高不可攀，而是变成了可以计算和衡量的物化标准。将"超验"的价值内容变成具有可操控性的"经验"，就是这种"祛魅"过程的实质。其次，将政治价值碎片化。随着政治价值由极高的理念世界降低到人间，它也在社会的层面上被碎片化了，以往整体意义上的价值评断标准变成了相对的、局部的、可以商讨的话语工具。如麦金太尔的论说，自由主义将传统的统一价值变成了只具备局部效应的话语外壳。统一的"应然"标准消失了，每一个个体都是绝对的价值主体，这貌似是一种绝对的自由，其实只不过是一种绝对的奴役。当个体缺乏整体意义上的评判标准时，其自身也必将陷入价值空虚的牢笼，在"自由"的名义下迷失，这就是当代资本主义大众精神世界的生存困境。他们不仅在客观世界被原子化为没有类意义上的内涵的孤岛住客，而且其在精神世界的统一信仰也被打碎了。在政治价值的"祛魅"和碎片化的解构趋势下，盲目"自由"而缺乏价值实质内容信仰的公民们给了资本主义国家以天赐良机。资本主义国家运用科学技术赋予的强大武器，按照自身的统治动机将服从的内容灌输进已然在精神和物质层面都原子化了的大众的头脑中，对他们进行着潜移默化的指令输入。

（二）批判建构性

意识形态从诞生的那天起，就被注入了批判的基因。所谓不破不立，没有批判，就没有建构。没有毁灭，也就没有创造。意识形态的构建性本质，决定了其必然以批判作为生存的武器。前文已述，意识形态一词，就是在法国革命过程中，拿破仑皇帝对反对自己的思想家们的称呼。虽然意识形态最初具有一定的贬义，但是其内涵中的批判意义是不言自明的。可以说，政治批判性是意识形态的生命力所在，没有批判，就没有意识形态的建构。在结构性控制下的认同中，意识形态之所以具有批判的本性，具有深刻的构建性原因。

首先，只有将对立的价值观念驳倒，精神的统治和霸权才能建构成立，这是由统治集团的利益本性决定的。我们知道，在某个特定的历史时期，一个社会上可能会有多种多样的集团利益，在此基础上可能会有多种多样的意识形态。如托克维尔所说："如果每个人都力图各自形成自己的观点，并独自沿着自己开辟的道路去寻求真理，则决不会有很多人肯团结在一个共同的信仰之下。"① 每种意识形态都有其内在的利益基础和价值取向，统治阶级要想取得精神领域的控制权，就必须对异己的价值观念进行批判和排斥，才能建立自身思想的权威，从而说服社会认同自身。《联邦党人文集》中联邦党人坚持建立美利坚联邦的论点，在其与反对派的思想

---

① 〔法〕托克维尔：《论美国的民主》（下卷），商务印书馆，2008，第524页。

进行论辩的长期性、曲折性和复杂性中我们就可以看出这一点（虽然当时的联邦党人也不一定是以获得权威为目的的，但客观上作为政治流派，其长期来看也确实如此）。大凡某种重要的历史转折时刻，往往都伴随着意识形态的批判。正是在意识形态的批判中，社会大众获得了某种建构的"共识"，相关的政治集团也收获了一定的权威合法性。如英国资产阶级革命之前的思想交锋、法国大革命之前启蒙运动中不同学派的论战，这些思想的交锋，都直接推动了意识形态在社会中的生长，最终推动了权威与合法性的变迁。

其次，通过批判性活动，阶级统治下的意识形态实现了对自身的扬弃，得到了进步与提升。卢卡奇认为："意识一方面表现为某种来自社会的和历史的状况的主观上被证明的东西，表现为可以理解的和必须理解的东西，因此表现为'正确的'意识，同时它又表现为某种客观上无视社会发展的东西，因此表现为'虚假的'意见。"① 某种特定政治集团的意识形态中既有符合社会历史实际的价值，也有不符合社会历史实际的价值，唯有经历批判性的反思过程，意识形态才能在自我对立统一的运动中推陈出新，不断生成关于国家治理的新想法、新观念和新思想。只有这样，政治统治所构建的价值系统才能历久弥新，不断适应新的社会形势，从而更好地实现维护国家权威的目标。卢卡奇认为，在资本主义社会之前，"阶级意识就其本质而言既不可能具有一种十分清晰的形式，也不可能有意识地对历史事件发生影响"，② 其主要原因就是缺乏对意识形态本身的辩证批判与扬弃的建构这一过程。当然，这种批判性的扬弃不能背离该政治集团的自身利益和基本价值取向，例如苏联 20 世纪 20 年代关于工业化道路的论战。20 世纪 20 年代中期，苏联经济面临的最大课题是如何把自身从一个执行新经济政策的落后农业国建设成为一个社会主义国家。围绕这个中心问题，当时苏联政界和经济学界提出了各种主张，并展开了激烈的争论。论战各方大致提出了三条不同的经济发展路线：第一条主张优先以农业发展为基础，以农业各项产业的发展作为重工业发展的前提；第二条主张在平衡协调中兼顾工业、农业的发展；第三条强调优先发展重工业，强调速

---

① 〔匈〕卢卡奇：《历史与阶级意识——关于马克思主义辩证法的研究》，商务印书馆，1996，第 104 页。
② 〔匈〕卢卡奇：《历史与阶级意识——关于马克思主义辩证法的研究》，商务印书馆，1996，第 109 页。

度，推动苏联在短时间内实现工业化。前两条路线的主要代表人物是被称为"右派"的布哈林、沙宁、利可夫和马列茨基等，最后一条路线的主要代表人物是被称为"左派"的普列奥布拉任斯基、托洛茨基、皮达可夫和斯米尔加。最后，第三条道路的理念在争论中取得了胜利，苏联在迅速工业化的道路上取得了很大的成就（当然也存在一定的问题）。综上可见，政治批判性是意识形态的重要内涵，正是在内在和外在的批判和自我批判过程中，意识形态进行了扬弃与发展，完成了自我体系的构建。

（三）功能调节性

所谓"君子之德风，小人之德草，草上之风必偃"①。意识形态也并不总是以一种批判的严肃面孔出现的。为了达到维护统治权威的合法性的目的，很多时候，意识形态的建设表现出一种温和的、说服性的功能调节性特点。功能调节性与政治批判性是意识形态生长过程中的两种不同面孔，在这两种不同的表达方式下，构建的意识形态最终达成了说服大众形成政治合法性的目标。

首先，意识形态的功能调节性面对的是改造社会大众的精神面，即通过借用旧的价值名义，甚至创造新的价值语词，构建意识形态自身的价值体系，最终"雄辩地"说服大众。葛兰西论证了这种功能调节的目的，所谓"建立新的知识界阶层的问题，归结起来，是要使某种程度上每人所具有的智力活动予以批判地改造，变更智力活动和神经-肌肉活动的比例关系，在新的水平上规定它们之间的平衡，而且要使神经-肌肉活动本身，成为新的和有目的的世界观的基础"②。社会的舆论与思想往往是一种复杂的动态过程，仅靠单一的批判途径，是无法达到对社会整体的思想观念进行把握和掌控的。萨托利描述了现代社会中舆论导向运动的复杂性："舆论以多阶梯方式向下流淌，就像瀑布被一系列水潭切断一样……每一层都透过竞争性的欲望和奖励——即使再没有其他因素——重新开启了舆论同相反的舆论的辩证关系。当然，我们实际上不应期望所有水潭中的湍流或竞争都达到其潜在可能的程度。同样，在每一空间或时间范围内，我们会发现各种势力和资源是不平衡的，它们不大可能相互抵消。不过随着时间

① 杨伯峻译注：《论语译注》，中华书局，1980，第129页。
② 〔意〕葛兰西：《狱中札记》，人民出版社，1983，第422页。

的推移，优势的钟摆就会摆动，越出不同层级的边缘，其综合效应决不会像任何一股势力所希望或设想的那样。"① 面对如此大规模、多层次的意见流动，如何掌控意识形态的统治地位是有巨大的难度的。批判手段虽然强而有力，能在关键的问题上起到提纲挈领的作用，但是终究因为力量有限而不能面面俱到。统治集团的意识形态只有将功能调节的温和面孔作为一种常态，通过开展意识形态价值观念的宣传、说教活动，才能在整个社会范围内对大众的心理和感触进行引导和说服，进而实现其在社会精神层面的统治。晚期资本主义世界中，国家并不是依靠主流思想和信息的灌输而说服公民社会服从的，而是顺应科学时代信息爆炸的趋势，扮演了信息调节者的角色。原子化的公民价值偏执而倔强，因此当局选择了被动引导的方式。一方面，巨量的信息本身增加了个体得知真相的难度。与其控制信息，不如放任信息的自然流动，打造"信息的利维坦"，让个人在信息的海洋中自由地窒息。对于资本主义国家来说，这是一种"无为而无不为"的极高策略。另一方面，碎裂的公民社会也催生了五花八门的多元评断。这些巨量的评断纷乱而复杂，本身就是信息爆炸的重要原因。通过让原子化的评断互相攻击而相互消耗，资本主义国家坐收渔翁之利，同样达到了"无为而无不为"的治理效果。在这些冷眼观"潮"的背后，当局也适时地对社会的思想形态进行引导，以四两拨千斤，达成了意识形态构建的事半功倍的效果。原子化公民的偏狭价值本身就是局部的、可以计量的俗化形态的价值，面对这些纷乱的思想，统治阶级只要稍加引导，资本主义的"物化"逻辑就可以占据上风了。

其次，政治集团内部在利益差别的基础上会内生出很多观念差别，为了统一思想和理念，集中集团的力量朝向同一目标，功能调节的作用就必不可少。批判的功能虽然强而有力，但是却有造成集团内部意见分裂的风险和可能。所以，通过发挥功能调节作用构造政治集团内部目标的一致性，也是意识形态必不可少的特性。如韦伯所说："政治团体的现代地位是建立在有关参加者之中广泛传播的、对一种特别威严的特殊信念所赋予的威望之上：即由它们所安排的共同体行为的合法性，也包含着而且恰恰是在这个意义上包含着包括支配生杀大权的有形的强制：与此相关的特殊

① 〔美〕乔·萨托利：《民主新论》，东方出版社，1998，第 105 页。

合法性的默契。"① 这种调节可以是一种普遍信念的传播，如宗教和为理想献身的热情，也可能是某个资深集团成员的温和而又有力的说服，还可能是某种利益的交换下的服从，比如运用地位和身份进行的交易，林林总总，方式多种多样。总之，政治集团存在一天，其内部的意识形态的自我调整就不能停息。像莫斯卡所说的，一种政治集团内部的"筛选过程"，是"有组织的领导核心及其用以号召大众或使他们对某种信仰或学说忠诚不渝的手段"。② 从这个意义上说，调节的过程也就是组织信仰凝聚的过程。在晚期资本主义世界，与公民社会的原子化形态不同，资本家的阶层日渐凝聚。垄断时期的资本主义已然发展出了少数工业领域的寡头集团，各个集团的资本家们都是同一生态圈的"精英联盟"的成员，这些联盟的纵横捭阖，比较赤裸地直接影响了资本主义国家的政治生活。在科学技术的时代，在工业垄断集团和金融垄断集团的基础上，日渐产生了新兴产业和领域的新贵资本家阶层。这些新老资本家垄断集团在统一的意识形态下联系日渐紧密，形成了晚期资本主义社会的统治阶级。大众的诉求总是多元而分散的，很容易被分而治之，各个击破。然而资本家集团的诉求却相对统一，那就是利润。科学改变生活、技术推动人类进步的"情怀"掩盖着资本逐利的贪婪本质。衣冠楚楚的新贵资本家阶层时尚而新锐，精力充沛而令人"崇敬"，他们以科学技术为武器，用"理性"的绝对权威来掩盖自身的物性本质，创造了有力而隐秘的意识形态。晚期资本主义社会中，大众的原子化和资本家的凝聚化形成了截然相反的发展态势。这种对比鲜明的阶层结构进一步加速了公民社会的原子化进程，新兴科技产业以技术的优势和话语进一步对整个社会进行着解构，大众不仅在物质上享用着新科技带来的成果，而且在精神世界也日益成为新贵资本家科技意识形态的奴隶。苹果手机的魅力是无法抗拒的，甚至有人会贩卖自身的器官来购买它，华丽的曲面屏，指纹解锁，这些无关紧要的功能成为原子化大众所标榜的个性，给他们带来了微妙的幸福感觉。用新技术武装自己的资本家集团将自身的物性逻辑隐藏在产品世界中，打造出一个个"个性"的原子化大众，事实上这种"个性"不过是一种虚荣的包装，而资本家集团则在商业意识形态中继续着原子化的解构逻辑。大众越分散，资本家的精神

---

① 〔德〕马克斯·韦伯：《经济与社会》（下册），商务印书馆，2006，第 220 页。
② 〔意〕加埃塔诺·莫斯卡：《政治科学要义》，世纪出版集团、上海人民出版社，2005，第 237 页。

就越凝聚。因为原子化的生态就是资本主义物化逻辑的胜利，这种胜利在科学技术的发展中激励着资本家集团，也使社会意义上的规范政治价值分崩离析。从这个意义上说，资本家阶级的团结是科技现代性解构浪潮下的意识形态建构。商业上的科技的统治一旦形成大众的流行便转化为一种意识形态，这种意识形态一方面加强了资方的团结和紧密，另一方面却进一步解构了大众的公共性，为国家层面的合法性建构提供了条件。

最后，需要指出的是，意识形态的政治批判性与功能调节性两者是对立统一于意识形态的现实运动过程之中的，调节功能为批判功能准备了条件，批判功能通过对重大问题的定调又反过来为调节功能奠定了理论基础，两者相辅相成，不可分割。

二　空洞计算的法律

除了意识形态，法律是另外一种构建权威合法性的价值工具。自古至今，关于法律的概念，学术界有非常丰富的论证。自然法观念认为法律是宇宙的秩序，是神的意志。如西塞罗所说："众神是万物的主人和统治者。"[①] 所有的社会法律，无一不是依照自然界的内在规律性而最终产生的。这种法律观念伴随着人类传统社会的进展，深刻地影响着人类文明。在自然法观念的影响下，习惯法是古典法律观念发展的重要里程碑，如威尔逊所言，"法律是社会习俗和思想的结晶"。法律制度和体系是经过人类逐步地建设才最终确立的。法律说到底是人类习俗和习惯的产物。即便是主张将法律进行客观化解释的萨维尼也论证道，应当"把立法视为在给定的时间内自我形构的东西……必须把法体系本身看作处于发展进程中的东西"。[②] 在历史的视野中，法律不过是人类习俗与惯例的积累和发展而已。到了近现代，实证法观念占据了法律研究的主流。这种观念认为法律是一种对快乐与痛苦的计算意义上的现实体验。如边沁所说："所有渴望出自自然约束力、政治约束力或道德约束力的快乐或痛苦，如果体验的话，都必定被期望在现世体验。"[③] 实证法观念将法律引入了纯粹客观的分析领域之中。同样受到启蒙运动的理性科学主义影响，实证法的观念试图将法律进行纯粹的"实然"分析，也就是说将"应然"的规范与"实然"的法

---

① 〔古罗马〕西塞罗：《国家篇·法律篇》，商务印书馆，2002，第191页。
② 〔德〕萨维尼：《萨维尼法学方法论讲义与格林笔记》，法律出版社，2008，第6页。
③ 〔英〕边沁：《道德与立法原理导论》，商务印书馆，2006，第83页。

律规定区分开来。在实证法的观念中，法律就是一种客观的工具，没有任何规范的价值意义。当然，实证法领域的论述也存在对价值的关注，如"当为与实存，或价值与事实并非两个截然分隔的个别领域，反之在规范制定之前，两者已相互联结，彼此相关，思考时两者需相互适应"。① 法律学家们普遍意识到法律本身与价值的重要关联，但是在现实生活中，法律的价值内涵和精神内容已经被榨干了。资本主义国家中，法律的功能已经退化为"为了秩序而秩序""为了稳定而稳定"。只要能够达成社会大众的同意或服从，法律就可以是无所不在的空壳化的秩序。从自然法发展到功利主义，再到法的计算，法律本身经历了一个解构的过程。这一过程是法律内在的逻辑性和程序性同"科学主义"相结合的结果。既然科学崇尚逻辑，法律也崇尚逻辑，那么两者自然一拍即合。这就从根本上忽视了法律的人文基础。没有传统社会的价值孕育，不会有古罗马法律思想的诞生，更不会有文艺复兴时期法学的复兴。法学本身的基本概念包含了"意思表示""公正""效率"等价值因素。法律作为政治统治的重要延伸，从政治学角度来分析，更是离不开价值的意义。因为如亚里士多德在《政治学》中所说，"一般政体所建立的各种法制，其本旨就在谋求一个城邦的长治久安。"② 从最基本的意义上说，政治视域下的法律离不开对秩序的追求，这种秩序本身就是一种政治价值。除了秩序，政治学视域下的法律还具有正义与自由、效率与公平等重要价值的分野，这些价值的规定与实现，直接关系到公共权力的合法性。不仅如此，在规范分析政治学的论域中，法律作为公民共同意志的表达，也是一种价值上的应然内涵，这是现代社会法治精神的本质所在。所以，规范意义上的法律是离不开价值的。但这只是理论上的一厢情愿，在现代社会中，法律早已剥离了理论的人文温情，体现出赤裸裸的"理性"和干瘪的秩序。科学的统治将人类社会统合起来，建立起一家独大的思维模式。法律中的价值日益变成了空洞的概念和符号，法律的正义已变成可以计算的数字。在资本主义社会的生活中，人们不再关注法律规定内在的合理性，认为只要知晓存在这种规定的文字即可，这种文字的理性替代了法律反映人类利益的本质功能。换句话说，法律内在的合理性只在话语和意识层面存在，法律所标榜的价值标签

① 〔德〕卡尔·拉伦茨：《法学方法论》，商务印书馆，2003，第 15 页。
② 〔古希腊〕亚里士多德：《政治学》，商务印书馆，1965，第 278 页。

变成了单纯的说服工具。在社会现实中，法律日益体现出计算的功利和刻板特征，人们的利益和本性不再重要，重要的是文字层面的计算。从这个意义上说，法律已经变成了空洞秩序的守护者，只要是能够维护统治的秩序，就是好的。法律不再关怀人本身，它已经变成了政治统治的婢女，在统治动机的泛滥中苟延残喘。

综上所述，法律乃是统治阶级为了巩固自身统治而建造的一种调节社会主体之间权利与义务的价值体系。法律作为一种政治意义上的权威，其正当性建基于法律自身的有效性，其现实效果则建基于法律在现实中的实效性。在经典政治学的理念中，法律对于合法性的重要意义，主要体现在其作为共同意志与政治价值体系的内容上。在这种内容的基础上，产生了法律作为一种体现规范的有效性与实效性的概念。在前现代社会，法律的规范有效性大于其实效性。随着资产阶级革命的成功和资本主义社会法治建设的逐步完善，法律的规范有效性逐步转化为客观的时效性。在现当代社会，随着科学统治的进一步确立，法律的规范内涵逐渐被稀释了，剩下的主要是法律的实效性空壳。在当今资本主义社会，"法治"已不是规范意义上人权的保证，法律也已成为统治者进行政治统治的工具。

（一）被榨干的"共意"和"价值"

1. "共同意志"标榜的法律

在政治学理论的论域中，法律作为一种共同意志的代表，是政治学规范分析研究下的应然内涵，其主要表现为三个方面，即公民意志的结合、合法性的体现与意见交流的产物。不幸的是，随着科学统治的威力逐渐施展，这三个方面的含义也逐步褪色，法律成为一种虚假的"共意"，其实质内涵中的价值导向也逐渐消解，只剩下一个价值的名义和空壳。

首先是法律中共同意志的消逝。法律规范的本质，不是冷冰冰的现实功利，而是一种规范性同意的凝聚。如洛克所说："当某些人基于每人的同意组成一个共同体时，他们就因此把这个共同体形成一个整体，具有作为一个整体而行动的权力，而这是只有经大多数人的同意和决定才能办到的。"① 通过公民意志的联合，个人将自身的意见投诸公共领域，在公共领域中形成了一种共同的意志。在这种共同意志的支配下，一个共

---

① 〔英〕洛克：《政府论》（下篇），商务印书馆，2011，第59页。

同体才具有规范意义上的政治合法性。如卢梭所说，"我们每个人都以其自身及其全部的力量共同置于公意的最高指导之下，并且我们在共同体中接纳每一个成员作为全体之不可分割的一部分①。"公民意志形成共同意志的过程，就是政治共同体的形成过程。这种共同意志的载体，就是作为社会契约的法律。卢梭强调这种法律的"契约神圣性"，认为这种法律是不可侵犯的政治共同体的生命。因为既然个人与政治共同体通过契约而合为一体，那么个人与国家之间就是一荣俱荣，一损俱损的。法律正是保证这种个人意志与共同意志统一性的重要规范。可以说，公民意志结合下的法律是近现代社会法治精神的核心理念，具有极其重要的理论意义和现实意义。不幸的是，随着科学技术的发展，传统法律内涵中公意的价值规定，被社会的变迁打碎。在"科学主义"的统治下，大众个人的价值被碎片化了，每一个人被孤零零地置放于原子化社会的无数孤岛之上，法律很难整合这些多元化的价值取向。"个体不能作为尺度，只有类的概念才能作为尺度和改造者。②"传统意义上的"类"概念已经式微，法律无法从整体上对大众的价值诉求进行概括，因为他们的意志太过于分散，难以形成有意义的整体行动。在前现代社会中，社会大众之所以能够被有效动员，原因就在于社会价值的整体性尚未被打破。在资产阶级革命时代，即便是作为劳苦大众的工人阶级，通过接受初步的教育，其内心也能树立起工人阶级的利益观和价值坚守。因为当时的社会，传统性还未被完全打破，工人阶级的集体生态方兴未艾，价值作为一种历史惯性尚能够以一种概然的方式在人们头脑中起到作用。"同声相求，同气相应"的共同价值模式是存在于传统神学等精神领域中的，在这种思维惯性下，工人阶级自然能够理解封建阶级和资产阶级同自身的根本性差距，从而能够对法律的价值表达进行集体性质的"类"回应。现代资本主义社会则不然，个人已经被原子化了，在无限个性化、无限自由化的外观之下，每一个人都被社会放逐了。随着社会分工的深度发展和自动化技术的普遍运用，传统工业在经济中的比例日益降低，人们的职业分工千差万别，"同类"的找寻变得不可能了。在这样的背景下，人与人各自的价值很难撑起"类"的观念和力量。有意思的是，这种现代资本主义社会对个人的放逐，竟然是以"自由""自主"

---

① 〔法〕卢梭：《社会契约论》，商务印书馆，2008，第20页。
② 〔匈牙利〕卢卡奇：《历史与阶级意识》，商务印书馆，1996，第284页。

的面貌进行的，个人在肆无忌惮地标榜自身"绝对的自由""独一无二的个性"的同时，也将自己封闭于一个个小小的果壳中，成为点点孤独的星火。

其次是合法性中以"真实"标榜的虚幻。在传统政治学的论证中，正是因为对共同意志的聚合和表达，法律才体现了一种共同体的政治合法性。只有作为对"共同意志"的代表，公共权力才具有了合法性意义上的生命力。如洛克所说，没有共同意志作为基础的政治共同体是"不可能作为一个整体、一个共同体而有所行动或继续存在的"。[①] 没有共同意志基础上的法律指导，公共权力就不可能代表社会全体成员的利益，这种公共权力的合法性一定是较低的，因为法律不是依据共同意志的同意而订立的。孔子说："三军可夺帅，匹夫不可夺志焉"；[②] 西方也有谚语，"国王可以移动一个人，但是不能移动他的灵魂"（A king can move a man, but not a soul）。公民的意志是不可忽略的重要合法性基础，没有公民的同意，政治就容易陷入强制与专制，那样的政治合法性从规范意义上来说，必然是极其低下的。所以，对公民意志的尊重，是规范分析研究范式中政治合法性的核心概念。对于政治共同体来说，公共权力唯有接受表达社会共同意志的法律的指导，才能算是具备了"应然的"统治权利，才是顺理成章的合法权力。从这个意义上说，法律，是政治合法性的体现。法律体现共同意志的程度与性质，直接决定着公共权力自身正当性的高低。

然而，在资本主义现代性的解构之下，法律所代表的这种政治合法性也逐渐变成了一种纯粹概念意义上的标榜。如上文所述，随着"科学主义"对人类价值的进一步解构，法律整合公民诉求的能力大大降低。在这种大背景之下，由于资本主义的法律很难汇集大众的诉求（或者说汇集大众的真实诉求），因此公民不再是法律实质意义上的制定者（或者说仅仅是名义上的制定者）。由于公民诉求本身的原子化，以及公民诉求上升到国家法律决策层面的困难程度增加，资本主义国家的法律要么是公民政治的无意识的领域，要么就是公民政治冷漠的来源。从这个意义上说，法律已经不再是将公民同意转化为政治合法性的价值通道。法律的价值内涵被榨干之后，资本主义社会的法律就只剩下"专业的"外在躯壳。用福柯的

---

① 参见〔英〕洛克《政府论》（下篇），商务印书馆，2011，第59~60页。
② 杨伯峻译注：《论语译注》，中华书局，1980，第95页。

话来说，法律已经变成了一种"发号施令"的构建性话语，① 在这种话语中，人们获得的不是知识和对个人价值的关注，而是一种权力的灌输和影响。"你是法律保护的公民，所以你必须维护宪政和法治"，已经变成了资本主义社会政治统治的重复性话语论证，它反复地回响于大众的头脑之中，实际上却并没有从法律的制定层面反映大众的真实诉求。换句话说，资本主义的法律在科学主义盛行的时代已经丧失了它服务于大众本质需要的功能和定位，成为统治阶级高高在上灌输着的认同，法律不再是源于人们生活的标准和规范，它摇身一变成为一种和科学一样不可违背的铁律。公民不再像以往一样支配法律，而是法律反过来禁锢了公民的思维，使他们成为构建的认同的牺牲品。最讽刺的是，这些牺牲品们发自内心地认同这种空壳式的法律，误以为它们继承了早期法律与他们的祖辈们血肉相连的关系。

最后是以"权利保障"为名义的外在压制。在理论论证中，共同意志化身为法律，公民获得了自身的权利与义务。他们将自己投入一个政治共同体之中，在这个政治共同体之中，他们尊重他人的权利（履行一定的义务），也享有自身的权利。"当每个人和其他人同意建立一个一个政府统辖的国家的时候，他使自己对这个社会的每一成员负有服从大多数的决定和取决于大多数的义务"，② 因为既然已经将自身投入这个政治共同体之中了，那么公民就应该遵循共同意志之下的法律，这是公民对法律的义务。同时，公民也享有神圣不可侵犯的权利。因为在共同意志的法律基础上，"侵犯（共同体）其中的任何一个成员就不能不是在攻击整个的共同体；而侵犯共同体就更不能不使得它的成员同仇敌忾"。③ 公民在共同意志的法律之下，既享有政治义务又享有政治权利，在义务与权利的对立统一关系中，公民与政治共同体结合在了一起。所以说，共同意志下的法律是公民自愿献出自身部分自由之后取得政治权利的根本保障。没有这种保障，公民也就无所谓政治义务。当公民连基本的对公共权力服从的义务都不复存在时，公共权力也必将失去其合法性。这种"公民与政治共同体"的一体化论证，体现了资产阶级启蒙思想的力量，这种力量被革命中的资产阶级用于动员、号召广大社会群众进行反封建反专制的斗争，在历史上曾经起

---

① 参见〔法〕福柯《知识的考掘》，（台北）麦田出版有限公司，1994，第138~139页。
② 〔英〕洛克：《政府论》（下篇），商务印书馆，2011，第59页。
③ 〔法〕卢梭：《社会契约论》，商务印书馆，2008，第23页。

到过极其重要的作用。

遗憾的是，随着资本主义的发展，科学与政治的结合日趋紧密，一方面，现代社会摧毁了法律赖以生成和维护的传统价值环境，无论是乡村的自然经济还是城市的市民社会，法律精神的主要土壤——人性的价值被无情地格式化掉了。人与人之间通过权利和义务构建的整体性正随着"科学主义"的泛滥和个人的原子化而消散，留下来的只是空洞的权利名义和义务命令的教条。需要注意的是，这种教条意义上的权利和义务也能够在一定程度上维护社会的秩序，保障人们的基本利益（如生命、财产等），但是从"规范法律"的层面看，法律保证人民利益的政治层面的实质内容是日渐空虚的。资本主义国家的公民们在法律中已经很难看到他们根本政治利益的影子，法律所包含的，只是他们利益的幻象，是一种扭曲的、以达成他们的诉求为目的的崇高口号。另一方面，法律与科学相结合，在全社会层面建构了结构性的压制性秩序。法律讲求逻辑的特点和科学的逻辑性不谋而合，两者在现代资本主义社会的政治统治中开始相互借用，从自然法到过渡意义上的契约论，再到功利主义法学和计算的法律，法律自身的"祛魅"使得自身更加"科学化"，它抛弃了生养它的人性中心价值导向的父母，转而走向了冰冷的数字和计算的怀抱。人性的本质已经不再重要，重要的是利益的计算。这就是当代法律的发展趋势，这种趋势反映于法学理论之中，就是通过经济学分析的法学的产生和发展。这种法律以科学的精确计算为工具手段，务求社会建立严格整齐的法律秩序。这就从整体上构建了一种外在压制的形态，与法律应然层面的空洞口号相呼应，形成了构建的认同。

2. 法律价值体系之解构

如凯尔森所说："法律规范之可被适用，不仅在于它由机关所执行或由国民所服从，而且还在于它构成一个特定的价值判断的基础，这种判断使机关或国民的行为成为合法的或非法的行为。"[①] 法律作为一种权威合法性的规范性来源，其本质是一种价值体系的规范化表达。在这个意义上，法律、意识形态与传统作为规范性的权威基础是没有什么区别的。它们的区别更多体现在其所代表的价值侧重点与它们在应用范围上的差异之上。对法律而言，它的价值主要有秩序、正义与自由三个方面。在"科学主

---

① 〔奥〕凯尔森：《法与国家的一般理论》，中国大百科全书出版社，2003，第51页。

义"的政治统治之下，法律的三个传统价值都被彻底地解构了，只留下空洞的理论论证，虽然这种理论论证给了社会大众以慰藉和希望，取得了他们主观上的同意，但是从事实上看，法律的三大价值都已经在现实中褪色了。法律的价值内核变得仅具形式而不堪一击。

秩序价值的核心是确定与稳定。在一定时间和空间的条件下，法律只有具备一定的稳定性功能，才能成为一种可以服众的规范。"当对服从的普遍要求是坚定的，且对越轨或扬言越轨的人施加的压力是强大的，此时，规则就被认为或说是设定义务的。"① 只有具有相当程度的确定性和可期待性，法律才能有效地调节社会主体之间的关系，最终实现统治秩序的权威合法性。所谓"刑罚不中，则民无所措手足"，② 法律没有确定性和稳定性，那么老百姓就无法预期行为的规则。对于秩序的价值核心，确定性与稳定性是相辅相成、不可分割的。确定性为稳定性准备了基础；稳定性是确定性的指向和条件。两者一个是秩序在时空中的决定"时点"，另一个则是秩序在时空中的"绵延"，两者是秩序价值不可或缺的两个侧面。当然，法律的秩序价值并不意味着法律的一成不变。"法律中的许多变化都是缓慢而又渐进发生的"，③ 秩序只是要求在一定时空范围内保持稳定与确定。需要注意的是，法律的秩序价值其根本在于确定性的决定意义，稳定性只是确定性的外观表现。

在现当代法律的嬗变中，秩序价值已经逐渐失去了其确定性意义上的本质内容，转而变成资本主义国家"为了稳定而稳定"的话语口号。秩序所保护的经济交易安全、社会稳定秩序等内容被资本主义国家压榨和利用，统治者以法律维护"秩序"之名，行政治统治之实，这就是当代资本主义世界普遍上演的政治戏法。在电视节目的脱口秀、博客和微博以及广告中，法律的秩序正变成一种空洞的说服。在法律权威般的命令中，人们不再追问秩序内在的确定性——秩序到底在保护什么已经不再重要，而只是盲目地相信了资本主义国家的政治灌输，"稳定就是一切，管他什么利益！"事实上，没有目标指向的稳定只是盲目的稳定，如果没有内容的确定性，那么法律的秩序价值就会转变成纯粹客观的压制。确定性的式微和

---

① 〔英〕H.C.A.哈特：《法律的概念》，法律出版社，2011，第88页。

② 杨伯峻译注：《论语译注》，中华书局，1980，第134页。

③ 〔美〕E.博登海默：《法理学、法哲学与法律方法》，中国政法大学出版社，2004，第340页。

对稳定性的过分强调，就是资本主义法律制度中秩序价值异化的重要特点，在这种异化的影响下，法律的秩序价值逐渐变成了教条式的命令，它已经逐渐失去了内在利益的确定性。

法律的另外两个重要价值是正义和自由。关于正义的概念，古往今来众说纷纭，莫衷一是，也许正义是伦理学中最为令人困惑的概念。因为正义具有多角度的意义，人们抓住了一面，就失去了另一面。难怪博登海默感慨正义具有一张普罗透斯似的面孔（a protean face），因为不可捉摸是它的本质特征。在这里，笔者并不想不自量力地去探究这个深奥的问题，另外本书的性质和篇幅也不允许。在这里，我们只是对法律正义和自由价值在当代资本主义社会中的异化做一分析。笔者认为，正义与某种以效率（自由）为指向的平等价值密切相关。查士丁尼在《民法大全》中写道："正义乃是使每个人获得其应得的东西的永恒不变的意志。"① 人类是一种类存在的整体。从长远来看，每一个人都应该得到与其所在时代相匹配的基本幸福，为了不断提高这个整体中每一个人的幸福与自由，防止少数人凌驾于其余人之上，正义作为一种调节价值而存在。从内容上来看，正义与自由两者不能割裂来谈，正义是为了实现人类整体更高水平上的自由而存在的。而自由促进了效率，从根本上又是正义的基础和凭借。两者是相辅相成的、不可分割，也不可偏废。从内容上看，私域的自由和公域的正义是一个问题的两个方面，规定了法律内在的正义和自由价值。法律在强调公共领域的正义时，其基础必须是对私人领域自由的保护。在资本主义社会构建的认同中，私域的自由和公域的正义被割裂了，它们只保留了形式上的微弱关联，事实上的内涵关系已经名存实亡。在"科学主义"的解构之下，个人自由的内容变得苍白。花花绿绿的市场、五光十色的商品、封闭的生活循环，越来越令个人远离了自由的原则和价值，个人的自由正变成一种盲目的任性。康德用理性人的自律行为定义了自由，即没有理性意义上的自律，也就没有个人层面的自由。只有在个人自律的自由基础上才能定义正义："任何一个行为，如果它本身是正确的，或者它依据的准则是正确的，那么这个行为根据一条普遍法则，能够在行为上和每一个人的意志自由同时并存。"② 从这个意义上说，如果公民私人领域的自由日益

---

① 〔古罗马〕查士丁尼：《民法大全》，商务印书馆，2011，第5页。

② 〔德〕康德：《法的形而上学原理——权利的科学》，商务印书馆，1991，第40页。

变成科学主义下的结构性奴役，个人日益成为没有头脑的盲目"自由"的孤立存在，那么自由基础上的正义也将是一种非正义。科学解构下的资本主义社会正变成一个超级巨大的"蜂房"，每一个人都在自己狭小的"房间"里自我标榜为"自由"的"主体"。他们用着貌似个性的各种符号：特立独行的网名、华而不实的服饰、与众不同的语词、离经叛道的行为乃至最终铤而走险危害他人和社会。不仅如此，人与人之间已然是"鸡犬之声相闻，老死不相往来"。群体和自由相辅相成的逻辑已经被淡化了。自由不再具有群体意义上的自我规约下的实体意义，而成为在科学产品包装下的华丽空壳。自由已然没有了深刻的内涵和意义的指向，个人自由正在变成纸糊的任性。建立在这种自由基础上的正义其实已然是无源之水，无本之木。罗尔斯在《正义论》之中选取了两个原则，这两个原则在自由与正义之间进行了平衡和折中，但最终指向的依然是人类个体基础上的共同幸福。① 如果个体层面的自由已然变成了空洞的异化物，那么整体意义上的正义就缺乏了评判的基础。现当代资本主义国家的政客们在竞选中无一例外地大谈"正义"，然而如果个体的自由已经被榨干了意义，整体的正义还有什么存在的意义？他们所大谈的"正义"，最终也不过是政治统治的虚幻"画饼"。

（二）法权威的异化——形式大于内容

法律作为一种令人服从的规范，其自身必须具有足够的正当性与合理性。在阶级社会中，统治集团依据一定的价值体系制定法律并确立法律的权威，是为了间接地实现自身的政治统治合法性。为了实现这种统治的合法性，法律自身必须具有足够的正当性（validity），即在规范意义上法律自身能够"立得住脚"，能够"自圆其说"，"合乎情理"，只有这样，社会才可能会服从法律的权威，从而间接地服从统治集团的政治权威。所谓"不教而杀谓之虐，不戒视成谓之暴，慢令致期谓之贼"，② 如果法律自身缺乏合理性和正当性，那么期待社会对这种法律进行服从（或者说是对制定这种法律的统治集团进行服从）就是一种没有道理的幻想。所以，法律自身的正当性与合理性是社会服从统治集团所制定的法律的前提。这种正

---

① 参见〔美〕约翰·罗尔斯《正义论》，中国社会科学出版社，1988，第302~303页。
② 杨伯峻译注：《论语译注》，中华书局，1980，第210页。

当性具有两个方面的含义：一个是法律形式上的程序正当性，另一个是法律内容上的价值导向性。但是，这种传统理论的论述在构建的认同中失去了意义，程序的正当性已然代替了内容上的价值导向性，即只要程序合理，内容是否有意义已经不再重要了。

传统理论内涵中，法律自身在形式上要具备程序正当性。一个具有正当性的法律，其价值指向、制定过程和内在结构等形式要素都需要具备正当性。如博登海默所说："法律规定具有强制力乃是法律作为社会和平与正义的捍卫者的实质所在，因此法律规范的有效性问题乃是一个植根于法律过程之中的问题。"① 如果一个法律的制定没有遵循合理、合法（宪法）的程序，或者在制定过程中违背了一定历史条件下的特定社会理性，那么这种法律就很难说在形式上具有正当性。例如，一个法律性规范从制定到实施，一般要经过调研、论证、讨论、制定、表决以及公示等多个环节，如果其中某一个环节在立法过程中被忽视，那么这种法律在形式上就欠缺了一定的正当性。比如说我们知道，没有公示的法律不具有效力。除此之外，法不溯及既往，现在的法律不能对该法律产生之前的行为进行规制，这也是一种法律形式正当的要求。试想，如果法律可以溯及既往，那么过去的行为人在不知情的情况下就犯了法，这种规定显然是不公平的。所谓"不知者不罪"，法律在形式上必须考虑到这种正当性的要求。需要注意的是，虽然法律的"程序上的正义"是一种必然的要求，但是这种"科学"程序也必须反映某种内在价值的规范，否则就会变成刻板文字和僵化程序，脱离程序本身的正确方向。哈贝马斯认为法律的有效性"产生于人民代表在一个以讨论和公开性为特征的程序中的同意的普遍规范"，这种规范将"主体间形成的意志所具有的权力"与"赋予合法性的程序所包含的理性"结合起来，② 完成这一过程中，法律才具备了其公意基础上的正当性。

可见，形式上的程序必须以价值的导向为根本前提，法律程序如果脱离了"主体间形成意志的权力"，也就是公民理性指导下的内在自由，就会转化成专制的暴政。现当代资本主义用法律构建的合法性就是这样的存

---

① 〔美〕E. 博登海默：《法理学、法哲学与法律方法》，中国政法大学出版社，2004，第 347 页。

② 〔德〕哈贝马斯：《在事实与规范之间——关于法律和民主法治国的商谈理论》，生活·读书·新知三联书店，2011，第 229 页。

在，一方面用程序规范社会的方方面面，体现出一种"科学"的、令人无法抗拒的外观；另一方面则是价值内容的空洞化。必须注意的是，法律不能缺乏内容上的价值导向性。法律是一种价值体系的规范化表达，这种规范性的表达所指向的是一种应然的行为状态，是对社会主体"应该做什么，不应该做什么；可以做什么，不可以做什么"的一种导向性规定。正是因为法律具有这样的特征，政治合法性才在内容上具备真实性。如凯尔森所说："规范表示这样的观念：某件事应当发生，特别是一个人'应当'在一定方式下行为。"① 如果法律规范没有表达这样的倾向性，那么法律本身就将是一种空洞的文字，不可能具有实际的效用。法律的这种导向性源于自身的价值基础。价值作为一种判断标准，衡量着行为的正当与否。没有价值意义上的真实，法律所构建的政治权威就只能是一种人为的欺骗。因为没有价值规范的程序是没有内在的理据的。法律的外在程序能够立得住脚，不是源于程序自身的步骤，而是源于这种步骤之间的结构性含义，这种结构性含义就是程序之所以这样设计而不那样设计的理由。如拉伦茨所说："以处理规范性角度下的法规范为主要任务的法学，直言之，其主要想探讨规范的'意义'"，所谓法律的有效性是指"据以衡量人的行为之要求或标准，其所具有的准则行或拘束性"。② 正是法律自身内在的价值倾向，决定了法律程序的规定。在晚期资本主义社会，法律的程序形式已经大于其内在的价值规定，程序已经成为社会统治的一个重要依托。公民的需要和诉求，必须依靠一定的程序来表达。烦琐的程序要求，已经成为政治统治的重要结构性压制。公民求助于资本主义国家时，国家总是运用各种各样的表格和程序来疏导公民的诉求，事实上是提高了公民维权的成本。在重大的程序性障碍面前，公民的诉求冲动逐渐被稀释。这就是资本主义国家构建的政治认同中法律的重要功能：以形式化的程序替代内在价值的内容，最终将真实的价值摒弃，以"温和"的结构压制人民的政治诉求。

（三）法权威的滥用——自由裁量权

凯尔森指出："法的'效力'，意思就是指规范的特殊存在。说一个规

---

① 〔奥〕凯尔森：《法与国家的一般理论》，中国大百科全书出版社，2003，第39页。
② 〔德〕卡尔·拉伦茨：《法学方法论》，商务印书馆，2003，第77~78页。

范有效力就是说我们假定它的存在，或者就是说，我们假定它对那些其行为由它所调整的人具有'约束力'。"① 法律作为内在认同合法性的来源，仅具备自身的正当性是不够的。要达到一种合法性的意义，还必须要有一种遵循意义上的"约束力"，要促成社会对法律的服从。这种服从不是规范和价值本身可以单独实现的，必须依靠一定的现实基础。在这个意义上，可以说"规范丝毫没有讲到有关个人的实际行为。认为一个人'应当'在一定方式下行为这种说法意味着，这一行为是由一个规范（它可能是道德的或法律的规范，或某种其他规范）所规定的"，② 但这并不意味着规范就是一种现实的服从。达成这种现实的服从需要一定的现实基础，这就是法律权威的实效性（efficacy）。如哈特所说："无论规则或习惯的情况，有关的行为（例如在教堂脱帽）必须是普遍的，虽然不必是一成不变的；这意味着每当出现这种场合，该群体的多数人会重复这个行为。"③ 当代资本主义国家的法律，虽然其在价值上被科学所格式化，但是其强制力却有很大的提升。被榨干价值内涵的法律，在物质力量层面却大杀四方。这种现实力量的提升表现在两个方面。一个是法律以国家的权力作为后盾，这种国家权力与传统的不同，是建基于科学和技术的统治力之上的政治权力。这种权力本身就表现出"你应当服从"的专断特征。另一个就是法律的实施过程，一般称之为司法过程，在司法过程中，法律变成了一种程序的力量，这种力量很大程度上将人们的行为固定化了，从这个意义上说也构成了隐含的强制。

无论是以国家权力作为后盾，还是法律的司法过程，都是将法律的构建性认同变为法律权威的实效性的过程。在构建统治的过程中，虽然法律内在地采纳了一定的"价值"外观并运用文字立法的形式进行了规定，但是在现实的案件审理过程（司法过程）中，法律与实际事物之间并不是完美契合的。很多时候需要政府官员行使"自由裁量权"，对法律与现实之间的断裂处进行"黏合"。只有这样，法律才能实现其在现实中的秩序压制，成为一种物质力量，最终达成构建的权威。

关于自由裁量权的滥用，中外法学家们已经有了比较翔实的论述。关于行政裁量权的论证很早就已出现。柏拉图在其《政治家篇》的对话录中

① 〔奥〕凯尔森：《法与国家的一般理论》，中国大百科全书出版社，2003，第32页。
② 〔奥〕凯尔森：《法与国家的一般理论》，中国大百科全书出版社，2003，第39~40页。
③ 〔英〕H. C. A. 哈特：《法律的概念》，法律出版社，2011，第57页。

指出："法律绝不可能发布一种既约束所有人同时又对每个人都真正最有利的命令。法律在任何时候都不可能完全准确地给社会的每个成员作出何谓善德、何谓正当的规定。人之个性的差异、人之活动的多样性、人类事务无休止的变化，使得人们无论拥有什么技术都无法制定出在任何时候都可以绝对适用于各种问题的规则。"① 在柏拉图的眼中，治理意义上的自由裁量权是不可或缺的。自由裁量权因为其具有权力选择行为的内涵属于意志活动，本质上说是一种政府官员的意志裁量。

在资本主义国家里，这种意志裁量的过程与法律概念内在的价值缺失紧密相关。法律越空洞，其外在司法权力的自由裁量就越趋向于滥用。在应对这种法律规范与现实之间的不确定情形中，自由裁量权的滥用与否，本质上在于是"有数个正确选择"还是有"一个正确选择"，即裁量是对多个法律效果的选择，其中每一个选择都"合理正当"而且"合乎案情"的事实。当这种事实同价值内容的缺失同时出现时，司法的自由裁量就变成了一种语词空壳的使用。所以，在科学武装的政治统治之中，司法权力自由裁量的滥用已经成为一种必然。在法律的制定和实施过程中，科学将其格式化为纯粹的利益计算，法律要么成为程序的形式结构，要么成为直接的暴力控制，司法裁量没有价值的指导，马上就会变成赤裸裸的压制。法官作为社会的一员，其内心的价值坚守也在科学时代逐渐磨灭了。在社会大众普遍的价值真空中，法官即便有价值的坚守，这种价值也是格格不入的异类，很难真正解释当事人的"价值"诉求（因为他们很大意义上根本没有价值意义上的诉求）。内容的缺乏一方面令法官无的放矢，另一方面把当事人变成了价值的空壳。在这个意义上，在当代资本主义国家的司法过程中，自由裁量权的滥用已经成为普遍现象，美国警察枪击黑人案件的屡次不起诉等众多不公正的审判就是明证。这种滥用的强制直接参与建构了法律权力构建的外观合法性，司法的自由裁量迷失了自身的方向，成为政治统治的强制力量。

三 被架空和支配的传统

传统是指在一定社会中，由历史积累而来的思想、道德、风俗、习惯等所构成的价值体系。在阶级社会中，传统作为意识形态与法律的背景因

---

① 〔古希腊〕柏拉图：《柏拉图全集》第三册，人民出版社，2002，第145~146页。

素，是意识形态的潜意识，法律观念的潜观念。传统的价值体系多种多样，因不同的社会和历史环境而千差万别。中国人传统上注重家庭、友谊等以人为核心的价值因素，敬天法祖，乐天知命；美国人传统上也注重家庭，不过他们更加注重多元、竞争的价值取向，在美国社会中，"First or Lost"（当不了第一就是失败）是一种普遍的价值偏好；法国人传统上注重热情和理想，卢梭时代法国大革命的激情和浪漫影响了法国好几代的知识分子和社会大众；德国人传统中则注重秩序和规则价值，这使得德国人的严谨和认真态度闻名世界。不仅仅是丰富多样，作为一种社会潜在的价值因素，传统更重要的意义在于弥合政治统治的现实与规范之间的鸿沟，因为它是整个社会的潜意识，而政治合法性经常通过借用这些观念和价值来完成自身的建构。不可否认，人们在历代经验研习中积累下来的习惯性价值和做法，不管其是否"合理"或"科学"，都具有一种沉默的规劝意义。现实中，政治权威要达到整个社会的真正认同，很大程度上必须要借用社会传统观念的影响，这就是政治统治借用传统进行自身合法性构建的动机。很多时候，传统本身并不重要，政治统治有意利用传统观念来构建自身的合法性才是关键所在。如莫斯卡所说："在人口众多并发展到一定文明程度的社会中，统治阶级并非完全通过自己掌握权力这一事实来为自己提供正当性论证的。而是通过这一权力建立道德和法律基础，在权力和人们普遍接受并承认的原则信仰之间建立某种逻辑关联。"[1] 可见，政治权威离不开对传统的曲解和利用。反过来说，如果与传统作对，哪怕是同仅剩下空壳的传统作对，政治权力的统治也将面临很大的困难。与传统作对，往往意味着政治权威的不明智，甚至是荒唐。马基雅维利就曾经告诫君主："贪婪、霸占臣民的财产及其妇女，特别使君主被人衔恨"，在传统观念中贪财与占人妻女是十分不道德的行为，这些是政治权威必须要考虑的。"君主如果被人认为变幻无常、轻率浅薄、软弱怯懦、优柔寡断，就会受到轻视。因此他必须像提防暗礁一样提防这一切。"[2] 政治权威必须要按照传统中人们所期待的那种模式来行事，那就是要刚毅果决、诚信有力又温柔仁慈，如此才能够巩固自身的权威。《战国策》中记载的宋康王就是因为与传统作对而最终亡国丧身。他清除国境中的各种宗教神祇，遭到

---

[1] 〔意〕加埃塔诺·莫斯卡：《政治科学要义》，世纪出版集团、上海人民出版社，2005，第137页。

[2] 〔意〕尼可洛·马基雅维利：《君主论》，商务印书馆，2012，第87页。

了全国人民的反对，最终宋国被齐国灭亡。[1]

在现代资本主义社会，政治权威对传统的利用同科学对传统的解构是同一过程的两个方面。一方面，传统价值被科学技术的统治架空，人们关注的无非是原始的本能冲动，金钱、权力、美色这些直接的动机真实地支配了资本主义社会大众的头脑；另一方面，传统作为一种残存的空壳，仍然被政治家们借用，当作其政治宣传的工具。例如美国起源于市民社会的、在前现代社会中普遍流行的家庭观念。在现当代美国社会的解构过程中，这种观念已经名存实亡了，电影《美国丽人》深刻揭露了美国社会表面家庭和睦、衣冠楚楚的假象背后男盗女娼的事实。然而这种观念仍然是美国主流社会所标榜的"常识"，无论资本家阶级在众人背后如何荒淫无耻，在众人面前也会表现出"绅士的风度"。小布什在总统竞选中，无论其演讲对象是远离都市的乡村民众，还是纽约等大城市的市民，都充分重视打造自身"温情家庭"的形象。他曾在拉选票的演说中强调，要尊重核心家庭、传统家庭模式。对这一传统的强调和注重，很大程度上赢得了主流社会精英们表演意义上的好感（他们大多数自己并不会这样做，但是他们赞美这样说话的小布什），最终帮助他赢得了选举。综上可见，被榨干的传统价值对于政治权威构建具有重要意义。具体说来，作为构建的合法性的重要来源，被架空和支配的传统主要有政治说服性、潜在隐蔽性与外在稳定性的特点。

（一）政治说服性

传统带有深刻的政治集团的统治意涵。无论何种传统的道德观念，都脱离不了特定历史条件下的政治说服内容。封建主有封建主的教条式的道德规范，如忠君爱民思想、三纲五常等，这些无非是为了教导大众无条件服从封建阶级的统治；资本家有资本家的道德规范，如韦伯论证的勤俭经营、节约奋斗的资本主义精神，这一方面为资本家的剥削辩护，另一方面也是为了说服大众满足于雇佣剥削关系中的不平等；在当代资本主义社会，虽然传统极大程度上脱去了其规范层面的价值内涵，但是不同的传统遗骸中仍然会残留各式各样的说服式的"规范"观念。道德传统的政治说服属性集中体现在其自身的对立统一的运动过程中。在平时，道德名义是多元对立的，但是当整

---

[1] 《战国策第三十二》。

个集团面临外部的压力时，道德传统又将表现出一种"一致对外"的口径。马克思、恩格斯曾经指出："在这一阶级内部，一部分人是作为该阶级的思想家出现的，他们是这一阶级的积极的、有概括能力的玄想家，他们把编造这一阶级关于自身的幻想当作主要的谋生之道，而另一些人对于这些思想和幻想则采取比较消极的态度，并且准备接受这些思想和幻想，因为在实际中他们是这个阶级的积极成员，很少有时间来编造关于自身的幻想和思想。在这一阶级内部，这种分裂甚至可以发展成为这两部分人之间的某种程度的对立和敌视，但是一旦发生任何实际冲突，即当阶级本身受到威胁的时候，当占统治地位的思想好像不是统治阶级的思想而且好像拥有与这一阶级的权力不同的权力这种假象也趋于消失的时候，这种对立和敌视便会自行消失。"① 可见，特定阶层的道德观念往往具有一种适变的欺骗特征，这种动态的自我批判和对外统一，正是特定阶层道德传统内在稳定性的体现。正是基于该阶层特定的社会属性，特定的道德传统才会具有一种本质上的稳定内涵。这从不同阶层所谈论的话题的稳定性就可以看出来。不管对于这种话题的观点如何，不同阶层的话题都是具有其独特性的。比如，封建主阶级会谈论君权神授的话题。而在这个话题中，君权到底是上帝直接授予国王，还是通过罗马教廷间接授予国王的？这是一个重大的政治问题，涉及欧洲各个封建国家是否在宗教意识形态上具有独立性。在历史上，罗马教廷与欧洲各封建国家的论争直接推动了新教改革运动的兴起。但是，无论观点如何，封建主阶级关于这个话题有一点是统一的，那就是"君权神授"。无论是上帝授予还是罗马教廷间接授予，都是"君权神授"，他们是断然不会去谈论资产阶级的"天赋人权"的。

综上可见，社会集团中的道德传统正是在动态的自我批判和统一论证中体现出了一种历史的和阶级的政治说服性。

（二）潜在隐蔽性

上文已述，传统是一种意识形态的潜意识，一种法律观念的潜观念。意识形态和法律，很大程度上是建立在传统价值基础上的一种人为的观念引导。可以说，传统是意识形态与法律的根基。卢梭就曾经指出，除了政治法、民法和刑法，最重要的法律是"铭刻在公民内心里"的法律，"当

---

① 《马克思恩格斯选集》第一卷，人民出版社，1995，第 99 页。

其他的法律衰老或消亡的时候，它可以复活那些法律或代替那些法律，它可以保持一个民族的创制精神，而且可以不知不觉地以习惯的力量取代权威的力量。我说的就是风尚、习俗，而尤其是舆论"。① 所以，意识形态与法律所强调的价值观念，如秩序、服从、效率、公平等，必须在一定历史形态下的传统语境下进行设计，并从传统价值观念中汲取营养，如此才能够为政治权威的合法性建设提供一种规范性力量。例如，古罗马帝国日渐衰亡后，日耳曼人大举入侵。日耳曼人虽然属于文化传统上较为落后的"蛮族"，但是在建立国家之后，又普遍吸收了罗马帝国所遗留的传统价值遗产，对自身进行了改造，从而最终确立了自身的权威。古罗马样式建筑和艺术的兴盛，古罗马的语言、法律的继续繁荣，甚至到文艺复兴时期古罗马哲学还能够有"第二个春天"，都证明了这一点。韦伯也论证了中国古代地方官员对传统习惯和地方宗族长老的尊敬，"由于帝国的幅员辽阔，以及同居民人数相比官员数目很小，中国的行政管理不仅具有扩展的性质，而且在一般的统治者中间也缺乏中央集权思想。中央机关的指示常常被下级机关视为只不过是无关紧要的建议，而不是看作有约束力的规定。处于这种情况下，在这里如同其他各处一样，官员必须预计到传统主义的反抗，传统主义的体现者是宗族的长老和职业团体，而且必须与他们达成某种和解，才可能行使职权"。② 在中国古代，官员们必须要和地方上的宗族长老们达成一种默契，才能使中央的政治权威得到实现。直到今天的地方治理，地方的主要负责干部们也要注意每一个地区老百姓的民情、信仰和不同的传统特征，才能够将中央的方针在本地区人民中顺利的落实，最终维护国家的权威。又如，日本明治维新过程中的帝国权威建设并没有全盘照搬西方，在明治元勋西乡隆盛等人的主张下，日本明治政府后期的政策将"全盘西化"的政策进行了纠正，对日本传统文化中的神道教、武士道精神等因素进行了保护和吸收。西乡隆盛本人就是一个传统性与现代性兼具的政治家。在明治维新之后一切向金钱看齐、抛弃日本传统观念的大背景下，他力主抚恤将士，反对将武士道精神革除殆尽的做法，他慨言："临生死之境，使之如私物，事定之后，即行抛弃，影响德义。"他反对明治维新后新官僚阶层穷奢极欲、摒弃传统的做法，这导致其与他原来政治上的同盟大久

① 〔法〕卢梭：《社会契约论》，商务印书馆，2008，第70页。
② 〔德〕马克斯·韦伯：《经济与社会》（下册），商务印书馆，2006，第371页。

保利通产生矛盾，并被其排挤。但是，西乡隆盛的思想仍然被后来的明治政府采用。武士道精神的核心就是对君主和国家的忠诚，这种忠诚价值与建立现代化国家的统一权威的目标是一致的。在明治维新初期，由于社会传统的瓦解，人们遭受了心灵的震荡，日本社会经历了很大的波动。正是得益于对传统因素的吸取，日本维新之后的政府才稳定地建立了权威合法性，最终巩固了统治。直到今天，武士道精神等传统因素仍然残存在日本社会的各个角落，作为一种传统，起着重要的内在认同作用。

在晚期资本主义社会，政治统治积极利用科学技术等方式对传统进行榨取，以传统为名进行着政治统治的构建。很多时候，在足够强大的政治权力的影响下，科学的统治一方面釜底抽薪地消灭了传统价值得以存在的社会基础和经济基础，另一方面按照自己的逻辑重新解释了传统的含义。科学技术给予资产阶级的政治权力以足够的物质装备和理论资源。表面上看，科学仿佛取得了绝对的胜利，传统价值等"愚昧"的知识显然是无意义的。但是科学再先进，也难以完全说服大众。因为科学本质上是一种"物化"的知识，它的发展无论多么促进社会进步，也难免在内涵上缺乏人性。所以资本主义国家的政府普遍用科学将传统"借尸还魂"，以科学为实，套上传统的画皮对自身的合法性进行粉饰。从这个意义上说，构建的政治权威至少在名义上对传统还是十分尊重的。换句话说，即便是构建的认同以科学的锋利解剖刀对传统的重构，也是按照传统自身的逻辑来进行的。就如同医生给病人手术，如果不是按照人体的结构而是按照其他动物的结构来进行，那后果肯定不堪设想。所以不可否认，传统是一种重要的构建性权威，资本主义国家如果忽视了传统因素，没有根据传统因素的内在逻辑而设计自身的意识形态或者是法律体系，那么其权威合法性必然基础不牢，地动山摇。

（三）外在稳定性

传统作为一种构造性权威的说服力量，其另一特点是稳定性。如拉斯韦尔所说："一种公认的意见形态是能够自己长期存在下去的，不需要那些受益最多的人去进行什么有计划的宣传。"[1] 传统植根于一个民族和地区

---

[1] 〔美〕哈罗德·D.拉斯韦尔：《政治学——谁得到什么？何时和如何得到？》，商务印书馆，2006，第19页。

的自然风土民情状态，是一种自然法精神的流露，所以往往具有漫长的生命力。以宗教为例，作为最早的世界性宗教。佛教创始于公元前 6 世纪的古印度，创始人为乔达摩·悉达多。他出生在今天的尼泊尔境内，是释迦部落的王子。他 29 岁时开始修行，创立了佛教的教义。至今佛教已有2600 多年的历史。作为世界上信仰人数最多的宗教，基督教产生的时间为公元 1 世纪上半叶。基督教形成于亚洲的西部，目前主要集中分布在欧洲、美洲和大洋洲。基督教是以信仰耶稣基督为救世主的宗教。基督教也有将近 1900 年的历史。而作为世界性的宗教之一的伊斯兰教，其产生时间为 7世纪，至今也有了近 1400 年的历史。儒家文化对中国的影响也持续了将近两个半世纪，从孔子开始布道讲学，到汉武帝独尊儒术，再到宋明时期的创新，直至近代中国的革命激荡，儒家文化已经深入中国人的内心。"己所不欲，勿施于人""邦无道，危行言孙"等儒家观念已经可以说是流淌在中国人的血液里了，中国人在日常生活中普遍的折中习惯，就是这种儒家基因传统的鲜活证明。那么，传统价值为什么会这样长命百岁，具有极高的稳定性呢？

首先，传统价值之所以有这样的稳定性特点，是因为人类有一种本能的对重复经验的期待。弗洛依德称之为"文化成就感"，即通过一种具有重复意义的事物来表现自身的安定与满足。在相关的心理学实验中，人们发现孩子们在早期的生活中有一种对游戏重复性的要求，他们将同样的游戏一遍遍地重复进行，在这个过程中获得了某种满足感。① 不仅如此，在孩子成年之后，这种对于重复经验的偏好也时常表现出来。通过一种对传统价值的重复，人们制造了某种文化意义上的快感，这成为人作为政治性动物的一种标记。康德认为人是一种自律的理性存在，②这种存在的意义就是自我对自我行为的规约，这种规约就是一种价值，如果一个个体的价值能够上升为群体的价值，这对个人来说，就是一种文化意义上的实现。我们可以想象在一个原始的部落中，某个英雄人物历经千辛万苦将一头野兽猎获归来，受到全部落的爱戴和敬仰，那么这个人所秉持的这种勇敢、坚忍和强健的价值观念就在某种意义上成为全部落的传统价值。同时，这个人也将被部落的人们铭记，在这个意义上，

---

① 参见〔奥〕弗洛伊德《超越快乐的原则》，长春出版社，2004，第 11~12 页。
② 请参考本书第一章研究史部分关于康德的集中论述。

个人就将自身的价值观念上升为了一种群体的传统价值观念，当然这里还需要时间的积累。

不仅如此，一种获得了某种范围的认可的价值，对人们来说也具有了某种模仿意义上的吸引力。在这种模仿的行为中，一个社会的凝聚力也得以达成。如莫斯卡所说的，组织的"凝聚力主要建立在一种我们所说的'拟态'或模仿这一人类精神现象的基础之上，这种倾向表现为个人道德的形成和受教育环境中主导思潮塑造下的激情、情感和信仰的形成。在一个达到一定文明程度的国家，某些年轻人会形成非常明确的是非观念和道德观念，什么至少表面看上去是慷慨的、崇高的，他们关心的是整个民族甚或全人类的命运"。[1] 上文中的部落中，之后的大多数其他青年必然会以那位勇敢的猎手为榜样，将勇敢、坚忍和强健的价值观念注入自己的头脑，并在实际的生产活动中向那位勇士看齐。这样，价值就进一步巩固了自身的稳定性。所谓"见贤思齐，见不贤而内自省也"，[2] 伦理上的优越价值必然有一种感召力，这种价值通过一代人到几代人的强化，就变成了一种传统，继而，这种传统下的价值就开始以一种超凡的稳定性姿态出现在人们中间。所以，几乎每个人出生的时候，都要面对身边很多的传统价值的权威：宗教价值的权威、国家价值的权威、家族价值的权威（贵族家庭往往会强调血统的特色，如智慧、勇敢等），等等。不仅如此，随着人的成长，某个成功的前辈、某位令人钦佩的老师，甚至是工作单位里某位成功的前领导，这些人所代表的价值也会在短期意义上和小范围领域中成为一种"传统"价值，于是这个人身边就有了更多的传统价值权威。当然，这个人也可以通过自身的努力，将自己的个人价值观念上升为一种集体的价值观念，直至将自己定义为传统。在前现代社会中，有所抱负的人，几乎都在努力地在将自己锻造成某种价值符号。

随着科学时代的开启，传统被逐渐解构了。作为价值的空壳，传统被现代的科学统治改造并利用了。尼采抱怨巨龙身上的灿烂辉煌中，每一个鳞片上都书写着"你应当"（价值），他认为作为人的雄狮，应该勇敢地杀死代表价值的巨龙，最终突破这些规范的束缚，回归自身的意志。这种解构主义的豪言壮志在科学的强大影响下成为现实。虽然传统的价值内涵被

---

[1] 〔意〕加埃塔诺·莫斯卡：《政治科学要义》，世纪出版集团、上海人民出版社，2005，第237页。

[2] 杨伯峻译注：《论语译注》，中华书局，1980，第39页。

科学的现代性架空，但是传统自身的稳定性仍然在延续。这其中的关键就在于以科学为武器的资本主义政治将传统转化为类似于"润滑剂"的社会机制。这一方面减少了交易成本，提高了社会的信用与期待；另一方面又构建了客观意义上的社会秩序。所谓交易成本，是指人们在交易过程中付出的成本，如诺斯所说，"这些遵循费用包括可供选择的组织形式的衡量费用和履行协议的费用"。① 比如一个人要去买橘子，看了一个卖家的橘子，觉得不满意，于是去寻找下一个卖家。这里买家的交易成本就是寻找下一个卖家的时间、路费和消耗的精力等。而制度的意义就在于节约交易成本，诺斯认为经济变革的核心变量是制度，而制度又分为有形制度与无形制度。在政治学的分析视野中，传统作为一种具有稳定取向的无形制度，大大降低了人们的交易成本。孔子说："自古皆有死，人无信不立。"② 信用是一种道德意义上的传统，人们在市场交易过程中，不可能每一笔交易都以白纸黑字的契约形式进行明确的规定，如一些化工厂与原料生产商之间，可能每个月要有上亿吨的材料交易，甚至一天内要进行好几笔业务，如果每一笔都要签订白纸黑字的合同，那样交易成本就太高了。于是人们普遍形成了一种道德观念，那就是要守信用。如果发现哪个商家不守信用，那么可能这个地区的所有商家都不会再和它交易了。这样，人们就通过传统的价值观念构造了一种无形的机制，在这种机制下，人们节约了大量的交易成本。不仅在经济领域、在社会领域，传统的价值也塑造了人与人之间关系的一种简化模式。从长期上看，传统道德大大节约了人们的交易成本。以信任的道德为例，如卢曼所说："信任，通过复杂性的简化，排除了某种行动（背德行动）的可能性：这种行动离开信任是不可能的，无吸引力的——换言之，本来不会实行的。"③ 信任是这样，其他的诸如忠诚、孝敬、友爱、贞洁等传统价值也是这样。如果没有这些传统的价值规范，那么人与人之间必然会陷入可怕的信任危机。领导与下属之间不信任，就无法合作；父母子女之间不信任，就没有家庭和睦；朋友之间不信任，就不会有友谊和共同的志趣，人们就只能孤零零地踯躅于世间；丈夫与妻子不信任，就会是双方的永久隔膜，甚至感情破裂。对志在在全社会

---

① 〔美〕道格拉斯·C. 诺斯：《经济史上的结构和变革》，商务印书馆，2002，第40页。
② 杨伯峻译注：《论语译注》，中华书局，1980，第126页。
③ 〔德〕尼可拉斯·卢曼：《信任：一个社会复杂性的简化机制》，世纪出版集团、上海人民出版社，2005，第32页。

范围内构建合法性的资产阶级统治者来说，传统的稳定性不可回避。所以，利用科学进行重新解读，传统变成了节约人与人之间活动交易成本的必要秩序守则。在这种无形的制度下，人们维持了一种表面上的信任和稳定，从而使得社会活动能够在政治结构所允许的方向上进行。在这个意义上，政治合法性也在传统的名下得以构建。

第三节　以正义为名的"绩效"牢笼

合法性的绩效基础指的是政治权力的治理绩效，其逻辑是"对满足的服从"。

人类是一种在不断满足中实现愿望的动物。从马斯洛所论证的需求动机的层次就可以看得出来，人类总是需要在更高的意义上满足自身、实现自身。这也正是人类区别于动物的根本之处。作为公共权力的资本主义国家，其职责很大程度上就是满足全社会范围内日益增长的各种需求，这就成为公共权力政治合法性的绩效性构建的来源。正如经济学"中等收入陷阱"理论所揭示的，南美和东南亚国家陷入经济困境及其政治上的普遍动荡是因为这些国家在经济建设中没有重视收入差距扩大、科技创新乏力、国家竞争力低下、比较优势丧失等问题，国内和国际两种需求长期严重不足下的经济滞胀，经济发展难以满足社会的期待与要求，最终上升为合法性急剧降低的政治危机。可见，绩效性是政治合法性构建不可或缺的手段。从概念上看，"有效性（绩效性）指实际的政绩，即该制度在大多数人民及势力集团如大商业或军队眼中能满足政府基本功能的程度"。[1] 换句话说，有效性就是指政府对社会需要的满足。当然，这种满足在根本上并不是立足于人民的真实需要，而是资本主义政治统治的本质所决定的。资产阶级之所以用种种"糖果"般的绩效来诱惑大众，并不是他们多么悲天悯人地信仰启蒙运动的精神，而是为了构建社会对自身的认同。正如马基雅维利教导国君的："要使人民获得满足，心情舒畅"，[2] 君主运用满足的绩效来达成自身的权威，这已是一种较早的合法性构建思想。在社会大众被"科学主义"洗脑的今天，价值规范一败涂地，道德的容忍程度已经越

---

① 〔美〕利普塞特：《政治人——政治的社会基础》，商务印书馆，1993，第53页。
② 〔意〕尼可洛·马基雅维利：《君主论》，商务印书馆，2012，第90页。

来越低。绩效性满足在更大程度上影响着政治权威合法性的高低。换句话说，当代资本主义社会的大众更加"实际"，他们脑海中已经没有价值的超验意义，价值的规范内涵被实实在在的物质利益取代，成为物化计算的标准。所以，当一个政治权威能够有效地满足社会基本面的需求时，其合法性程度相对来说一定较高。因为一方面社会成员因为其需求被满足，就会更加愿意服从权威；另一方面，对社会需求的满足也加强了政治权威控制社会的能力（社会大众接受了权威的馈赠，很大意义上也就受制于权威）。反过来，当一个政治权威不能对社会大众基本的需求做出及时、有力的回应时，那么其权威的合法性就必将受到威胁。因为社会成员的服从是以政治权威对其需要的满足为重要条件的。从这个意义上说，诱导式绩效的关键意义在于联结工具性价值与隐含性惩戒。诱导式绩效一方面借用了价值的工具性外壳，另一方面通过绩效的满足控制了社会大众。诱导式绩效以正义为名义发现甚至制造了某种社会大众的需求，然后满足大众，使他们离不开这种需求（一旦停止施与，绩效就变成惩戒），最终完成对社会大众的控制。诱导式绩效体现出一种以正义为面貌的冠冕堂皇和以诱导性满足为手段的结构性控制下的隐性强制。换句话说，诱导式绩效不仅以满足为诱饵，还联结了工具性价值的规范名义和隐含性的惩戒，成为构建认同的关键枢纽。在现代资本主义国家，以绩效的满足替代规范性的评断，用物质利益的交易来换取公民的规范认同，同时将绩效和惩戒结合起来，这就是当代资本主义国家构建合法性的重要途径。以"生活品质"为名诱导大众加大杠杆进行房地产领域的投资，最终促成了美国的次贷危机，这背后不过是国家通过金融资本对全社会进行控制。以"个性自由"为名诱导大众反传统，剥离公民的规范价值，把政治价值变成经济利益满足意义上的交易，无非是为了培养头脑空空、可以被收买的"公民"。美国、日本等国以南海"安全威胁""航行自由"为名义的征税扩军，表面上给公民以"安全"和"秩序"，实际上不过是为了强化暴力从而能够更加久远地控制国内大众而已。

所以我们可以看到合法性的绩效构建具有功能性和统治性的双重意义。恩格斯曾深刻地指出："政治统治到处都是以执行某种社会职能为基础，而且政治统治只有在它执行了它的这种社会职能时才能持续下去。"[①]

---

① 《马克思恩格斯选集》第三卷，人民出版社，1995，第523页。

政治权威正是政治统治与社会服务两种内容的对立统一。在公共权力的绩效性社会管理活动中，也隐含了其作为政治统治控制社会的目的。一方面是社会管理活动中的服务，是对社会大众需求的满足，具体表现为就业率、经济发展、收入提高、社会福利的增长等；另一方面，则是政治统治目的下对社会的控制。资产阶级国家为人们提供社会保险福利的反面，就是将政治权威与个人的生活需要连接在一起，其逻辑是如果统治集团的政治合法性消亡，那么国家必然崩溃，这样个人获得的各种社会福利也将消失。从这个意义上说，个人在公共权力的社会管理活动中，一方面获得了一定的福利，另一方面也担负了某种对公共权力服从的义务和责任。所以，绩效性的构建活动绝不仅仅是管理意义那样简单，它是功能性的管理活动与统治性的政治活动的统一。

　　首先，对社会需求的满足是绩效性活动的主要内容。对社会大众需求的满足，是政治权力实现长治久安的重要方式。它在表面上描述了政治权力的主要活动领域和内容。如韦伯所说："倘若一群人支付给某一个人费用，因为他总是准备（作为机构）有计划地实现大家的共同利益，并（相应地）有所行动，或者倘若这样一种利益代表不管以什么方式，直接或间接地得到'支付'，那么一种社会化也就因此被创立，它在任何情况下都是共同体行为继续存在一种强有力的保证。"① 给予社会大众绩效性的支付，是政治合法性绩效基础的形式特点。政治权力通过这种绩效性活动而得以存在，并且将自身的功能明确化。

　　其次，从政治上加强对社会的控制是绩效性活动的目标指向。无论是怎样的功能性服务，背后都有一种社会控制的政治统治意义。韦伯也说道："经济调节的制度……在利益斗争直接目的之外往往具有深远的意义。"② 统治集团通过对各种各样社会大众需求的管理、安排，甚至是构建，最终达成了自身对社会的政治统治。毋庸置疑，我们不能忽视绩效基础背后的政治逻辑。

　　需要指出的是，很多时候统治集团为了持有公共权力，往往以绩效性活动为名义，不择手段地建构合法性。这些绩效性建构很大意义上是一种

① 〔德〕马克斯·韦伯：《经济与社会》（上册），商务印书馆，2006，第383～384页。
② 〔德〕马克斯·韦伯：《经济与社会》（上册），商务印书馆，2006，第392页。

机会主义行为（opportunistic behavior）。① 在现代社会，规范意义上的合法性作为大众对于公共权力的服从，应该是通过将大众意志充分表达，并在此基础上将其需求进行充分满足来达成。公共权力合法性原初的含义就是"为了公共善和共同意志而合法"。但是在绩效性治理的过程中，统治阶级奉行"为了达成社会的服从而不择手段"，资本主义政权的很多行为会带有一种机会主义行为的色彩，甚至在极大程度上偏离了"公共善"和"共意"的实质目标。这种行动经常是单纯通过国家权力的运用，利用各种各样的技术性工具，人为地构建甚至是虚构一种服从的绩效或者情势，从而最终引导、驱使甚至欺骗人们去服从。不可否认，这是一种经验意义上"未经过同意"的服从，其本质是一种温和的强制。所以不能忽视在阶级社会中，处于统治地位的剥削阶级很多情况下对自身政治合法性的"诱导性"绩效的建构。

下面，就从专业化技术、身份与资格、符号与象征三个角度对政治合法性的绩效构建进行论述。

一 专业化技术

运用专业化的技术管理满足社会大众的物质精神需要，这种办法的逻辑是"我满足你，所以你要服从我"，即通过满足社会大众的各种物质精神需求，证明自身政治统治的正当性（需要指出的是，这种意义上的服从不一定具有规范意义上的正义性。如通过不正当的交易换来的服从）。在现代社会，公共权力普遍利用科学技术的发展，与科学建立某种关系，以科学为名义来进行政治统治，在满足社会大众需求的同时，也对社会大众的身体与行动进行着格式化；人们越来越趋向于"类型化"的生活方式，而这种被科学主义固定化的生活模式也是一种服从。当然，专业化技术对于治理层面的合法性来说是必不可少的。但不可否认的是，统治集团也总是会通过一种专业的合理性粉饰其政治的合法性。在这个意义上的合法性，很大程度上并不关注权力获得的理性与否，也并不关注制度的理性与否，它关注的是一种统治能力在形式上的专业性，一种纯粹的形式合理

---

① 经济学博弈论中的一个概念。机会主义行为是指在信息不对称的情况下人们不完全如实地披露所有的信息及从事其他损人利己的行为。一般是用虚假的或空洞的非真实威胁或承诺谋取个人利益的行为，如虚假广告、专利剽窃、偷税漏税、违约现象、偷懒行为等。有点类似于俗语中的"钻空子"的意思——作者按。

性。"我科学（专业），故我统治"（而不是我正当，故我统治），是这种专业化技术支持权力正当性的核心。

（一）"科学的"绝对权威

利用专业化技术进行的政治统治，首先表现为"科学的"的绝对权威。现当代西方国家普遍将自身的政治合法性与迅速发展的科学技术结合起来，以达到巩固政治统治、维护政治权威的目的。这种"科学的"政治权威主要体现在如下几个方面。

首先，以科学为名义的统治。在科学发展日新月异，科学技术日益融入人们生活的今天，以科学的必然性为名义进行统治，本身就是一种达成服从的捷径。既然科学在技术上是合理的，那么政治统治借助于科学的观念而行动，也就具有了政治上的合理性。所以"科学是一种先验的技术学和专门技术学的先验方法，是作为社会控制和通知形式的技术学"，[①]"我科学，故我统治"，是现当代资本主义国家普遍运用的统治骗术。霍克海默批评了这种统治的虚伪性，"统治者们其实并不相信任何客观必然性，尽管他们有时靠着这种必然性来阐明他们的治国韬略……只有被统治者才接受发展具有毋庸置疑的必然性，这种发展在号称能提高他们生活水平的时候，却使他们会变得越来越软弱无力"。[②] 在通过推动科学进步以进一步满足社会大众各方面需要的同时，国家也在论证着自身的政治合理性。从某种意义上来说，这种过程是一种将技术合理性与政治合理性进行混合的过程，是一种概念的调换。在这一调换过程中，虽然公共权力在一定程度上满足了社会大众的各种需求，但不可否认的是"技术的合理性已经变成政治的合理性"。[③] 可见，凭借以科学名义的绩效性满足，公共权力内在地证明了自身的合法性。

其次，是福利国家功能分化下的控制。我们必须承认，福利国家的各种实践，缓和了社会矛盾，解决了很多社会弱势群体的基本生活需求，具有进步的意义。但同样不可否认的是，资本主义国家通过福利国家政策的实施，也进一步加强了公共权力对社会大众的控制。这种控制的形式早已

---

① 〔美〕马尔库塞：《单向度的人》，世纪出版集团、上海译文出版社，2008，第126页。
② 〔德〕马克斯·霍克海默、西奥多·阿道尔诺：《启蒙辩证法——哲学断片》，世纪出版集团、上海人民出版社，2006，第30页。
③ 〔美〕马尔库塞：《单向度的人》，世纪出版集团、上海译文出版社，2008，第7页。

被马克思的"异化"学说总结。阿尔都塞曾经分析马克思的异化理论,认为马克思论域中的机器是"这样一些现实,它们以一些各具特点的,专门化机构的形式呈现在临近的观察者面前……宗教的、教育的、家庭、法律、政治、工会、传播、文化的"。① 马克思的异化学说认为,现代工业的机器大生产不是将工人变成产品的主人,而是将工人"异化"为产品的附属品。不是工人创造了产品,而是工人成为工厂、产品的奴隶。在这个过程中,工人作为"人"的性质逐渐被剥夺,最终被"异化"为工业社会的附属品,成为工业社会的奴隶。这种异化的逻辑在现代科学发展下的资产阶级福利国家中被进一步强化。在现代社会,不仅仅是进行体力劳动的工人,即使是进行脑力劳动的金领、白领阶层,或者是大学的教师,很大程度上也被科学发展下的社会分工"异化"了:"个人只是把自己设定为一个物,一种统计因素,或是一种成败。他的标准就是自我持存,即是否成功地适应他职业的客观性以及与之相应的行为模式。其他一切事情,不管是观念,还是罪行,都受到集体力量,受到从班级一直到公会这些集体力量的监控。"② 不是人在创造物质,而是物质在奴役着人。一方面,是福利国家通过社会的分工细化,满足着越来越多的社会需求;另一方面,是在这种日益深化的分工中,人越来越成为社会工作的附属品。如马尔库塞所说:"这种巧妙的奴役本质上无异于打字员、银行出纳员、繁忙的男女推销员和电视播音员所受的奴役。"③ 即便是收入颇丰的金领阶层,他们的工作也不过是朝九晚五,例行公事,"做一天和尚撞一天钟",没有人自身的创新的实现,成为一种科技统治下福利国家的顺民。

再次,是个人政治意见的消失。在科学主义的统一管理中,原子化的个人政治意见的公共性方面变得微不足道了。现代科学技术打造的巨大国家将个人打碎为一个个微小的原子,在这种科学对人的解构下,人们在思想上表面雄健有力,实则越来越软弱,政治意见正在变成原子角落里的偏狭评断。正是这种个人公共意见的消失(并非个人意见的消失),为资产阶级国家政治统治的合法性提供了条件:"自从神话时代起,无产者们就已不再具有比沉稳老成的占有者们更多的优越条件,他们总是逆来顺受、

---

① 〔法〕阿尔都塞:《哲学与政治》,吉林人民出版社,2004,第335页。
② 〔德〕马克斯·霍克海默、西奥多·阿道尔诺:《启蒙辩证法——哲学断片》,世纪出版集团、上海人民出版社,2006,第22页。
③ 〔美〕马尔库塞:《单向度的人》,世纪出版集团、上海译文出版社,2008,第22页。

眼花耳聋。社会的过度成熟，靠的就是被统治者的不成熟。"① 现当代西方国家政治制度的合法性危机也正是来源于此。需要注意的是，在政治合法性的构建中，个人并不是"单向度"的被动存在，他们依然进行着政治上和公共意义上的评断，只是这种评断缺乏人性、政治性和群体性，是孤立、偏执而零散的，很容易被来自资本主义国家的结构性控制吞噬和控制。从这个意义上说，他们"逆来顺受，眼花耳聋"。这与霍克海默语境中完全丧失主观判断能力的大众有根本的不同。绝对呆滞的木偶和自以为自由而实则被奴役、自以为成熟实则幼稚、自以为有力实则虚弱的木偶是不同的概念：本文中的原子化公民与法兰克福学派的"单向度的人"是不同的，虽然两者从被"物化"的方向上看是相似的。

除了科学对人的解构，还有公共权力的主动控制。通过将"现象和实在、事实和动因、实体和属性之间的紧张逐渐隐没"，② 公共权力运用"科学"的话语权，引导、控制着个人的政治意见。理性化的科学随着社会生活和社会生产的发展已经渗入每一个角落，将"社会本身当成思想的主体"，这样，科学内在的必然性就使其成为控制思想的工具。如霍克海默所指出的："思想是作为批判手段出现的。在神话学通往逻辑主义的道路上，思想丧失了自我反思的要素，今天，尽管机器供养了人们，但它使人们变得软弱无力。"③ 例如，网络上发表评论的个人往往因其错误、偏执和片面的言论而被冠以"偏激""五毛党"等非理性的标签，而专家的意见则往往具有权威性质，因此，通过运用专家的意见，统治阶级就淹没了公民的个人政治诉求。这个过程，本质上就是将公民个人的政治意见贬低为非理性意见的过程，同时也是塑造公共权威合法性的过程。殊不知，原子化公民们的偏执和错误观点，正是科学解构下的原子化社会生态所造成的结果。资本主义现代性打碎了传统社会中的人们的类结合，公民在自我的生活回路中各自为战，自然难以看道自身的真实政治需要，也无法拥有完整的政治性。可以说，科学的现代性充当了资本主义政治统治的铺路机，它将大众的整体性政治存在碾碎了，而政治统治的构建活动则顺理成章地

---

① 〔德〕马克斯·霍克海默、西奥多·阿道尔诺：《启蒙辩证法——哲学断片》，世纪出版集团、上海人民出版社，2006，第29页。

② 〔美〕马尔库塞：《单向度的人》，上海世纪出版集团、上海译文出版社，2008，第69页。

③ 〔德〕马克斯·霍克海默、西奥多·阿道尔诺：《启蒙辩证法——哲学断片》，世纪出版集团、上海人民出版社，2006，第30页。

从此接手，将原子化的个人意见逐个收服。在这个过程中，原子化个人被阉割了自身的集体性和政治性，却对此毫无所知或者有所知而无力而为。

最后，是政治系统的自我证明。从政治系统论的分析视角来说，以"科学"为名义进行的绩效构建，是一种政治系统输出的特殊产品。戴维·伊斯顿通过利用政治系统分析的范式也论述了构造的合法性，他说道："依靠某种反应，一个系统①经由其当局的行动，就可以致力于对付这种支持的蚀耗。这种反应由一系列的输出组成，经由其结果，这种输出又反馈到系统，并因而可以增加（或降低）使用与政治目标的支持水准。"不仅如此，"通过各种反应，当局可能成功的产生（而不是得到与合法性有关的散布性依附）对一种共同利益的献身，或对一个政治共同体的认同"。② 在这里，作者所说的大众获得的认同与政治系统生成的认同就是类似于戴维·赫尔德所论述的非规范性的服从与规范性服从的概念。得到的认同是一种规范性认同，即所谓"心悦诚服"的认同；而产生的认同则不是"心悦诚服"的认同，而是一种构造的合法性。从这个意义上来说，政治系统正是运用自身各式各样的"科学的"能力和技术，从经济、文化到社会，从宏观到微观，从公共领域到私人领域，运用各种方式应对不断变化的社会要求，最终构造一种社会对自身的服从，这种构造物，就是政治系统的重要产品。

（二）专业化官僚组织

类似于伊斯顿论域中政治系统"守门员"的作用，专业化技术统治的工具是公共权力设立的官僚组织。韦伯曾经指出，"作为行政管理的国家的统治运作"是一种"政治的领导和官员的统治"，"在一个现代的国家里，真正的统治既非在议会的演说中，也非在君主的告示里，而是在日常生活中行政管理的处置上发挥作用，他必然地和不可避免地掌握在官员的手中，既包括军队的官员，也包括文职的官员"。③ 在生活中，当人们乘坐公务轮船在海上航行时，船长自然就拥有一种天然的权威。相似的空中航班的机长、医院的医生等都是专业化技术生成权力的例证。与政府相关的，如铁路部门的规章要求和乘车规定，很大程度上就造就了一种大众的

---

① 在作者的语境里，这里的系统是一种政治系统。
② 〔美〕戴维·伊斯顿：《政治生活的系统分析》，华夏出版社，1999，第411~412页。
③ 〔德〕马克斯·韦伯：《经济与社会》（下册），商务印书馆，2006，第736页。

服从。因为对一个要去乘坐列车的人来说，必须要更换纸质车票还是可以用身份证件直接上车等规定的细节，是需要向铁路部门相关工作人员请教和咨询的；对于怎样去改签车票，到哪里去改签车票，很多人都有不明白规定而浪费时间和金钱的经历，这就更加凸显了这种公共权力背景下对专业化技术的一种服从。哪怕是一个普通的档案人员也可以构建出种种习惯、规定甚至是"传统"，来驱使人们向他请教，从而对他进行某种意义上的服从。弗里德曼在描述美国一些政府部门利用职权来引导公民服从的时候就写道："注册有时单纯是帮助收税的一个办法。"① 类似于一种掩人耳目的办法，通过设置注册的程序，政府可以充分了解纳税人的个人住址、联系方式等个人信息，从而最终方便其催缴税款。可见在美国，税务部门为了能让那纳税人乖乖缴税，也采用了一些专业化技术下的程序性手段，迫使人民就范。

马克斯·韦伯是研究专业化官僚与政治合法性关系的集大成者。他在谈到官僚机制的专业性时说道："合理和合法的行政管理班子的类型是多才多艺、无所不能的，它在日常生活中是至关重要的……合法型统治的最纯粹类型，是那种借助官僚体制的行政班子进行的统治"，在这种班子之中，行政人员"通过专业业务资格被任命（不是选举）"。② 在韦伯的视野中，官僚制度就是统治集团利用专业技术构造权力合法性的工具。哈贝马斯对这种以专业性构造合法性的过程进行了解读。他认为韦伯的专业性的政治统治有三个方面："规则合理性、选择合理性、科学合理性。"运用一种可预见的、反复的行为模式进行的统治叫作规则合理性；当这种规则具有了一种"既定价值"时，就具备了目的和理性的内涵；当这两种合法性的建构方式变得"广泛、复杂和专门"时，就形成了一种综合意义上的"科学合理性"。③ 这里的科学合理性中的"科学"（wissenschaftlich）一词在德语中并不是仅仅是指科学，编者指出这个词汇具有一种综合的含义。从规则的合理性到最后的综合的构建，是公共权力对自身合法性的一种纯粹证明。拉斯韦尔也指出了技能在支持权力正当性中的关键性作用。"运用仪式象征的技术以及暴力、组织、议价、宣传、分析等技术"，足以使

---

① 〔美〕米尔顿·弗里德曼：《资本主义与自由》，商务印书馆，2006，第157页。
② 〔德〕马克斯·韦伯：《经济与社会》（上册），商务印书馆，2006，第245~246页。
③ 〔德〕哈贝马斯：《在事实与规范之间——关于法律和民主法治国的商谈理论》，生活·读书·新知三联书店，2011，第560~561页。

人或者集团"通向显赫的道路"。① 可见，专业化官僚组织对于政治合法性的绩效诱导来说，是十分重要的依靠和凭借。

(三) 经济的全面管理

传统社会中的小农经济就是将农民固定在土地上，利用经济上的生产资料的地主阶级占有，加上政治上的中央集权政府的救灾模式，构建了一种剥削和救灾相辅相成的合法性模式。这种合法性的构造逻辑就是：地主阶级掌控土地，剥削农民—农民没有多少剩余物资可以独立抵抗天灾—不可避免的天灾发生—中央王朝减免税负救灾—农民感恩戴德—中央王朝获取合法性，继续维持生产资料地主所有制—地主继续掌控土地，剥削农民。在这样一个合法性的构建逻辑中，农民在被剥削中不得不同意、服从中央王朝的权威。相应地，中央王朝获得了权威，而地主阶级则安享富贵。据相关学者研究，在中国传统的封建社会，"各种类型的农民是主要的生产者，自耕农占有土地及占有主要生产资料，佃农和依附农则从地主那里租种土地和占有部分生产资料（雇农则完全没有自己的生产资料）。就一家一户而言，自耕农占有的土地是少量的，总产量是少的，必要产品和剩余产品也是少的，剩余产品尤其少，大约占总产的 1/3。这 1/3 的产品还要应付各种赋税和公共开销，有一部分支付日用或贮存，作为商品到市场去交换的是很少量的，为的也是提供日常生产和生活的必需用度（如盐、铁、陶瓷），能用于再生产和扩大再生产的约占总产量的 8% ~ 15%"。② 这种低程度的生产剩余，再刨除被地主拿走的，剩下的生产资料基本上让农民无力独立抵抗天灾。而中国又是一个幅员广阔、天灾频仍的国家。虽然各地同时出现天灾的概率较小，但是当天灾降临，某一个地区的人民单靠自身的经济力量是无法抵抗的。这个时候中央王朝出面救灾，帮助农民们解决困境，农民们就会感恩戴德，对王朝更加拥护。于是这种合法性的循环就继续下去。什么时候中央王朝日益腐朽，没有力量再继续这种合法性的构建时，地方农民面临天灾无路可走时就会揭竿而起，这就是封建历史周期中的农民战争。在论证政制的腐朽原因时，孟德斯鸠提到了中国古代封建社会中央权威的消亡和构建轮回："中国和所有其他产米

---

① 参见〔美〕哈罗德·D. 拉斯韦尔《政治学——谁得到什么？何时和如何得到？》，商务印书馆，2006，第 77~90 页。

② 宁可：《中国封建经济的运转和发展》，《学术月刊》2006 年第 11 期，第 22 页。

的国家一样，常常会发生饥荒。当人民要饿死的时候，他们便逃往四方去谋生，结果各地盗贼便三三五五结伙成群了。多半的贼帮都在初期就被消灭了，其他的壮大起来，可是又被消灭了。但在那么多而且又那么遥远的省份里，就可能有一帮恰巧成功了，它便维持下去，壮大起来，把自己组织成为军事团体，直接向首都进军，首领便登上宝座。"① 传统的封建社会中，国家就是通过这样的经济逻辑进行着政治统治，中国古代社会也是在这样的循环中缓慢地向前迈进。

在晚期资本主义社会，经济上的专业能力也是建造公共权力合法性的重要依凭。专业能力再加上官僚机构的权力垄断就建构了一种事实上的权力合法性，这与马克思论证的国家通过金融寡头在经济上进行政治统治的观点精确吻合。金融寡头所设立的金融规范和游戏规则，方便了国家对社会经济事务进行控制。而国家则通过向银行提供低息贷款额度，使银行从同一借贷资本中获取多重利润。不仅如此，金融寡头们还通过贷款控制了社会，"成为国民永远的债权人"。② 他们通过贷款一方面鼓励工商业的建设，另一方面又控制着人民的钱袋。人民只能忙于奔波劳碌，为了还清银行的贷款而努力工作，却忽视了这种经济管理专业化技术背后的政治统治是否合理、是否正当。这样，国家就通过授予金融寡头特权从而控制了社会，金融寡头也通过经济技术赚取了巨额利润。这个过程构造了一种沉默同意下的权力合法性。在这种合法性下，公共权力并不关注人民是否满意，它通过一种经济技术性的管理，控制了人民的生活，让人民忘却了公共权力的统治是否有正当性，最终构造了一种事实上的合法性。我们知道，普通的人民有谁能真正明白信贷额度、名义利率、头寸等专业知识呢？了解其中的内幕对他们来说则更加的不可能。他们只能为了生计而贷款、在贷款的重压下还款，计算着经济利益却忘记了自身的政治权利，忽视了这种模式是否合理，最终没有选择地选择了同意。这就是马克思对帝国主义利用经济技术构造权力合法性，从而进行阶级统治的深刻揭露和批判。

在现代国家，这种以中央银行为主体的金融寡头不仅没有衰落，反而大张其势。"二战"后，美国金融资本在银行资本与工业资本垄断程度提

---

① 〔法〕孟德斯鸠：《论法的精神》（上册），商务印书馆，2005，第152~153页。
② 《资本论》第一卷，人民出版社，2004，第865~867页。

高的基础上空前膨胀起来。"1939 年美国官方的调查报告宣布，1945 年美国八大财团的资产总额是 610.2 亿美元。1955 年，维克托·佩洛估计，仅摩根一个财团的财产就有 650 亿美元。有人估计，1974 年，美国十大财团控制的资产总额猛增至 12505 亿美元。滚滚利润正在流向美国金融寡头的钱柜。"① 直至今天美国各大金融寡头仍然垄断着美国社会的方方面面，近年的次贷危机就是金融霸权崩溃的一个最好例证。当然，最近这些年也有专家学者分析国内银行的垄断趋势，这些问题都是值得我们关注的。

在世界经济一体化的今天，不仅一个国家内部是这样，在全世界范围内同样是如此。美国等西方国家就是通过经济金融领域的操作渗透，控制着全世界很多国家和地区。通过这种方式，西方资本主义国家在谋取巨大利润的同时，也引导、驱动甚至是迫使这些国家在政治上服从西方的体系。这样，就建立了一种美国式宪政制度在全世界领域内的权威。美国从克林顿时代以来，就奉行经济渗透的世界政策。首先是占领产业制高点。在信息产业、航天、核能、军事等关键领域掌控世界市场，进一步抢占前苏联留下的市场空间。然后是运用逆差政策和赤字政策，② 让全世界为美国的战争等公共开支买单。2013 年初美国的"财政悬崖"事件就很说明问题。根据美国国会预算办公室（CBO）的最新估计，财政悬崖可能拖累 2013 财年（2012 年 10 月 1 日～2013 年 9 月 30 日）美国实际 GDP 增长约 0.5 个百分点，严重影响了美国乃至世界经济。实际上，这种财政赤字和逆差政策是美国依靠其强大的金融世界体系，将经济危机转嫁他国的一种巧妙方式。

综上可见，通过经济上的专业化技术控制社会、控制人们的物质生活，从而虚构一种沉默的合法性，是政治统治，尤其是现代国家构造其公共权力合法性的必要手段。

（四）社会宣传的艺术

宣传是构造合法性的另一种重要工具。这里的宣传是指一种广义上的传播，是权力主体通过有形、无形的方式，将被挖空了内容的政治价值灌

---

① 张帆：《战后美国银行垄断资本与工业垄断资本的溶合——驳金融资本消失论》，《世界经济》1980 年第 7 期。

② 参见王俊周《经济控制：美国统治世界的主要方式》，《齐齐哈尔大学学报》（哲学社会科学版）2002 年第 1 期。

输给大众，从而塑造意识形态、营造政治文化、影响政治心理，最终构造一种社会服从，达成自身合法性的一种动态过程。合法性是一种服从的状态，这种服从不是自然而然产生的。政治集团必须将自身的施政的主张和修辞，通过宣传的方式向大众传播。只有这样，大众才会知晓政治集团的存在，从而进行辨别和选择。可以说，宣传是构造合法性的前提，它是合法性构造必不可少的工具。小到口口相传的一对一沟通，达到大规模的竞选活动，很难想象一个政治集团没有宣传的工具和技巧该怎样成功获取公共权力。如果没有新闻、媒体等渠道的政治广告效应，那么政治集团将难以获得支持；如果没有说服、教育等沟通手段，再根深蒂固的传统和信仰也很难深入人心。孔子曾经说过："君子之德风，小人之德草，草上之风必偃。"作为权力主体的君子通过德化的宣传，就可以影响作为"小人"的大众，从而令社会大众望风归附，对君子产生心甘情愿地服从，最终维护自身的统治地位。拉斯韦尔在分析民主政治下利用宣传将政治理念植入人心的过程时形象地指出："富有的、成功的叔叔，富有的、成功的执事，富有的、成功的校友，富有的、成功的银行家都成了奉承别人或是炫耀自己的谈话焦点。这些人的画像装饰在墙壁上，他们的半身铜像点缀在客厅中，他们的出现为各种聚会增添光彩。"① 在这里，我们可以看到一种通过对形象的宣传塑造公民社会政治文化的微观过程，拜金主义、商品拜物教等意识形态就是在这样的政治宣传中逐渐形成的。

不仅如此，宣传还可以借用、虚构某种"共同意志"的价值名义，驱动大众对公共权力进行服从。比如说历史上的很多恐怖分子都是打着民族主义的旗号发起行动的，他们都是运用政治宣传的逻辑和操作手段的高手。他们利用一种共同的地域和文化的事实，虚构一种民族意志的假象，号召某些不满现实的边缘人甚至是流氓地痞的响应，来虚构一种自身的合法性，为其夺取政权，实现自身利益制造宣传攻势。

统治集团在引导大众的"共同意志"的过程中，还经常运用典型示范的手法。这是一种常用的宣传手段，通过树立、渲染、宣扬甚至神化一个事件或个人塑造一种工具性价值符号，产生一种对大众心理的怀柔或威慑效应，最终达成大众的服从。正如马基雅维利所说，统治者"应当同时效

---

① 〔美〕哈罗德·D. 拉斯韦尔：《政治学——谁得到什么？何时和如何得到？》，商务印书馆，2006，第20页。

法狐狸和狮子。由于狮子不能够防止自己落入陷阱，而狐狸则不能够抵御豺狼。因此，统治者必须是一头狐狸以便认识陷阱，同时又必须是一头狮子，以便使豺狼惊骇"。① 对于统治集团来说，政治宣传一定要智慧和勇气兼备才能够达成大众的服从。比如居鲁士王的恩威并用策略。公元前553年，居鲁士起义反抗米底。为了提高士气，说服波斯人服从、追随自己，建立征伐敌人的合法性，他想出了一个主意。某一天，他召集全部落的波斯人集合，命令他们用镰刀在一天之内开垦出一块超过好几公里见方的土地。这项艰苦的劳作，令大家筋疲力尽。在完成土地开垦任务的第二天，居鲁士让波斯人将身体清洗干净后穿上整齐的衣服集合。居鲁士杀了自家全部的牛和羊，并准备了酒和各种美食犒劳全体部落的波斯人。此时，居鲁士问他们是喜欢第一天的艰苦疲惫还是第二天的安详享乐。听到大家都选择了后者之后，居鲁士感到时机已经成熟，便说："各位波斯同胞啊，如果你们听我的话，就会享受无数像今日这般的幸福；如果你们不肯听我的话，那就要受到无数像昨天那样的苦役。"于是全体波斯人奉居鲁士为领袖，起兵攻打米底。在这里，居鲁士运用给予大众两种相反的心理体验所产生的强烈对比——整整一天的耕田艰苦忙碌与欢饮一天的快乐生活形成的强烈反差——教导大众美好的生活需要用武力来实现，从而驱使大众服从自己。与之相似的还有中国战国时期魏文侯冒雨赴约的故事。魏文侯是魏国的杰出君主，在他的治理下，魏国曾一度强盛于其他诸侯国。魏文侯和看守国家猎场的小官约定一起打猎。到了约定的时候，文侯与大臣们酒意正酣，突然天降大雨，但是魏文侯还是出门了。左右大臣都奇怪地问他："外面有这么大的雨，大王要去干什么呢？"文侯说："我和看守猎场的官吏约好了今天去打猎，虽然下雨了，但是也不能爽约啊！"于是魏文侯冒雨赴约，累得疲惫不堪，但其诚信的美名却传开了，魏国也因此走向强盛。② 在这里，文侯就是通过运用一种榜样的示范效应，向全国的官吏和人民宣示魏国国家有令必行的决心。这与商鞅在秦国城门立木的做法如出一辙。商鞅要在秦国实施变法，为了表明官府出言必行之诚信，商鞅便命人在南城门立了一根木头，承诺如果有人将此木搬到北城门，就赏赐十金。搬一根木头，有如此重赏，人们不信，无人去搬。于是商鞅又下令，

---

① 〔意〕尼可洛·马基雅维利：《君主论》，商务印书馆，2012，第83~84页。
② 何建章注释：《战国策》，中华书局，1990，第881页。

将赏金加至五十金。此时有人将信将疑把木头搬到北城门，商鞅马上派人兑现赏金，以示不欺。这件事轰动秦国，百姓纷纷叹服。认为官府守信，相信商鞅说话算数，便拥护改革，商鞅的新法得以顺利实施。

除了构建事件作为一种合法性的象征，人以及人与人之间的某种结合或配合的方式也可以成为一种合法性的价值象征。统治集团经常运用领导者之间的配合方式来构建一种合理性和正当性，驱使甚至欺骗大众去服从。米歇尔斯提到过政党领袖们"以退为进"的竞争策略，他说道："在政党活动中，只要政党领袖遇到了阻力，便会主动提出辞职，表面上宣称自己已经厌倦了领导职务，然而实际上是要通过辞职向反对者显示自己是不可或缺的。"① 他列举了瓦尔泰西等几个社会主义共党的领袖以退为进的案例。实际上这种行为和组合的策略也是一种宣传意义上政治合法性的构造。

又如，唐太宗与魏徵的故事被传为千古美谈，但实际上，这个美丽的故事也难逃合法性建构的逻辑。很大程度上，它也是一种人为构造下的君明臣贤的美德形象宣传，以期获得天下的服从。我们知道房玄龄、杜如晦以及长孙无忌等文臣是太宗李世民作为秦王时的班底。在秦王即位后，进献忠言、匡正帝王的任务理应是以他们作为主力来完成的。可为什么恰恰是一个曾经在旧太子府上任职，而且曾经劝说旧太子对李世民"先下手为强"的"降臣"魏徵担当起了这个重任呢？这固然有太宗的宽容和魏徵"雅有经国之才，性又抗直"② 的君明臣贤因素，但是不可否认，这里还有另一层的构造性原因，那就是无论是房玄龄还是杜如晦，他们都是拥立皇帝的功臣，如果他们过分地纠正皇帝的错误，就有可能造成对皇权的威胁，从而难以摆脱"功高盖主"的嫌疑。史载房玄龄经常畏惧自己权位太盛，在爵位达到宰相兼太子少师的时候，"频表请解仆射（宰相）"，③ 多次请求退休。而魏徵就不必有这样的顾忌，因为他是旧太子府上的家臣，本来就有"反贼""造逆"的历史污点。由他出来匡正皇帝的过失，如果唐太宗能够接受的话，不仅体现了皇帝能够虚怀纳谏，以及帝王胸怀天下、能容万物（甚至是过去的敌人）的胸襟，而且能够更好地鼓励大臣们进谏——一个曾经反对过皇帝的人的强谏都能被皇帝接纳，那么其他的大

① 〔德〕罗伯特·米歇尔斯：《寡头统治铁律》，天津人民出版社，2003，第42页。
② 《旧唐书·传二》，中华书局，2010，第2547页。
③ 《旧唐书·传一》，中华书局，2010，第2462页。

臣就不会再畏惧进谏会冒犯皇帝了。反过来说，即便万一魏徵确有某种不良的图谋，他作为曾经反对过皇帝的人，也是容易被处理的（唐太宗给他的待遇越好，他越是众矢之的），更不会有"功高震主"的危险。这样的一种合法性的巧妙构建果然奏效，唐太宗和魏徵的故事也确实名垂千古。不过一般人不知道的史实是，魏徵死后，唐太宗很快就借故剥夺了魏徵的封号和待遇，这也可以算作这个合法性构造艺术的一个注脚。

在技术革命的今天，借助现代信息技术的宣传其力量更加不可小觑，是统治集团通过绩效性活动构造合法性的利器。20 世纪后半叶以来，随着信息科技的迅猛发展，各种大众传媒也飞速发展了起来。传统的大众媒体诸如电视台、电台、报纸、出版社等纷纷运用新的信息技术武装自己，运用网络、手机终端等日益崛起的信息媒介进行着大众传播。在当今时代，只要手持一部手机，世界大事几乎都能在第一时间内尽收眼底。从信息传播的意义上来说，地球变成了一个村落。在这种技术条件下，通过大众传媒来影响公众，从而建构一种社会的服从，就更加便利。所以，对于关注自身合法性的政治集团们来说，大众媒介的迅猛发展无疑进一步提升了宣传技能的重要性，通过宣传而提升自身合法性的行动变得更加举足轻重。

2013 年 10 月，正当美国民主、共和两党的总统大选如火如荼之时，飓风"桑迪"袭击了美国大西洋沿岸的很多城市，美国很多州县受灾严重。10 月 31 日美国总统奥巴马到新泽西州大西洋城视察风暴"桑迪"重灾区。他在灾区发表讲话，安抚受灾群众，并且向他们承诺灾后政府的救助。奥巴马当天在大西洋城与新泽西州州长克里斯·克里斯蒂一道，乘坐直升机查看新泽西沿岸的受灾情况。他随后前往大西洋城附近的小镇布里根泰恩，看望在当地避难所避难的灾民。他向灾民慷慨承诺，联邦援助将源源不断地送到。奥巴马随后对媒体发表讲话说，联邦政府不会忘记灾民，将确保他们得到重建所需的一切帮助。最为耐人寻味的是，在行程中，美国总统奥巴马看望灾民，与受灾民众深情相拥。网络媒体马上将当时的照片传遍世界各地。在其中最为著名的一张照片里，总统拥抱一位受灾的中年女渔民，表达了总统与人民休戚与共的政治理念。

在这张极具有感染力的图片中，人们能看到灾民眼中的泪水和忧虑，也能看到总统的悲伤和对人民的关切。总统忧郁的表情和深沉有力的拥抱，都让人感到在这种危机时刻，奥巴马是一位能够带领美国人民走出困境的合格领袖。这里不管奥巴马的政治团队主观上是否有政治宣传的意味，也不论奥巴马本人是否有这种意图，在客观上，这种宣传确实有效建构了奥巴马所代表的民主党的一种执政合法性，从而为即将开始的总统大选制造了胜机。

不仅如此，除了正常的宣传手段，公共权力还经常通过引导、扭曲甚至是虚构某种公共意志来塑造自身的合法性。罗伯特·达尔指出了代议制所造成的共同意志的扭曲。他说道："在代议制政府底下，公民常常要授权给某些人，使他们在一些重要问题的决策上拥有自由裁量权"，虽然这些权力"是在民主制度和民主过程所确定的限度内进行的，但是这些限制往往十分宽泛，人民的参与和控制有时不够有力，使政治和官僚精英握有巨大的自主决定的权力"。① 可见，即使是在宪政民主的制度理性之下，仍然存在共同意志的扭曲（代议制的扭曲公意和代议制的失灵并行不悖），这种扭曲本质上就是一种公共合法性的人为构造甚至人为虚构。在这种担心下，多元民主理论的"超载政府"以及"合法性危机"范式比较全面地总结了这个问题："为最大限度地获取选票，政治家们过于经常地许诺超出自己能力的东西，有时还许诺满足互相矛盾的、因而是不可能满足的多种要求：政党间的竞争造成了许诺越来越大的螺旋怪圈。"不仅如此，"在政府里，由于害怕失去未来的选票，政党都过于频繁地采取和稀泥战略。例如，为了使经济走上正轨或加强年轻人的教育等行动，即使曾经有过，也很少付诸实施"。② 在民主政治中，选票就是合法性的代表。获得的选票越多，一个政治集团获得的服从也就越广泛，其合法性也就越高。所以为了获得选票，无论是竞选中的政党还是当政的官员，都在不择手段地行动着。不切实际的过分承诺也好，不作为的和稀泥策略也罢，都是为了获得民心，尽量避免开罪选民。而这样做的目的却不是公共善或满足公众的需要，恰恰相反，这种机会主义行为单纯是为了构造、达成一种合法性（获得多数选票）的实现。

综上所述，我们可以看到，社会宣传的艺术也是资本主义国家绩效性活动的重要方面，在这种活动中，公共权力以价值为名义打造了建立在社会绩效性满足之上的合法性。

---

① 〔美〕罗伯特·达尔：《论民主》，商务印书馆，1999，第122~123页。
② 〔英〕戴维·赫尔德：《民主的模式》，中央编译出版社，2004，第308页。

二　身份与资格

通过身份与资格的设定，将统治与服从的关系转化为一种个人的实现状态，也是一种绩效性的合法性构建。这种方式将公共权力与个人之间的张力通过一种"爬楼梯"的方式进行了释放。历史上各种国家都会设定官僚的级别、技术的级别等身份与资格，通过将人们纳入这种体系，并使人们相信在这种等级体系中可以有所上升，一边满足了社会大众自我实现的需要，另一边公共权力也达成了社会大众对自身的服从。可以说，通过构建身份与资格来确定一种等级和礼仪的综合系统，一方面可以划定社会统治阶层的范围：有的身份和资格系统是封闭的，这样就体现了公共权力的威严性、神秘性和高贵性；另一方面可以引导人们为了某种更高层次身份与资格而竞争，消耗人们的精力和智力，这就间接减少了人们对公共权力合法性的质问怀疑和针对行动。第二方面的意义类似于一种"障眼法"的把戏，或者是辩论中"偷换概念"的技巧。对身份与资格的设定，驱使人们都去关注身份与资格，同时忽略追问这种身份或者资格的设置是否合理的问题，继而忘却了公共权力是否合法的问题。在这个意义上，沉默也是一种同意。

《论语》里有这么一段"子路曰：'卫君待子而为政，子将奚先？'子曰：'必也正名乎。'"① 孔子的学生子路问老师，如果卫国国君将国政授予孔子，孔子将首先做什么呢？孔子回答道："一定是要先调整好名分。"在儒家的治国理念中，名不正，则言不顺，必须首先规制好官僚体系乃至社会体系的身份和资格，才能够有效地治理国家。儒家传统正是通过这种对身份与资格的构建，从精神上控制了社会，维护了封建统治。如"君为臣纲、父为子纲、夫为妻纲"的三纲，就是一种身份的设定，在这种身份伦理的支配下，作为"臣""子""妻"身份的人们有绝对服从的义务，如果没有服从君王、父亲或者丈夫的命令，哪怕这些命令是荒谬错误的，也是要受到严酷惩罚的。我们知道，中国古代的封建伦理刑罚是非常残酷的，这样，通过一种对身份与资格的构建，儒家就完成了一种封建国家权力的合法性构建，也难怪历代的统治者都将儒家思想奉为圭臬。拉斯韦尔指出："在正规的等级社会中，尊重的分配是比较清楚的。罗马天主教金

① 杨伯峻译注：《论语译注》，中华书局，1980，第 133 页。

字塔式等级制度的最高峰由少数官员占据。苏联共产党的最高首脑是由 9 人或 10 人组成的政治委员会。而美国较为松散的政府结构，则赋予由 9 人组成的最高法院、由 1 人担任的总统和由几百个人组成的议会以特殊的权势。"① 需要说明的是，这种身份与资格的合法性构建，不仅仅存在于政府的治理中，还存在于社会的身份与资格系统中。

以中国汉魏时期兴起的九品中正制为例。东汉政府九品中正制建立之初是为国家选举贤才的制度。其主要内容就是选择"贤有识鉴"的中央官吏兼任原籍地的州、郡、县的大小中正官，负责察访本州、郡、县散处在各地的士人，综合德才、门第定出"品"和"状"，供吏部选官参考。所谓"品"，就是综合士人德才、门第（家世官位高低）所评定的等级，共分为上上、上中、上下、中上、中中、中下、下上、下中、下下九个等次。这九种等次被分为三类：上品、中品和下品。在实践中，上上、上中、上下为上品；中上、中中、中下为中品；下上、下中、下下为下品。在德才和血统两项指标中，判断"品"依靠的是血统和出身；在一个品之内，根据德才的差异，又有上、中、下的区别。比如说，一个人的出身是士族上品，那么他就算是有智力缺陷，最低也能得到上下的等次；一个人的出身是士族中品，那么他再出色，也不过是中上的等次。随着政治统治的故步自封，九品中正制日益变成了一种封闭的身份资格系统。这种封闭的身份系统体现了一种统治的尊严和等级，是政治统治的重要工具。当然，九品中正制因其严重阻碍了人才的选拔，在隋唐时期逐步被历史淘汰，取而代之的是科举制。但我们需要注意，科举制虽然有一定的历史进步意义，但仍然是一种对身份与资格的设定。从秀才到举人，再从举人到贡士，最后从贡士到进士，这中间依旧是各种等级、身份的不同地位和待遇，仍然具有政治统治的合法性建构意义。从范进中举的荒唐故事中，我们就可以窥其一斑。

综观古今中外，宗教也往往是一种构建身份与资格的重要文化基础。莫斯卡指出："在那些人们笃信宗教的社会，专司信仰的牧师常常形成一个特殊的教士贵族阶级，该阶级几乎总是能够在不同程度上攫取财富

---

① 〔美〕哈罗德·D.拉斯韦尔：《政治学——谁得到什么？何时和如何得到？》，商务印书馆，2006，第 3 页。

和政治权力。"① 如印度的种姓制度。印度种姓制度是一种以宗教贵族为核心，以军事、政治精英为羽翼，以平民为边缘统治奴隶的社会制度。它是世界上最典型、最森严的宗教社会等级制度之一。种姓制度将人们分为四类，每一类的职业与社会地位都不同，其社会权利更是不可同日而语：第一等级婆罗门主要是僧侣贵族，拥有解释宗教经典和祭神的特权；第二等级刹帝利是军事贵族和行政贵族，拥有征收各种赋税的特权；第三等级吠舍是雅利安人自由平民阶层，从事农、牧、渔、猎等行业，政治上没有特权，必须以布施和纳税的形式来供养前两个等级；第四等级首陀罗绝大多数是被征服的土著居民，属于非雅利安人，他们从事农、牧、渔、猎等行业以及当时被认为低贱的职业。印度种姓制度的特征：一是各等级职业世袭，父子世代相传；二是各等级实行内部同一等级通婚，严格禁止低等级之男与高等级之女通婚；三是首陀罗没有参加宗教生活的权利。通过建立这种等级森严的身份制度，印度历代的统治者们完成了其合法性的构建。

在中世纪的欧洲，爵位作为一种建构身份和资格的统治制度，是各个封建君主用来分封贵族的工具。多少年轻的武士们为了建功立业、获得贵族的头衔而舍生奉国，都是源于这种制度的感召力量。直至今日，如英国、荷兰等国家，爵位制度仍然继续沿用，高贵血统的传承依旧具有迷人的魅力。在中世纪，爵位的高低首先是以经济上的领地面积为标准的，领地越大，其贵族的爵位也就越高。从高到低看来，欧洲封建爵位分为公爵、侯爵、伯爵、子爵和男爵五个档次。在贵族中，公爵是国王之下地位最高的骑士爵位。无论是日耳曼民族的部落长官，还是罗马帝国的部落首领，抑或是之后各个封建国家的边境地区留守长官，都被称为公爵。在英国，最初的公爵都必须具有王室血统，只是到了后来，非王室成员才有了被册封为公爵的资格。在古代中国，公爵与国王一样，是一种独立的国家领主，具有分疆裂土的主权意味。所以，各个统一的封建王朝基本上不分封非皇室公爵。一般来说，各个统一王朝对功臣宿将只会分封到侯爵。在欧洲，骑士贵族的第二等级是侯爵。在查理曼大帝国统治时期，侯爵一般被封给边疆的守卫官员。这是一种具有"藩属"意味的爵位，同清王朝分

---

① 〔意〕加埃塔诺·莫斯卡：《政治科学要义》，世纪出版集团、上海人民出版社，2005，第127页。

封蒙古王公一样，具有拱卫中央政权的意图。在中世纪欧洲，最开始侯爵
与伯爵的地位相当，只不过一个是边疆藩属，另一个是中央的大员。直到
十四世纪之后，由于边疆的开发、边防地位的上升，侯爵的地位才逐步超
过了伯爵，成为单独的第二等级。作为骑士阶层的第三等级，伯爵地位比
侯爵要低，又比子爵高。该爵位的名称来源于北欧的斯堪的纳维亚国家。
在英国相当长的历史时期中，伯爵作为最高的骑士爵位而存在，直至黑王
子爱德华被册封为公爵。子爵最初是一种职务的名称，其责任是辅佐伯
爵，相当于"副伯爵"。后来因为封建国家领土的扩张，册封的贵族逐渐
增多，子爵开始独立存在，成为世袭的贵族称号。男爵是欧洲封建骑士贵
族制度中的最低一级，类似于"卫士"，它是中世纪国王或者大封建地主
的直接附属。

　　在晚期资本主义国家，这种通过对身份与资格的构建架构权力合法性
的例子也是很多的。在当今标榜自由与民主的美国，身份与资格的体系仍
然存在。例如华尔街的金融精英们，其在美国普通公民的眼中具有一个独
特的略带贬义的名字："WallStreet Guy"（华尔街的家伙）。可正是这些金
融精英们，搭建了美国统治世界的金融帝国。从古巴的可可买卖，到南非
的黄金期货、香港的房地产市场，再到尼日利亚的石油买卖，美国的金融
精英们通过金融的技术性手段和美国强大的经济实力，不仅在美国国内构
造了一种经济统治的秩序，而且还运用经济的手段控制了世界，使得很多
国家不得不向美国代表的西方政治体系服从、靠拢甚至是自我变革。虽然
说这种身份与资格的体系具有相当大的流动性，以及一定的自我更新能
力，但它仍然是一种社会精英体系对其民主宪政国家秩序的支持。米尔斯
就深刻地论证了这个现实，他提出的权力精英观点是当今精英民主理论的
经典论述。他认为，在当代美国，虽然封建意义上的等级制度不复存在，
但是一种基于技术、传统和血缘的精英群体仍然建构了一种美国的社会身
份与资格的体系，在这种体系下，国家形成了一种政治、商业和军事的统
治秩序。他论证道："权力精英由这样一些人组成——他们的地位可以使
他们超越普通人所处的普通环境；他们的地位可以使他们做出具有重要后
果的决定。相对于他们所占据的关键位置而言，他们是否做出如此决定并
不重要。行动未果，或决策失败，其行为本身就比作出决策更具影响力。
因为他们主宰了现代社会的主要等级制度和组织结构。他们支配着大公
司，操纵着国家机器并拥有各种特权，掌握军权，占据着社会结构的战略

要津，所有这一切集中了他们所享有的权力、财富和声望的各种有效手段。"不仅如此，这些精英们还建构了美国政治统治的技术合法性："经济秩序——曾经广泛分布着众多的小生产单位的自主平衡的经济——现已被两三百家巨型公司用行政管理和政治手段所左右，经济决策的钥匙被集中掌握。政治秩序——曾经由一根中轴维系的几十个分权化的州——现已变成一个集中的行政体系，它吸纳了以往分散的诸多权力，渗透到社会结构的每个缝隙之中。军事秩序——曾经是一个小小的编制，在缺少信任的氛围中以州国民军的形式维系着——现已成为政府最庞大和最昂贵的组成部分；与它那微笑迷人的公关外表相反，军队已成为一个随意扩展的官僚制领域中冷酷而龌龊的效率机器。"① 综上所述，我们可以看到身份与资格体系的建构作为一种政治合法性的绩效性来源的重要意义。

三 符号与象征

依靠符号和象征打造一种价值的形象，也是一种绩效性统治活动的重要方式。大众天生就具备一种对领导者的需求。米歇尔斯指出："大众对领袖的崇拜往往是潜在的，它通过某些信号传达出来，而这些信号常常不为人们所察觉，例如民众称呼他们所崇拜的领袖的名讳时所表现出来的语气，对领袖的任何示意表现出绝对的顺从，以及当发现有人攻击领袖人格时所表现出来的恼怒。"② 打造一种权威的形象，确实可以起到安定人心、稳定社会的重要作用。

历史上，公共权力普遍通过将自身定位或者描述为具有重大影响意义的价值形象来巩固自身的合法性。人类社会中总是具备着各种各样具有重大影响意义的符号与象征的。通过论证自身与这些符号或象征的紧密关联，公共权力就成功塑造了某种自身的正当性。莫斯卡分析了这种合法性的人为构造，他指出："在人口众多并发展到一定文明程度的社会中，统治阶级并非完全通过自己掌握权力这一事实来为自己提供正当性论证的。而是通过这一权力建立道德和法律基础，在权力和人们普遍接受并承认的原则信仰之间建立某种逻辑关联。"③ 正如米歇尔斯论证资本主义社会的政

---

① 参见〔美〕米尔斯《权力精英》，南京大学出版社，2004，第1~25页。
② 〔德〕罗伯特·米歇尔斯：《寡头统治铁律》，天津人民出版社，2003，第54页。
③ 〔意〕加埃塔诺·莫斯卡：《政治科学要义》，世纪出版集团、上海人民出版社，2005，第137页。

治集团运用道德构建自身合法性时说的："在现代阶级和国家活动当中，道德已经成为一种不可或缺的虚构：任何政府都极力为自己的权力附上一种道德油彩；各种以政治形式出现的社会运动都戴上一副博爱的面具；任何以阶级利益为基础的政党在它们夺取权力之前，都要公开庄严宣布自己的目标是与少数人的专制统治作斗争，以正义的统治取代旧的等级制度。民主制度总是为那些能言善辩的人们提供了舞台。"① 公共权力正是通过运用权力建立自身与各种社会规范的关联，从而建构了一种自身的合法性。

换句话说，具有合法性意义的符号象征，可以在大众的心中制造威慑、服从甚至对公共权力的信仰。这种符号，可以是有形的，也可以是无形的。通过象征符号的构建威慑或说服大众建立普遍的服从，是古今中外普遍的合法性构造手段之一。从根本上说，公共权力是利用人们的恐惧与有限理性的天性，制造各种各样的符号和象征，从而威慑或者说服大众对公共权力进行臣服或者服从的。至于两者兼具的符号，也是有的，下面就以是否拥有具体形象为标准分别论述之。

（一）有形的符号与象征

就有形符号而言，古代各式各样的统治集团们几乎都是不惜人力、物力去设计特定的象征符号从而最终彰显一种权力正当性的，从一枚国会议员的胸针到党团的旗帜，乃至巨大的雕塑和建筑，政治统治的象征和符号几乎无处不在。它们或是代表着某种政治信念和信仰，或是以自身的宏大规模震慑大众，总之，作为公共权力合法性的有形象征，它们表达着一种权力的存在，证明着权力的正当。

最为引人注目的政治统治符号是各种巨大的象征建筑物。正如孟德斯鸠所主张的专制政体的原则是恐怖一样，② 这种象征符号一方面尽力地展现出一种强悍的力量语言，并倚仗这种语言来进行无声的慑服；另一方面则努力地强化自身的神秘性质，渲染某种未知的恐惧感，从而震慑大众。巨大的外观、宏伟的形象、精细的造型和神秘意义的表达都给社会上的芸芸众生一种感官上的直接震撼，从而在潜意识上利用大众的恐惧本能进行

① 〔德〕罗伯特·米歇尔斯：《寡头统治铁律》，天津人民出版社，2003，第14~15页。
② 〔法〕孟德斯鸠：《论法的精神》（上册），商务印书馆，2005，第31页。

了威慑，间接证成了权力合法性。

夏朝初年，夏王大禹划分天下为九州。为了构造一种王权的尊严和形象，他令九州州牧贡献青铜，铸造九鼎，将全国九州的名山大川、奇异之物镌刻于九鼎之身，以一鼎象征一州，并将九鼎集中于夏王朝都城。这样，九州就成为中国的代名词。九鼎成了王权至高无上、国家统一昌盛的象征。今天我们虽然很难一睹九鼎的真实形象，但是九鼎神器的气势和尊贵是不言而喻的。后来，这种有形的象征物就成为一种权力合法性的构造和来源。据史书记载，战国时代，秦国曾为了获得九鼎攻打周室。① 秦王这么做显然就是为了取得统治天下的权力合法性象征，从而构造一种大一统的正当性理由。在中国历史上，类似的还有传国玉玺等，也是一种权力合法性的象征。其被历代的帝王枭雄们视为"天命所归"，是一种无与伦比、不可替代的权力合法性的标志。很多英雄人物们为了这块玉玺奔走追求，如东汉末年的孙坚、袁术等，甚至赔上了身家性命。

在建筑方面的有形符号中，金字塔是较突出的例证。古埃及王朝为了保存法老的尸体而建造金字塔，在一望无际的风沙中，用巨大的遗迹诉说着权力的纯正血脉。从古埃及第三王朝延续到第十三王朝，法老们从未中断这种努力。尤其是法老胡夫以及其后的两代君主卡夫拉和孟卡拉的统治时期，他们建造的金字塔及其附属建筑雄奇千古，堪为人类历史文化遗产中的绝唱。其中，胡夫大金字塔的四个侧面正对东南西北四个方位，其方向的误差不超过 3 度。大金字塔原底边边长 230 米，由于外层建筑材料因长期的风蚀而脱落，目前，金字塔的边长为 227 米，倾角为 51 度。大金字塔原设计高度达 146 米，因长期腐蚀，塔的顶端部位已经脱落，大金字塔现高 136.5 米，相当于东方明珠电视塔塔楼的三分之一。塔底面呈正方形。整个金字塔建筑在一块巨大的花岗岩石上，占地约 52900 平方米（相当于七个半标准足球场的面积），大金字塔的体积约 260 万立方米。巨大的金字塔书写着王朝的传承和威严，令人望而生畏，这一象征符号标示着王朝的合法性。直至今天，游客们在游览金字塔时，大都会不自觉地产生渺小感、神秘感、崇敬感，甚至是某种幻觉。可见这种象征符号的巨大作用。

除了金字塔，其他地区的类似符号也不胜枚举。巴黎的凯旋门上，永

---

① 何建章注释：《战国策》，中华书局，1990，第 1 页。

远地雕刻着法国拿破仑·波拿巴皇帝的权势和雄风，他统治的法兰西第一帝国通过建造这样宏伟的建筑，一方面炫耀着皇帝的英明神武，另一方面也叙说着帝国统治的高贵与正当；乾隆皇帝、慈禧太后等清朝统治者苦心经营的颐和园、圆明园等皇家园林，其宏伟、奢华和冠绝一时的艺术风范，在愉悦统治阶级生活的同时，也显示着皇家的气派和尊严，映照着清帝国的合法性。

而人类社会从古代进步到当代，这种公共权力合法性的有形符号象征，从侧重巨大、震撼的力量威慑，逐步走向侧重艺术、唯美的理性说服。到了近现代，人类步入了资本主义开启的崭新文明时代。这样有形的象征符号的威慑意义仍然存在，只不过它们主要通过一种理念的表达和艺术体现，委婉地宣示了一种服从的理由，这是一种更加具有理性内涵的合法性象征。当然，这种变化也显示了人类政治文明从传统、魅力的权威一步步走向理性权威的某种进步。

例如美国的自由女神像。自由女神像，又称"自由照耀世界"，是法国政府为了纪念美国独立战争100周年，赠送给美国的礼物。自由女神像是雕塑家巴托尔迪以法国巴黎卢森堡公园的自由女神像为蓝本，经过将近十年的艰苦创作而完成的。女神的面貌和体态源自巴托尔迪母亲的形象，她右手高举火炬的形象则来源于巴托尔迪的妻子。自由女神身着雅典时期的长袍，其头戴的桂冠向周围放射着象征世界七大洲即整个世界的七道光芒。女神右手高举着象征自由的火炬，火炬的光芒点亮了世间的自由，给人们带来了幸福；左手则握着1776年美国抗英民族战争的重要成果——《独立宣言》。整个神像造型唯美，自由女神表情温和而庄严，具有一种不可侵犯且不可抗拒的力量。无论是女神的希腊服饰、优美的外表，还是其手捧的独立宣言，都在默默地向世人昭示着美国宪政作为一种制度理性的权力合法性，潜在地促进着美国社会对其政治制度的服从。

其他的有形符号象征还包括一些政治符号或标志，它们遍布社会的各个方面，也在默默地运用威慑或者说服来证明公共权力的合法性。从古代原始人类膜拜的与宗教相关的图腾，到封建家族的族徽，再到近代领导人物的头像、塑像，政党的标志，等等，它们要么利用人们的恐惧、要么利用人们的理性，对人们进行着威慑或者说服。

相比于有形符号，公共权力合法性的无形象征符号的影响力可能更为广阔和深远。通过综合运用恐惧和理性的人类本能，无形的象征符号以一

种理念的形式深入人心、无时无刻地引导着人们对公共权力进行服从、效忠，甚至献出生命。

（二）作为符号的仪式

作为无形的政治合法性表达，仪式是一种重要的象征和符号。社会学家斯宾塞曾经对非洲原始部落的仪式进行研究，在对多种部落宗教仪式和典礼进行分析后，他得出结论：这些仪式的根本目的是塑造部落的心理传统、提高部落的凝聚力，从而维护部落首领集团的权威。仪式通过宏大的人际互动，向每一个人展现了群体的形象和力量，是政治合法性的一种动态表达。在仪式中，通过特定的程序、重大的场面、突出的装饰以及众人聚集在一起的严整和相互影响，间接培育了一种政治权威和政治忠诚。可以说，在特定的仪式中，几乎每一个人都会感受到那种强大的场面和气势，并从心底产生一种崇拜和服从。于是，通过举行仪式，政治合法性的存在和威严得到了展示。

以汉初各种政治统治仪式的制定为例。汉高祖打下江山后，书生陆贾经常在皇帝面前谈论《诗》《书》。汉高祖对此很反感，说道："我靠骑马征伐而得到天下，用得着读你的《诗》《书》吗?!"陆贾回答道："可以在马上得天下，却不能在马上治理天下。商汤王、周武王都是文武并用，天下才得以长治久安。之前的吴王夫差、赵国的智伯，都是因为穷兵黩武所以最后走向了灭亡，如果秦朝得天下后能够很好地修行仁义、尊崇先圣的话，陛下又怎么能从秦帝国手中夺得政权呢?"于是汉高祖就命令他分析一下秦朝之所以失天下，自己之所以得天下的原因。后来陆贾写了十二篇文章进献皇帝，皇帝大为赞赏。[①]这里皇帝和陆贾的对话就反映了合法性的构建问题。秦帝国横扫东方六国，一统天下，其武力不可不谓强大。不过秦国的合法性只不过维持在一种强制和被迫服从命令的层次，所以秦帝国二世而亡。汉高祖看到这些，明白应该注重权威的构造以稳固统治。书生陆贾修行仁义、尊崇先圣的主张，就是通过制造一种文化传统和精神上的文化霸权（葛兰西语），从而提高社会对汉王朝政权的服从程度，最终达到长治久安的目的。后来，汉高祖在酒宴上看到功臣宿将们大多酒后撒野、居功自傲、不服管束，十分忧虑。博士

---

① 参见《史记·传二》，中华书局，2009，第2698页。

孙叔通就建议高祖设置君臣见面的礼仪、场面和程序，以威慑这些功臣宿将，让他们"懂懂规矩"。

于是，在长乐宫竣工的大典上，政治仪式对于政治合法性建构的重要作用就凸显了出来。《史记》对该仪式进行了浓墨重彩的描述：天才蒙蒙亮，在谒者的主持下，大典礼仪的进程缓缓启动，他们引导着王公贵族、文官武将们按照队列，依次进入宫殿大门。大殿前方的广场上，排列着整装待发的战车、骑兵、步兵，他们神情庄重，手持各种兵器，背后是象征着皇帝权威的各式各样的旗帜。这个时候，专门负责下指令的谒者喊道："趋（也就是用碎步快走）。"各种队列的成员们顿时谨慎地用碎步迅速前进起来，令人感到紧张而有序。各种队列就位之后，大殿之下，从广场到阶梯的两侧，站满了王公贵族、文武百官，达上千人之多。大典礼仪规定：勋旧、王侯、各种武职官员一律按官阶排列在西侧，面向东；丞相、御史大夫、廷尉等文职官员一律按官阶排列在东侧，面向西。全体参会人员就位后，大行令直接领导的九个官员，从上到下地传报。这个时候，高祖皇帝才从深宫里缓缓而出，他乘坐的辇车光彩华丽，气势非凡。礼官纷纷传呼皇帝的车辇到达，整个广场和阶梯上的文武百官们齐声向皇帝道贺，他们恭恭敬敬地向皇帝的车辇行礼。在整个过程中，人们谨慎肃静，不敢有丝毫的喧哗和走动。整个仪式完毕之后，皇帝摆下酒宴大礼宴请文武百官。百官们在宴会上按照严格的礼仪顺序自上而下地向皇帝敬贺，大家有秩序地相互斟酒。宴会成功举办之后，礼官宣布"大典结束"。在宴会之后，负责会场秩序的官员执行礼仪规定，找出那些不符合礼仪规定的人并把他们带走。整个大典和宴会的全部过程中，没有一个人敢擅自说话或者轻举妄动。大典之后，汉高祖不由感慨道："我今天才知道当皇帝的尊贵啊！"于是授给叔孙通太常的官职，赏赐黄金五百斤。① 从这个故事中，我们可以看到孙叔通为汉高祖建立的一套礼仪制度，其实质就是一种权力合法性的人为构建，即运用这种礼仪和程序来显示皇帝的权威，令那些功臣宿将们不得不臣服于皇帝的威严。那宏大的场景、森严的卫兵、众多官员们的列阵以待，都令人产生一种天生的恐惧。酒宴后对不符合礼数官员的惩罚，更是威慑着在场的王公大臣们。这样，这些王公大臣们在大宴之后就会一直心存畏惧，从而收敛自己，绝少再恃功狂妄，进而做出不

---

① 参见《史记·传二》，中华书局，2009，第 2723 页。

利于大汉政权统治的事情了。

这样的合法性构造的事例不仅在古代，在近现代的历史中也是反复出现的。蒋介石南京政府建立之初，就靠着"新生活运动"构建了一种封建礼仪的标准，从而实现社会大众的服从，最终巩固了统治。"新生活运动"指1934~1949年时任国民革命军总司令的蒋介石在南昌另立的国民党中央所推出的国民教育运动。该运动虽然标榜"新"生活，内容却是"旧"的儒家伦理思想，"礼义廉耻"（四维）是新运的中心思想。"新生活运动"直接要求复兴传统的礼仪模式，要人们知礼习礼，能够在生活中遵循封建礼仪的准则。在"新生活运动"中，复兴传统的礼仪是一项重要内容。在蒋介石政府的宣传和推广下，传统封建社会的各种礼节仪式也复兴了。"新生活运动"本身也经常通过发起上万人的大型集会活动来传播这种复兴封建礼仪的精神和思想。但是实质上，这种回归儒家传统礼仪的思想文化运动，不过是为了巩固其南京政府统治的一种合法性构建，通过向人们灌输礼义廉耻的封建礼仪，引导社会大众对南京政府"彬彬有礼""恭敬有序"的服从。

在现当代的政治治理活动中，仪式也是十分重要的绩效性权威来源。2013年初，美国总统奥巴马的第二任任期的就职典礼和演说内容也是一种合法性的构建仪式。在2012年总统竞选的过程中，美国民主、共和两党竞争激烈。在民主党总统奥巴马成功连任之后，据媒体报道，美国各地民众要求本州脱离美国联邦政府的独立情绪愈演愈烈，有7个州的"独立宣言"签名人数超过2.5万人，包括亚拉巴马、佛罗里达、佐治亚等州。其中，得克萨斯州的呼声最为高涨，该州要求独立的人数甚至超过10万人。当然，这里很多带头"闹事"的州都是共和党的传统票仓，事件中有着很强的政党竞争和拆台的色彩。但是不可否认，奥巴马的新一届政府也面临着某种合法性的危机。虽然在竞选中以一定优势击败了共和党候选人罗姆尼，但是如何安抚支持共和党的相对少数民众，就成为奥巴马政府的当务之急。于是，奥巴马在他的胜选演说和就职演说中着力强调，美国是一个民族，美国历经艰难困苦，一定会在经济困难中重生。希望通过这样的宣传安抚民众，引导民众相信美国政府之后一定会有相应的实质性举措来兼顾少数派民众的利益，从而巩固其合法性。综上可见，对于政治合法性来说，仪式的象征是具有极其重要的意义的。

（三）作为象征的经济全球化

全球化是一种客观与主观相互作用，在物质层面和精神层面双重进行的世界潮流。这种潮流表面上是一种经济、文化和社会的一体化进程，实际上暗含着西方意识形态权威的象征性扩张。在当代世界，全球化本身已经成为资本主义政治权威在全世界范围内进行扩张的重要象征和工具。

汤姆森分析了现代社会全球化资本主义观念模式扩张的五种象征手段：合法化、虚饰化、统一化、分散化和具体化。[①] 从合法化和统一化的角度来看，全球化是一种资本主义政治经济合理性的说服和扩张过程。在这种说服和扩张过程中，资本主义的政治模式、经济模式成为一种合理性的标准。用马克思的话来说，它"按照自身的面貌重塑着世界"，将世界的每一个角落都收入囊中。德国前外长克劳德·金克尔也说："全球化为世界各个国家和地区提供对共同价值观取得一致的机会。"[②] 在经济上，通过建立统一的全球金融市场，资本主义国家控制世界的经济运行，从中赚取高额利润；在危机期间，其还可以运用全球化的经济工具，转嫁国内经济危机。比如，美国转嫁经济危机的方式就是开动美元的印钞机，将经济的压力转嫁于他国。在政治上，资本主义国家凭借其强大的权力地位，证明资产阶级政治体系的合理性和正当性。对中东的战争也好，对美洲的说服也罢，这些都是以美国为首的西方发达国家集团所运用的全球化政治移植术。21 世纪以来，这种政治上的移植术的影响正随着新一轮的经济全球化浪潮进一步深广开来，2011 年的"茉莉花革命"就是最鲜活的例证，全球化的权威终于攻破了中东和北非的传统堡垒。

从虚饰化的角度来看，全球化将资本主义的"行动、体制或社会关系描述或重新描述，使之具有正面评价"。[③] 经济全球化掩盖了资本主义国家自身个别的利益诉求，后者运用一种"普世"意义的"人权""自由""博爱"等政治修辞，将自身政治经济利益的扩张和实现描述为一种高尚的过程。虽然我们也承认人类自身权利的重要性，但是以这种权利为口号，对他国进行野蛮干涉，确实是一种言不由衷的霸权主义。比如北约国

---

① 〔英〕汤姆森：《意识形态与现代文化》，江苏出版集团，2005，第 67 页。
② 参见《历史永不停顿——全球化的挑战以代替冷战》，《法兰克福汇报》1998 年 8 月 26 日。
③ 〔英〕汤姆森：《意识形态与现代文化》，江苏出版集团，2005，第 70 页。

家对于利比亚的军事入侵，就是以自由民主的旗号掩盖了这些国家在该地区攫取石油、交通等重要的战略利益。从 20 世纪 90 年代开始，经济全球化就成为西方政治家们口中常说的术语。这个术语往往给人以"崭新""先进""合理"的形象和印象。运用这些象征手段，西方国家粉饰着其全球化行动的正当性。无论是克林顿还是奥巴马，其使用的全球化的政治修辞往往是"正义"、"共赢"、"上帝的恩赐"、"自由"、"共同繁荣"或者"人权高于主权"，这些花哨的政治言论不过是一种象征意义的手段，即通过将自身的行动与这些高尚的价值建立联系，证明全球化意识形态的合法性。不可否认，上述价值言说是具有相当强大的煽动性和蛊惑力的。这些迷人的言辞，说到底就是为了掩盖以美国为首西方国家的自身利益取向。

从分散化角度来说，全球化过程并没有将国际上经济落后的地区从"水深火热"中解救出来。恰恰相反，全球化的政治、经济甚至是军事运动将很多第三国家进一步"分散化""边缘化"，形成了拉美、中东、东南亚等世界欠发达地区的动荡局面。从这个意义上来说，全球化就像电影《2013》所描述的全球大洪水，在这场经济的洪流之中，唯有具有强大实力的国家，才能像万吨大轮船一样平稳安详，稳坐钓鱼台。而那些处于世界边缘的国家，如东南亚的泰国、马来西亚等，以及拉美的墨西哥、巴西和阿根廷等，他们就像小船，只能是随着这场潮流被冲得七零八碎。当然，这并不是说全球化不具备进步意义。从根本上说，经济全球化具有相当的进步意义，但关键的问题是如何在经济全球化过程中，规避对第三世界本来就已经处于危机边缘的国家权益的冲击。例如 2004 年的东南亚金融危机，其导火索是西方金融垄断财团的投机行为，但后者制造的危机，首当其冲遭受影响的却是东南亚的这些第三世界国家。所以，如果以美国为首的西方发达国家并没有在全球化过程中注意并解决这个问题，那么上文中所叙述的那些美丽的词语，就只不过是一种经济扩张和侵略的遮羞布罢了。

从具体化的角度来看，全球化提供的是一种处理政治与经济事物的普遍有效手段。"新全球经济的倡导者吹嘘资本有处治'有病的'政策的能力，夸耀货币资本支配一切的事实。商界的这些努力，受国际货币基金组织以及媒体支持的帮助和确认，通常造成社会民主主义者退回到统治者可以接受的政策上。"① 这种说法实际上是一种空洞的自负，世界上不同的民族、国家和地区，其具体情况显然是需要具体考虑的。即便在规范意义上人类的"普世"权利理论具有一定的意义，也是必须要落实到每一个国家的现实和民情中去的。这个过程一般是非常复杂的，不是简单的几句政治修辞所能够表达的。

综上所述，我们看到，经济全球化在进一步加强全世界的经济、社会和文化联系的同时，也在进一步扩展着发达国家的政治权威。从根本上说，全球化已经成为当代世界最为有力的政治权威的象征符号之一。

第四节　无处不在的隐蔽性惩戒

马克思主义认为国家是一种阶级矛盾不可调和的产物。因为"这个社会陷入了不可解决的自我矛盾，分裂为不可调和的对立面而又无力摆脱这些对立面。而为了使这些对立面，这些经济利益互相冲突的阶级，不致在无谓的斗争中把自己和社会消灭，就需要有一种表面上凌驾于社会之上的力量"②，这就是国家的产生。应该说，马克思主义的国家观念也是建立在一种霍布斯所谓"自然状态"的前提假设之上的，在这种阶级冲突的"自然状态"中，国家作为一种避免无谓损失的"超然"力量产生了。可以说，国家从诞生之日起，就内在地需要一种暴力基础上的惩戒力量，只有具备了这种力量，国家才能在现实中保证社会大众对自身的服从。"构成这种权力的，不仅有武装的人，而且还有物质的附属物，如监狱和各种强制设施"③，在这些暴力机构的支撑下，国家打造了自身权威合法性的惩戒基础。从现实上看，各种各样的国家都拥有专业化的暴力团体。标榜"民主、自由"的美国拥有当今世界上第一大武装力量，美国的战区设置也是以世界地图而不是美国地图为蓝本的。正如韦伯所说，"一切政治实体都是暴力机构"。④ 即便是最为文明与良善的政府，也需要具备以暴力为支撑的惩戒基础，才能够保证社会大众在现实中对自身的服从。例如，瑞士从传统上就是一个"永久的中立国家"，其领土是维也纳体系中各列强之间

① 〔美〕爱德华·S. 赫尔曼：《全球化的威胁》，《马克思主义与现实》1999 年第 5 期，第 57～59 页。
② 《马克思恩格斯选集》第四卷，人民出版社，1995，第 170 页。
③ 《马克思恩格斯选集》第四卷，人民出版社，1995，第 171 页。
④ 〔德〕马克斯·韦伯：《经济与社会》（下册），商务印书馆，2006，第 227 页。

的缓冲带，但就是这样一个政治上的永久"中立国"，也是拥有军队、警察和催泪弹的。所以，惩戒基础是所有公共权力在现实中维护自身合法性的重要工具。具体说来，这种惩戒基础具有硬暴力和软暴力两个方面的内容。在科学主义占据统治的晚期资本主义社会，软暴力的使用已经大大超过了硬暴力，成为一种具有隐蔽性的惩戒方式。传统的硬暴力已经退居次要地位，不到迫不得已的时刻，资本主义统治依靠的主要是科学武装下的软暴力。这种软暴力体现为社会结构之下的外在强制。

一　硬暴力

硬暴力是一种基于军队、警察等物质基础上的暴力。这种暴力是政治权威在现实中维护自身合法性的最后一道防线。

恐惧是人类的本能。心理学研究的结果显示，人类在面对自然和社会的纷繁未知时，原始地有一种自我保存和防卫的恐惧本能。弗洛伊德指出："真实焦虑或恐惧感对我们似乎是一种最自然而合理的事，我们可称之为对于外界危险或意料中伤害的知觉的反应。它和逃避反射相结合，可视为自我保存的一种表现。"他认为人类的恐惧感源于对外界刺激的一种本能的自我保护心理机制。在对人类恐惧情感进行分析的基础上，他在晚年还提出了人类的死亡本能。他认为死亡本能是人类从有机体向无机自然界回归的本能惯性，人类具有一种回归那种"无限平静"的基本冲动，所以他认为"我们将不得不承认，'一切生命的最终目标乃是死亡'"。① 在死亡本能的基础上，他进一步论证了对死亡本能的排斥是人类恐惧动机的来源。2005 年，美国哈佛大学麦克莱恩医院的研究发现，人类大脑中杏仁核的微管解聚蛋白（stathmin）的分泌不但能够刺激人类大脑产生焦虑、恐惧、害怕，而且还会形成对这些恐惧反应的留存或记忆。

硬暴力正是基于人类的恐惧天性而产生的政治合法性构造手段。上文中已经论证，公共权力的合法性最开始只是一种服从的状态。这种状态多数情况下都是从暴力的管制开始的。韦伯断言，任何现代国家都是建立在一种特殊手段："有形的暴力"② 之下的。在这个问题上马克斯·韦伯与马克思主义达成了一致。恩格斯曾经指出："……权威，是指把别人的意志

---

① 〔奥〕弗洛伊德：《超越快乐的原则》，长春出版社，2004，第 29 页。
② 〔德〕马克斯·韦伯：《经济与社会》（下册），商务印书馆，2006，第 731 页。

强加于我们；另一方面，权威又是以服从为前提的。"在论证了权威与服从的前提之后，恩格斯又指出了革命运用技术性暴力对于构建无产阶级新政权合法性的必要性："革命无疑是天下最权威的东西。革命就是一部分人用枪杆、刺刀、大炮，即用非常权威的手段强迫另一部分人接受自己的意志，获得胜利的政党如果不愿意失去自己努力争得的成果，就必须凭借它以武器对反动派造成的恐惧，来维持自己的统治。"① 无论具备怎样水平的制度理性的政府，暴力仍然是维护其合法性的根本工具。如卢卡奇所说："暴力组织与支配人们生活的规律协调到如此程度，或者看起来占如此压倒的优势，以致人们感到它们是自然的力量，是他们存在的必然环境。结果，他们就自愿地顺从它们（这决不是说，他们同意它们）。"② 可见，有形的硬暴力确实可以直接带来某种政治权威的合法性。

需要说明的是，人类最初的暴力不属于专业化技能的范畴。直到国家产生前后，硬暴力作为一种专门的职业和技能才逐步成为合法性构建的重要工具。从最初的石器到弓箭、青铜器的制造，再到铁制兵器，再到火器时代，直至今天高科技下的隐形战斗机、分辨率精确到厘米的军事卫星。伴随着人类的进步，暴力作为一种专业技能，总是首先应用最新的人类技术成果。如同最开始弓箭的目标没多久就转向了人类自身一样，马镫的发明首先运用于手持长矛的骑兵，火药的发明也很快指向了攻城略地，而现代人类核能的和平利用也肇始于广岛和长崎的那两声巨响。

不仅如此，在传统社会，掌握暴力的人或者集团也几乎都是社会的统治集团。如莫斯卡所说："一旦这种拥有组织的军队成为一个国家的主导力量，那么他们就会将自己的统治强加于社会其他成员。与他们封建时代的先辈一样，他们经常利用自己在军事上的垄断地位，征收苛捐杂税，榨取劳动人民的血汗以自肥。""拿长矛握步枪的阶级常常统治着拿铁锹握梭子的阶级。"③ 即便统治集团不是单纯的军事集团，他们也会注重暴力力量的作用。因为这种工具是权力合法性的最后依据。马基雅维利也说道："罗马和斯巴达许多世纪都是整军经武，从而享有自由。瑞士人则是彻底

① 《马克思恩格斯选集》第三卷，人民出版社，1995 年，第 224、227 页。
② 〔匈〕卢卡奇：《历史与阶级意识——关于马克思主义辩证法的研究》，商务印书馆，1996，第 344 页。
③ 〔意〕加埃塔诺·莫斯卡：《政治科学要义》，世纪出版集团、上海人民出版社，2005，第 276~277 页。

武装起来，从而享有完全的自由。"① 也难怪索雷尔在论证政府的暴力统治下革命的困难时抱怨道："自从发明新式火器，在城市里开辟直线道路以来，内战也就变得越来越困难了。"② 古代中西方的大帝国们，无一不是通过暴力和鲜血建立起巨大权力的。

二 软暴力

软暴力是在硬暴力的基础上，以无形的方式来表达的惩戒形式。在现代社会，这种意义上的惩戒形式被广泛运用，具有一定的隐蔽性和貌似"理性"的名义外观。我们常说的"边缘化"，就是一种软暴力的惩戒方式。权威并不是直接对权力客体进行利益的剥夺，而是通过疏远、冷落和结构性调整等方式对权力客体进行"边缘化"惩罚。例如，领导通过"明升暗降"或者"平级调动"的手段将不中意的官员从重要的岗位调任至相对边缘的岗位等。软暴力综合运用了人类恐惧和理性兼具的本质特征。惩戒基础不能一味地运用直接暴力，还要会运用人们的理性来对大众进行压力式说服。理性也是人类的一种天性。康德指出意志"决定自愿选择的行动"，③ 就是实践理性。在康德的眼中，人类有一种能够根据外在自然的要求，通过自身设定规范从而进行实践的理性天赋。边沁则认为人类的理性是建立在一种功利计算的基础上的。"如果一个人对任何行动或措施的赞许或非难，是由他认为它增大或减小共同体幸福的倾向来决定并与之相称的……这个人就可以说是功利主义的信徒。"④ 边沁认为在对幸福的计算中，人类就体现出了自身的理性。20 世纪 70 年代以来的行为主义研究运动的主流观点也主张人是有理性计算的动机的，并以此构建了一种理性人的假设。这种假设也在经济学、社会学和政治学领域得到广泛应用。可见，理性是人类在恐惧之外的另一种本能。例如，明朝嘉靖初年，皇帝想要建"世室"以尊崇自己的生父和生母（嘉靖并不是前一任正德皇帝的儿子，而是其堂弟，因正德无子才入继皇位），换句话说，就是要追尊自己的生父为皇帝。在嘉靖眼中，这件事是关乎朝廷正统的统治利益和统治秩序的。结果南京兵部尚书廖纪上书坚决反对，还列出了诸多不便的理由，

① 〔意〕尼可洛·马基雅维利：《君主论》，商务印书馆，2012，第59页。
② 〔法〕乔治·索雷尔：《论暴力》，世纪出版集团、上海人民出版社，2005，第55页。
③ 〔德〕康德：《法的形而上学原理——权利的科学》，商务印书馆，2008，第17页。
④ 〔英〕边沁：《道德与立法原理导论》，商务印书馆，2006，第59页。

坚定维护既有的"宗庙"管理办法，因而被嘉靖列入了心中的黑名单，很多年不得升迁。① 又如，1931 年中原大战中，国民陆军大学教育长杨杰策反冯系、阎系将领，为蒋介石立下汗马功劳。但他自视清高，经常冷嘲热讽蒋身边的权贵们，于是被后者孤立，于 1933 年被迫出国考察。后来任国民政府驻苏联大使期间，其政治观点转左。蒋介石耳边本来就已经有够多针对杨杰的追究政治责任的言论了，杨的转变这下子更令蒋介石觉得其背叛了自己，于是撤掉了他的大使职位。②

可见，暴力绝不仅仅是刀枪剑戟的血与火。尤其是在现代社会中，暴力往往是一种以温和方式表达的具有"理性"外观的软暴力。软暴力是教育心理学、家庭心理学中的一个专有名词，原义指教育过程中教师对学生在精神和心灵上的摧残，通过沉默、嘲讽、疏远等方式进行。在家庭心理学中，软暴力是指夫妻双方长期的隔膜、缺乏沟通所造成的感情和心理伤害。软暴力别名冷暴力、精神暴力。"它首先是暴力的一种，双方在产生冲突时，一方，即暴力实施者不是直接侵犯对方即暴力承受者的身体，其损害事实也并非表现为躯体的损害、生命的丧失，而是无视对方可能因此引发或者已经引发的不良反应，有意识地采取一种非常态的行为，包括不合作、孤立甚至攻击性的语言来破坏对方对行为的正常期待或者干扰对方的正常行为取向，由此在对方精神上、心理上造成刺激、伤害等一种无形损害。其表现范围很广，包括在家庭、工作单位及学校等。"③ 在现代社会中，软暴力是以硬暴力为基础，但不以武器等强制性工具表达，而是采用含蓄的、潜在的规则下的专业化技术方式来实现的一种暴力形式。这种暴力形式是十分隐蔽的，具有合理性和专业性的外衣。软暴力往往和各行各业的专业技术结合在一起，通过规定一种条件、设定一种程序，规范着社会各行各业的运行，从而迫使大众向其请教、听从其管理，最终造成一种服从。在飞机场，机场的管理人员和工作人员就拥有一种专业性的技术，如果要去乘坐飞机，就不得不服从其指挥；如果要去办理护照，那么护照管理人员就可以通过设置一定的程序，如如何填表、交费，怎样照相，何时领取等，驱使大众服从。即便明文规定程序有不合理之处可以申诉，但在现实之中，为了尽快办好护照，大众也不得不选择服从。与这种软暴力

---

① 《明史·传七》，中华书局，2007，第 5324 页。

② 《民国人物传》第五册，中华书局，1993，第 72~75 页。

③ 王琰、王晓英：《软暴力分析》，《吉林医药学院学报》2012 年第 6 期，第 165 页。

相对应地，是与行政管制相关的政治治理实践和活动。行政管制，原意指系统地进行管理和限制，并含有规则、法律和命令等基本含义。一般来说，可以将行政管制定义为政府运用法律、法规等权威工具，以各式各样的技术性行政指令为途径，对社会大众（企业、个人、组织、团体等）进行行政规范的过程。作为一种重要的政治治理形式，行政管制是一种具有隐蔽意义的合法性构造。随着世界范围内行政权力的扩张，行政管制作为一种政治治理的形式越来越多地被世界各国采用。

第四章　认同与控制的水乳交融

第一节　强制与认同的统一逻辑
——构建的合法性

在三种合法性构建的途径——工具性价值、诱导性绩效和隐蔽性惩罚的基础之上，构建的认同体现为外在公共性构建和内在原子化认同对立统一的合法性存在。简单说来，构建的合法性是由外在强制与内在认同构成的，它体现为内在认同的规范性和外在控制的现实性的对立统一。这样的合法性，是科学技术时代公民社会极度多元化的结果，这种结果的本质就是对公民个体性的过度强调和公民公共性的缺乏。在这种个体性和公共性的不平衡关系中，原子化的社会结构令传统的政治意见汇集渠道失灵了。为了让政治共同体能够存续，资本主义国家介入了，它们通过国家从社会各个方面进行渗透性的结构化安排，运用绩效性的手段逐个说服原子化公民，在社会公共领域重新建构了共同体的政治合法性。在构建合法性的逻辑中，所谓外在强制，是政治权威中源自诱导式绩效和隐含性惩戒的部分，它反映的是合法性构造的经验性因素，是政治权威的外在现实控制。在晚期资本主义社会，这种控制主要存在于公共领域，体现为国家对公民公共性缺失的人为填补。所谓内在认同，是建造的认同中对应于工具性价值的部分，它反映的是权威合法性的规范性因素，体现为政治权威的内在价值说服。在晚期资本主义社会，内在的认同是资本主义国家整体结构性控制下的原子化公民们各自从自身狭隘的利益出发而进行的认同。简单说来，内在认同就是对工具性价值（意识形态、法律与传统）的"相信"，外在强制是具体政治治理过程中的结构性安排（控制）。前者是一种价值名义上的"说服"，后者是一种现实意义上的绩效满足和隐蔽惩戒。在晚期资本主义社会，几乎任何政治合法性都是外在强制与内在认同的对立统一，没有单纯的认同（理想状态的制度理性），也没有单纯的强制（绝对专制）。一方面，公民们在自身极度膨胀的个体性中固执地进行着局部的规范化评判，自认为自身是自由的主体；另一方面，由于极端自私和偏狭的公民缺乏公共性，政治共同体的凝聚力下降，为了弥补原有代议制民主制度汇集意见能力的不足，资本主义国家必须进行介入，运用绩效性的方式进行隐蔽性操控。易言之，构建的认同是资本主义国家"哄骗"下原子化公民们的分别（而非集体意义上的）认同。而这种"哄骗"，很大程度上源于公民个体性极端膨胀之下的公共性缺失。在晚期资本主义社会，"金字塔"形状的代议制意见汇集已经不是政治合法性的主要产生机制了，无数原子化的自由恒星（公民）围绕着黑洞（国家）的人为构建成为合法性生成的主要形式。在这种新型的合法性关联中，公民们仍然进行着规范化的评判，只不过这种评判不是整体汇集意义上的统一模式，而是资本主义国家通过在经济、社会等领域的渗透对每一个原子化公民的各个击破。公民群体意义上"共意"已然很难整合，资本主义国家不得不通过非控制面貌的控制来渗透，借助于科学技术的强大武器，使原子化公民们"无意识地"认同自身。这种"无意识"的认同一方面是公民对自身规范性评断的认知，他们深知自己是绝对自由的；另一方面是公民对外在控制的无意识，他们很难看透资本主义国家从生活的各个角度进行渗透的统治动机。如同电影《楚门的世界》中的男主人公一样，晚期资本主义世界的原子化公民生活在人为构建的巨大戏剧场景中，这个场景中的每一个细节、每一个人都是被设定好的物品和演员，只有主人公信以为真地生活于其中而没有察觉到这其中的结构化控制。

从社会整体上看，在科学和现代性的强大解构攻势下，传统意义上的集体关联和社会阶级被抹平了。在整个社会被碎片化的过程中，个人日益原子化。这就为整个社会意义上的结构化统治铺平了道路，于是资本主义的政治统治体现出一种整体意义上的"多元决定"特征。"经济、意识形态和政治职能……它们受到国家的严格政治职能，即与政治阶级斗争领域有关的那种职能的多元决定作用，并把这些职能集于一身。"① 资本主义政治统治不再是单纯的政治形态，而是综合了经济、技术、符号、宣传等多

---

① 〔希腊〕尼克斯·波朗查斯：《政治权力与社会阶级》，中国社会科学出版社，1982，第203页。

种领域、多种维度的综合治理形态。这种综合治理形态使得政治统治突破了原来的政治领域，走向了整个社会意义上的结构性控制。这种结构性的统治，将政治统治的动机化为无形的社会、经济治理模式，使社会大众很难意识到统治的存在。在这种情况下，外在的压制不再以警察、催泪弹等硬暴力形式体现，而是以一种诱导式绩效和软暴力的方式达成。例如，资本主义国家运用经济生活中的整体性设计如房地产按揭产品和次级贷款等金融统治方式，将中产阶级的经济利益（住房、工作和生活空间）与资本主义政治制度联系起来，令他们欣然接受而无心反抗，因为在开始依赖资本主义制度而生活的时候，他们就已然"入戏"，无法跳出戏中的迷局了。而这些所谓的经济利益，不过是金融资本家和地产资本家们对中产阶级进行压榨的合理性外衣而已（一般意义上按揭贷款要偿还本金一倍以上的利息，次级贷款等工具则更加盘剥）。有趣的是，这种剥削和压榨不再像工业时代资本家与工人面对面的斗争那样具体可感，而是更加具备隐蔽性。人们很难发现这种剥削和压榨，因为赤裸裸的工时剥削已经变成银行信用卡和电脑上的数字，被压榨的中产阶级家庭和脑满肠肥的金融资本家远隔千里，并不知道自身受到的剥削，甚至根本意识不到对方的存在。在这种经济关系背后，则是国家的隐秘存在。资本主义国家首先从这些经济关联中收取了各方贡献的税收，而鼓励按揭产品和次级贷款等剥削工具的政策、法律恰恰是资产阶级在国会中的代理人们投票决定的，而且这种决定还披上了"解决公民居住问题，刺激经济发展"等话语的外衣，显得中立而无偏。这种无形的压制在资本主义国家几乎随处可见，从经济生活到社会管理，甚至是媒体宣传。在社会生活领域，高福利、高社会保障成为资本主义国家自我标榜的噱头。欧洲一些国家甚至宣称自己已经率先达到"大同"意义上的社会福利水平。公民们享受着所谓的高福利、高社会保障，从内心生发了对资本主义国家的认同。而实际上，这些高福利和高社会保障，其真正的受益者还是金融资本家。因为国家、个人和企业投入的巨量资金是委托私人基金运营的，金融资本家运用这笔巨大的财富可以在市场上博取更多的钱财。至于社会大众所享受的福利，不过是在保障制度规定下"羊毛出在羊身上"的九牛一毛而已（比如 20~60 岁的人都在缴纳社会保险，但是只有 60 岁退休的人才能享受保险，这样就是多个人的缴纳在支付一个人的保险金）。所有的高福利、高保障背后，都是为金融资本家集资的骗局，而这些骗局的兜售者，正是资本主义国家的政府。随着金融危机的爆发，金融资本家破产了，他们把风险最后抛给了社会大众。20 世纪 10 年代欧洲主权债务的危机本源就在于此，在危机中，人民生活水平直降，而政府则充当了资本家的盾牌。冰岛政府的债务危机、希腊政府的破产，究其主要原因，都是高福利、高社会保障的统治戏法之下金融资本家用人民大众的血汗钱进行豪赌而付出的惨重代价。可见，资本主义国家中所谓的政治认同，从外观上看不过是社会结构意义上的整体压制，这种压制具有隐蔽性，是以诱导性的绩效和软暴力的方式发挥作用的。它戴上了温和的面具，最终使自己能与大众内心的规范认同同时存在。

从微观个体上看，"科学主义"和现代性将个人关进了一个五光十色、令人沉迷其中而不能自拔的崭新牢笼之中。随着科学技术占据了人类社会的王座，传统、宗教、文化等"旧式"价值因素日益褪色了，它们被科学的光辉掩盖，成了过时的东西。在崭新的一代人心中，传统既没有前现代社会的经济基础，也没有相应文化的熏陶，即便在某些国家和地区，文化和传统仍然在教育过程中得到体现，这些价值形式仍然缺乏具体的现实对应。对于大众来说，传统已经成为奄奄一息、毫无生气的教条。因为科学技术的发展，经济社会变得极大丰富。有无限产品充斥的市场给了社会大众以无尽的选择，这种选择仿佛是一种"自由"，其实质则是一种毫无个性的奴役。真正的个性不是外在产品的随机组合，而是从无到有的创造。传统中手工制造的产品几乎已经不再存在，取而代之的是机器大工业的流水线产品（其实手工打造的独一无二的产品才是真正的"个性"）。在科学和技术的统一格式化下，商品消费、金钱、美色等种种虚幻的童话故事充斥于人们的头脑，价值日益变成一种虚幻无力的东西，已经毫无用处了。需要注意的是，对于一个真正意义上的公民而言，价值是用以评判当局政治合法性的关键武器。如果一个公民的价值观念被剥夺了，那么这个公民的政治生命就终结了。从这个意义上说，被剥夺了价值的人，也不是一个完整意义上的人了。既然价值的评判已经消逝，那么令资本主义社会大众服膺的就只是物质上的诱导性绩效了，只要政府满足了大众的需要，他们就会心甘情愿地献上无比"真挚"的认同。资本主义的社会大众日益变成了可以被"收买"的选民，因为他们已经不再关注价值的需要，而是陷于科学技术打造的物质泥淖中不能自拔。从这个层面上说，卢梭关于"人民是决不会被腐蚀的"① 断言已经失效。"公意"含义的价值已经在科学技术的时代被解构了，资本主义国家的大众顶多反映的是"众意"而非"公意"。因为民主的精神不是数量，而是一定数量基础上的整体价值判断，从"众"到"公"，体现的是一种整体性价值的融合和凝聚的力量。公民一旦被剥夺了价值的信仰，那么"公意"就会降低为"众意"，民主就会变成暴民的统治。严格说来，在科学技术统治的晚期资本主义社会，不仅价值评断意义上的"公意"消逝了，甚至"众意"都已经难以存在。因为社会已经被碎片化了，人们在各自的生活回路中徘徊，几乎没人能打破这种封闭的循环。上班、下班、消费、娱乐，每个人都在貌似"个性"的"快乐"生活中重复着一种被奴役的生活逻辑。可悲的是，绝大多数人对此并不自知。他们温驯地生活在这种生活回路中，不在意自己同类意义上的社会关联，作为公民本性的群体性关系已经越来越淡漠了。人们在社会中变成了无数的孤岛，如莎士比亚所说，他们在自己的果壳里自封为王，却对自己的愚蠢毫无所知。这种情况下的公民正好与外在的沉默压制相配合，只要资本家的政府实施了诱导性的绩效，那么社会大众就会像木偶一般认同了。公民性和群体性的消失，是构建认同之可能的微观基础。

需要注意的是，在构建的合法性的逻辑中，外在强制和内在认同是相辅相成的。首先，内在认同是外在强制的主观结果。如让·夸克所说，"从广义的角度来说，规范首先是诠释的标准，这些标准是评价与衡量现实的基本要素。其次，它是行动的向导"。② 意识形态、传统和文化中的道德被"科学主义"格式化之时，也就是公民头脑丧失价值标准的一刻，外在的强制由此乘虚而入，运用绩效性糖果诱导公民就范。从此之后，意识形态、法律和传统就变成一种价值的空壳，他们并不体现大众的真实需要和评断，而只是变成了资本主义国家构建合法性的口号和欺骗大众的话语。其次，外在强制是内在认同的现实依据。如韦伯在论证官僚行政班子的重要性时所说的："维持任何统治，都需要某些外在的物质手段，恰如经济的经营一样。"③ 对构建的合法性而言，外在的诱导式绩效和温和式压制是不可或缺的。外在强制是来源于绩效与惩戒的具体治理活动之中的，它的主体不是已然被榨干的价值所装饰的话语，而是具体进行这些治理活

① 参见〔法〕卢梭《社会契约论》，商务印书馆，2008，第35~37页。
② 〔法〕让·夸克：《合法性与政治》，中央编译出版社，2002，第22页。
③ 〔德〕马克斯·韦伯：《经济与社会》（下册），商务印书馆，2006，第734页。

动的人、物和机制。没有这种意义上的外在现实，构建的认同是无法实现的。

在外在强制和内在认同中间，诱导式绩效联结了工具性价值和隐含性强制，使外在强制和内在认同完美结合在一起。一方面以冠冕堂皇的正义、自由、民主等价值满足了社会大众无关根本的需要；另一方面也将这种需要的满足变成了一种惩戒（即失去这种满足的惩戒）：在诱导性的牢笼中证明工具性价值的正义性，同时又用温和的面貌行控制之实。现当代资本主义的统治艺术已经上升到了极高境界，通过绩效性的满足，正义的价值变得可以交易，而传统的惩戒也变成了无形却又无处不在的结构性控制。政治价值超验内容的消失—原子化评断下的公民认同变得可以收买—绩效性满足以价值空壳为名交换公民的认同—在满足中形成结构性控制和惩戒，这四个环节形成了统治的完整逻辑链条。

综上，外在强制与内在认同是构建性政治权威的一体两面，它们之间对立统一、相辅相成、不可分割。

第二节　绩效与强制的融合

在现实生活中，除了价值名义下建构的内在认同，建立在自绩效基础与惩戒基础上的外在控制有着绩效性与惩罚性的双重面孔。权威不仅仅是一种单向度的对社会需要的满足，它还具备着惩罚性的第二向度。权威的绩效性与惩罚性实际上是相辅相成、不可分割的。他们基于"政治生活的两个伟大推动因素——恐惧和希望"，"对自主性的欲望或要求。对于无序、不安全、失去控制力以及被支配的恐惧，激发着权力和秩序合法化以保护自主性的动力"。[①] 外在强制就具有一个这样的双重面孔，这是人类自身的本性决定的。在晚期资本主义的社会生活中，国家的绩效诱导与隐含强制日益融合起来，成为一体两面的存在。从概念上看，绩效是一种恩惠性的施与，而停止施与恩惠就变成一种惩戒。所以，绩效和惩戒在理论上就具备内在的统一逻辑。在实践中，日新月异的科学技术进一步促进了这种融合。无处不在的摄像头表面上可以预防犯罪，实际上也是监视公民并

---

① 〔加〕斯蒂文·伯恩斯坦、〔加〕威廉·科尔曼主编《不确定的合法性——全球化时代的政治共同体、权力和权威》，社会科学文献出版社，2011，第4页。

对其进行控制的利器。从科学的角度来说，技术装备本身是没有善恶之分的，但资本主义国家可以表面上将技术层面的存在解释为具有一种为公共服务的绩效性特征，同时又隐含地利用技术来达成统治目的。这样一来，绩效与强制就在科学武装之下达成了融合。在晚期资本主义社会，绩效性举措和惩戒性举措往往相互联结、不可分割，是一体两面的存在。

一　隐含性惩戒作为"安全阀"

惩罚性权威为构建性政治权威的实现准备了基础，没有惩罚意义上的威慑，社会便不会从"安全阀"的意义上维持自身秩序。从根本上说，隐含性的惩戒是构建认同的基础。恩格斯在《家庭、私有制和国家的起源》中指出国家是一种阶级统治的暴力工具："由于国家是从控制阶级对立的需要中产生的，由于它同时又是在这些阶级的冲突中产生的，所以，它照例是最强大的、在经济上占统治地位的阶级的国家，这个阶级借助于国家而在政治上也成为占统治地位的阶级，因而获得了镇压和剥削被压迫阶级的新手段。"① 只有具备了暴力的基础，社会才能保持一种秩序，权威才能从容地去执掌权力，完成社会公共管理，从而满足社会各个方面的需要，最终建立外在控制之下的内在认同。

除此之外，对于构建的合法性来说，惩罚意义上的权威与绩效意义上的权威相比更加不可或缺。因为与绩效性权威带来的或然利益的满足相比，惩罚性权威对行为人来说是一种更加有力的避害动机。对社会成员来说，惩罚比其需要的利益而言在影响其行动时有更强的驱动力，因为绩效性权威满足的利益多是或然的、未来的，常常是未实现的利益，而惩罚性权威带来的则是一种现实的既得利益的损失。从理论上说，惩罚是指一种应该完成的义务以及没有完成这种义务的不利后果，它对应运用一定权力资格的权利。而利益对人而言则是一种在物质资料生产基础上获得了社会意义的需要。两者驱动人行动的区别是显著的。因为惩罚直接对应的是行动，没有完成义务的行动，就要遭受不利的后果。所以对于社会公众来说，惩罚性权威是一种不服从权力的不利后果。而自己需要公共权力来满足的利益则是一种可有可无的增长性收益。换句话说，基本利益之外的利益没有也不会有什么损害，但是如果没有对权力进行服从，他就将要受到

---

① 《马克思恩格斯选集》第四卷，人民出版社，1995，第 172 页。

惩罚，其现实既得的利益就要受到损失。所以，行为人必然在自己的动机中将惩罚性权威视为更加重要的驱动力。韩非子曾经讲过这样一个故事，并在其中将惩罚与利益在驱动人们行为中的区别论证出来。一次，鲁国国人放火燃烧沉积的沼泽地来开辟耕地。此时正好天刮北风，火势向南蔓延，眼看首都将要遭受火灾。当时的鲁国君主哀公十分焦急，他只好大力鼓励全国的人民都去救火，但这时候因为大火燃烧了森林，森林中的野兽都跑了出来，人们大多只愿意去抓野兽，不愿救火，哀公只好请教孔子。孔子说："驱赶野兽有利益而且任务轻松又不会受到责罚，救火不但辛苦危险，又没有奖赏，所以没有人愿意救火。"孔子又说："事情紧急来不及行赏，再说凡是参与救火的人都有赏，那么国库的钱赏不到一千人就光了。事到如今，只好下令不救火者一律论罪。"于是哀公下令："凡是不参与救火者，比照战败降敌之罪；只驱赶野兽者，比照擅入禁区之罪。"命令还未遍及全国，燃烧积泽威胁都城的大火已被扑灭。① 在那种紧急的时刻，人们普遍地去追逐林子里跑出来的野兽（利益），而孔子建议君王采用政治责任的惩罚性办法，规定了一种针对不作为的危险行为的严格责任，于是人们就在惩罚的威胁下纷纷被驱动放弃野兽的利益而为国家的统治利益而行动了。

除此之外，还有战国时著名的田氏代齐的典故。其中，齐国大臣田常与齐平公的对话也体现了惩罚与利益的区别。田常对齐平公说："施行恩德是人们所希望的，由您来施行；惩罚是人们所厌恶的，请让臣去执行。"这样的情形仅仅持续了五年，齐国的政权就都归田常把持了，因为田常掌握着规定政治责任的权力，所以大臣们都不敢和他作对。很快，田常的势力坐大，把鲍氏、晏氏、监止和公族中较强盛的全部诛杀了，并分割齐国从安平以东到琅琊的土地，作为自己的封地。他的封地比齐平公享有的邻地还要大。最后，随着几代田氏贵族的努力，宣公五十一年（前405），齐宣公去世，田会在廪丘反叛，拥立宣公的儿子康公贷即位。贷即位十四年，沉溺于酒色，不理政事。太公田和就把他迁到海滨，只给他一座城做食邑，以便供给对其祖先的祭祀。② 从这个事例看来，对人们来说，惩罚性权威比满足人们利益的绩效性权威要有力得多。

---

① 《韩非子》，山西古籍出版社，1999，第69页。
② 《史记·世家二》，中华书局，2009，第1884~1885页。

　　现代心理学病理研究成果也成功证明了人类在惩罚性权威下的一种潜在的服从天性。斯德哥尔摩综合征（stockholm syndrome）就很好地证明了这一点。斯德哥尔摩效应，又称斯德哥尔摩症候群或者人质情结、人质综合征，是指犯罪的被害者对于犯罪者产生情感，甚至反过来帮助犯罪者的一种情结。这种情结造成被害人对加害人产生好感、依赖心，甚至协助后者加害于他人。1973 年 8 月 23 日，两名有前科的罪犯 Jan Erik Olsson 与 Clark Olofsson，在意图抢劫瑞典首都斯德哥尔摩市内最大的一家银行失败后，挟持了四位银行职员，在警方与歹徒僵持了 130 个小时之后，事件因歹徒放弃而结束。然而这起事件发生后几个月，这四名遭受挟持的银行职员，仍然对绑架他们的人显露出怜悯的情感，他们拒绝在法院指控这些绑匪，甚至还为他们筹措法律辩护的资金；他们都表明并不痛恨歹徒，并表达他们对歹徒非但没有伤害他们反而对他们照顾的感激，并对警察采取敌对态度。更甚者，人质中一名女职员 Christian 竟然还爱上劫匪 Olofsson，并与他在服刑期间订婚。这两名抢匪劫持人质达六天之久，在这期间他们威胁受俘者的性命，但有时也表现出仁慈的一面。在出人意料的心理错综转变下，这四名人质抗拒政府最终营救他们的努力。不仅仅是这一个案例，1977 年加拿大的乔希案、1984 年美国的卡门龙夫妇案等，都是斯德哥尔摩症候群的典型案件。

　　在这些案件中，抢劫犯运用直接暴力迫使被害人服从，这是一种最低限度意义上的权威。这种权威是野蛮的、直接的、暂时的、非法的，与规范性意义的服从和权威相去甚远。而恰恰是在这种纯粹的以暴力为基础的权威下，受害者不仅在恐惧威胁下进行了服从，而且还进一步对暴力威胁的施暴者产生了服从心理下的怜悯、爱意甚至崇敬的心理。他们从开始的对暴力和伤害的恐惧，变成了对这种暴力和伤害的依赖和服从，甚至是病态地反过来帮助施暴者。对相当多的人类来说，极端的心理恐惧是可以抹去他头脑中的理性的。按照弗洛伊德的分析范式解释斯德哥尔摩症候群，在极端的恐惧下，为了消解这种恐惧对机体生理和心理上的危害，人的本我潜意识虚构了一种"我不是被迫地而是自愿地服从他"的动机，这种动机替代了其外我前意识理性下对抢劫情形的判断，心理学上称之为"移情"。① 通过这种转移

---

① 参见〔奥〕弗洛伊德《精神分析引论》，商务印书馆，1984，第 347~351 页。所谓"移情"，就是指精神病人潜意识与潜意识矛盾的动态抗衡，而这两种意识相隔得越远，心理病症就越为严重——作者按。

的动机，机体自发地对外在恐惧的巨大压力进行了减压，最终保存了自身。同样，惩罚性权威也有类似的效果。在一些专制国家中，饱受专制者统治之苦的被剥削者往往会天然地产生一种服从甚至崇拜的心理。正如米歇尔斯所说的大众对专断领袖的需要："对大多数人来说，虽然偶尔也发发牢骚，但他们实际上还是希望有一些人能够专门管理他们的事务。"① 如利比亚的卡扎菲军事专制政权被反对派推翻后，人们为了填补自己缺乏管理者之后的心理真空，在其国内组织了对卡扎菲的同情和悼念活动，参与活动的也不乏卡扎菲集团曾残酷压迫的少数民族。互联网上也有同情卡扎菲的各式文章，不一而足。甚为有趣的是，很多远在东方的中国网友都写下了同情卡扎菲的文字，表达了对卡扎菲个人魅力的敬仰和惋惜。从中可见一斑。

毋庸置疑，惩罚性权威确实是一种建立在操控人内心本性的权威的自然表达方式。

二　绩效以价值为名进行控制

惩罚意义上的控制也离不开绩效的诱导。惩罚性的权威虽然强大而有力、实用而有效，但那是建立在人们恐怖的心理基础上的，有巨大的实施成本和社会成本，缺乏长期性和规范性。很难想象一个包容各行各业的社会能够整天在荷枪实弹下进行生存和发展。构建的合法性需要的是长期的自觉服从的秩序，所以惩罚性权威还必须要上升为某种绩效形式的操控。这种绩效性以某种工具性价值作为名义，将现实的操控隐蔽起来。正如孟德斯鸠所说："恐怖的目的是平静，但是这种平静不是太平。它只是敌人就要占领的城市的缄默而已。"② 人们虽然惧怕以暴力为后盾的惩罚，但这个意义上的权威并不稳定。它必须要通过一种绩效性的恩惠性施与，以某种价值空壳作为名义，通过满足大众需要来控制他们。在暴力背景的基础上，"以高贵的理由来满足大众"，最终将暴力强制软化为绩效的施与，形成一种温和的控制，从而说服、教化人民对自身进行服从。在现代资本主义社会，随着以科学为代表的现代性对传统性的解构，政治价值内在的实质意义已经消失，价值作为一种体面的话语，越来越成为功利计算意义下

① 〔德〕罗伯特·米歇尔斯：《寡头统治铁律》，天津人民出版社，2003，第47~48页。
② 〔法〕孟德斯鸠：《论法的精神》（上册），商务印书馆，2005，第71~72页。

物性的遮羞布。在这个背景中，公民放弃了自身神圣的主体地位，开始用"规范的同意"来换取外在需要的满足。于是资本主义国家普遍通过恩惠性绩效的施与来诱导大众，以价值作为名义打通外在的控制与内在认同的说服。从这个意义上说，诱导式绩效联结了工具性价值和隐含性惩戒，是人为制造合法性过程中内外联结的关键枢纽。构建的认同之所以会呈现出外在现实性控制与内在规范性认同并存的矛盾形态，就在于绩效性满足的逻辑构建。一方面，绩效性满足利用强大的科学技术拓展了人类社会的功能，制造并满足了大众更深广意义上的需要，而对这种需要的满足，令大众产生了对政治统治的依赖；另一方面，绩效性满足通过建构一种交换性的模式，瓦解了公民心中崇高的价值，改变了公民进行政治评断的标准，使政治价值的标准日益具备量化和功利化的内涵。这样，合法性的虚构就完成了外在强制与内在认同的统一建设。

　　从统治的意义上看，惩戒的威力与教化的绩效密不可分。国家必须将惩戒转化成一种价值名义下的绩效，这就是诱导式绩效以工具性价值作为主观名义，实践现实中的隐含性强制的逻辑。在这种逻辑中，"工具性价值"的说服＝"隐含性强制"＋"诱导式绩效"，大众内心的规范认同不是来自大众自身的判断，而是来自资本主义国家以工具性价值为名义而隐藏的结构性强制。鼓励民众向金融资本家贷款，承受其剥削，是以"用明天的钱过今天的幸福生活"作为价值名义的。在这里，强制性的借贷控制关系转化为一种以"生活品质"为名义的工具性绩效。特朗普"减税以复兴工业"的政治主张，以"公平"的价值名义掩盖了资本主义剥削压迫的生产关系的事实。表面上看来，对中产阶级减税是有利于他们的，但是这种"减税"的政策带来的实际利益与资产阶级富可敌国的状态（占人口1%的资本家掌握了美国50%的社会财富）相比，不过是九牛一毛。减税以"公平"的价值名义，掩盖了背后的剥夺关系（事实上真正有效的政策是向富人大规模加税）。葛兰西指出诱导式绩效在政治治理过程中的这种联结功能："不能从国家不行'惩戒'、只与社会'危害'作斗争的观点出发。实际上，应该把国家看成一位'教育者'，因为他的目标完全在于创造一种新型的或者新水平的文明"，"国家同样是'合理化'、加速发展和泰勒化的工具。它有计划地工作，它敦促、激励、怂恿和'惩戒'，因为一旦我们创造出了使某种生活方式成为'可能'的条件，那么就必须让'犯罪行为和过失'接受带有某种道德意味的惩治，而不限于把它们作为一般的危害加以审判"。① 在这里，葛兰西进行了一种微妙的统治逻辑的分析。如果国家的治理通过绩效性的输出而为人们提供了某种行为的可能，那么这种可能就具有了价值名义下的某种合理性。因为这是权威构造的一种条件下的行为可能，所以对这种行为，就不能单纯以惩罚性的方式来处理，而必须以一种带有"道德"价值教化色彩的方式去处理。这个逻辑类似于孔子的"不教而杀谓之虐；不戒视成谓之暴，慢令致期谓之贼，犹之与人也，出纳之吝，谓之有司"。② 在孔子眼中，统治的绩效性施与是价值的教化和现实惩戒的连接点，即通过价值名义的教化令大众明确惩戒的边界，同时这种教化也赋予了现实惩戒以"正当"的理由和修辞。

在这种统治的逻辑之下，绩效性的施与将工具性的价值口号和现实惩戒这两种完全不同性质的构建材料结合了起来。资本主义社会的民主制度下，投票机制成为一种政治生活的常见活动。通过投票，选民或代表选择了自己中意的候选人代表他们的利益来对公共事务进行管理。然而，投票机制也造成了某些人或者政治集团依靠其巨大的财力拉帮结派、虚构选举结果的可能。对于这种从民主机制自身中生成的可能，法理就不能轻易将其上升为刑事惩罚。更多的，应该是通过一种社会的教育和对公民的道德教化来进行规制。在这个逻辑中，投票机制的绩效就以民主本身的"正义"为名义将对民主进行毁灭的行为进行了正当性论证，将财大气粗的财团们控制选举的行为合法化了。具体说来，如 2010 年美国的选举筹款法的裁决结果就符合这种法理逻辑。2010 年 1 月 21 日，美国最高法院对公民联盟诉联邦选举委员会案作出终审裁决。法院以保护公司和工会言论自由权利为由推翻了存在长达一个世纪之久的有关限制公司为选举捐款的选举筹款法。裁决认定，美国公司和工会可以无限制地使用自有资金进行和联邦选举相关的独立开支。"选区外社团"的选举开支创历史新高；判决使共和党受益，匿名捐款大幅增加；超级政治行动委员会方兴未艾。从此之后，选举受到财富力量影响的可能性将大大增加，但是这种法律的判决，也是基于上述法理之上的，具有逻辑自洽的合理性。所以，对于选举赞助经费的限制只能停留在道德的价值说服层次，不能轻易上升到刑法层次。国家必须在自身权威的设定中逻辑"自治"，既然民主机制造成了操纵选

---

① 〔意〕安东尼奥·葛兰西：《现代君主论》，世纪出版集团，2006，第 95~96 页。
② 杨伯峻译注：《论语译注》，中华书局，1980，第 210 页。

举的可能，那么民主的国家就不能把操纵选举的行为定性为刑事罪名，因为民主的价值本身就意味着对这种毁灭自身价值行为的"宽容"。貌似荒谬的逻辑反映着合法性构建的真实统治，那就是资本主义国家绩效性诱导中以价值话语作为工具对实质操控的隐藏机制。

三　绩效与惩戒的综合放大效果

诱导式绩效与隐含性惩戒不仅仅是一种互为条件的关系，当二者被同时运用时，还会产生一种权威的综合放大效果。这是管理学团队理论上"1+1>2"规律在政治学研究领域的一种相似效应。绩效性因素与惩戒性因素一旦同时运用，其威慑或说服的效果是巨大的，两种权威或一明一暗，或一表一里，或一主一辅，或一唱一和，经常能够互相补充、互相放大。

从行为动机上来看，绩效性因素构造服从的逻辑是："需要得到满足，理应服从"；而惩罚性因素则是："不服从带来惩罚。"当两种权威同时运用的时候，就会给行为人同时带来满足的幸福和不服从的恐惧。这两种感受貌似是矛盾冲突的，但正是这种矛盾冲突的感受更加有效地驱使人去服从，放大了权威。因为如果行为人选择了不去服从，那么这种满足的幸福就将失去，同时还将面临惩罚的风险和恐惧。反之，如果行为人选择了服从，那么不仅将获得满足的幸福，而且还规避了一种被惩罚的风险。这个时候，无论是从惩罚性权威的角度，还是从绩效性权威的角度，权威都被放大了。因为满足的幸福被惩罚风险的规避放大了，同理，惩罚的风险也因满足幸福的失去而被放大了。所以，当诱导式绩效与隐含性惩戒并存时，行为人选择服从的收益被放大了，同时行为人选择不服从的风险也被放大了，这样就更加有效地促进了行为人的服从。韩非子在《内储说上七术》中就明确地提出"必罚明威""信赏尽能"的赏罚并用的权威统治策略。他认为君主对于应当惩罚的人和事应该毫不留情，坚决推行法令的要求。因为"爱多者，则法不立；威寡者，则下侵上"，如果君主过于仁慈，法制就建立不起来；如果君主的威严不足，那么臣下就会威胁君上的统治。所以作为统治者必须要杀伐决断，才能够树立惩罚性的权威。同时，韩非还主张对于应当赏赐和赞誉的人或者事物，君主也应毫不吝惜地给予。因为"赏誉薄而谩者下不用，赏誉厚而信者下轻死"，赏赐和荣誉太轻又不容易兑现，那么臣下就不会为君主尽力；而赏赐和荣誉重而又守信用，臣子就会为君王卖命。① 这样恩威并用的权威，谁又敢不服从呢？战国时代的齐国即墨大夫的故事就证明了这一点。公元前370年，齐威王在治理国家的过程中，左右近臣总是诋毁即墨大夫、赞美阿城大夫。在国君的耳中，两个大夫的"群众评价"有天壤之别，为了弄清楚事情的真相，威王秘密派人在两地进行了调查。结果却与左右近臣们所说的正好相反，被捧上了天的阿城大夫实际上是个贪官，他搜刮人民，荒废政务，还贿赂朝中的内臣，所以国君左右的近臣都对他赞赏有加；而即墨大夫则恰恰相反，他努力工作，开垦良田，兢兢业业完成自己的使命，但因为没有给国君左右的近臣好处，所以没有受到他们的吹捧。

齐威王大有感慨，决心对这种情况进行整治，于是传令召见两位大夫。当面指明了阿城大夫的贪婪和狡诈，赞美了即墨大夫的诚恳和忠诚，并且当着满朝文武的面，重赏即墨大夫一万户的俸禄，同时烹死了阿城大夫以及收受贿赂的左右近臣。这种一赏一罚的恩威并用震惊了齐国朝野，满朝文武从此都知道法度的威严，大家再也不敢偷懒耍滑、投机取巧了，于是齐国内政大治，成为数一数二的强国。②

在现代社会的权威治理过程中，恩威并用的综合性权威策略运用也屡见不鲜。例如美国对于中东问题的恩威并用。从伊拉克战争到阿富汗战争，再到两次对利比亚动武。在长达30余年的角力过程中，美国运用了政治、经济、文化和军事等多方面的国家实力，对中东各国分化瓦解、各个击破、拉打结合、恩威并用，最终确立了美国在该地区的政治霸权，保住了石油这条经济发展的生命线。

2004年，在伊拉克战争胜利后，带着生擒萨达姆的胜利威严，当时的美国国务卿格罗斯曼前往中东地区，推销其所谓的"大中东民主计划"。这项计划几乎涵盖了所有的中东国家，它动员西方传统的八国盟友们与这些中东国家的改革派或者革命派建立长期的友好关系，并且规划了与中东各国长期的经济、文化、社会各个方面交流活动的战略步骤。这种"大棒后的胡萝卜"政策，就是美国和阿拉伯国家政治军事角力的第一个回合。在这第一回合中，显然效果不是那样明显。美国的"大中东民主计划"并没有在阿拉伯国家中产生多少美好的反响，相反，其得到的是阿拉伯各个

---

① 参见《韩非子》，山西古籍出版社，1999，第55~56页。
② 《资治通鉴》，中华书局，2007，第11页。

国家对该计划的联合抵制。就连美国在中东地区的传统盟友——埃及，也对这个计划反应冷淡。当年，这些阿拉伯国家不仅异口同声地对"大中东民主计划"说"不"，而且作为对"大中东民主计划"的抵制，他们还自觉编写了自身的经济、文化、社会发展纲要，进一步加强地区的经济社会一体化发展。但是，必须承认的是，从那时起，利比亚、叙利亚、伊朗等这些被"山姆大叔"冠以"邪恶"和"无赖"称号的中东反美"硬骨头"，在这种恩威并用的政治、军事攻势下，也不再像以前那样口号强硬，高调行事了。

虽然效果不足以令人满意，但是美国等西方国家并没有放弃他们的"大中东民主计划"，正如里根总统在推行对苏"和平演变"战略时候的坚持一样，美国人在中东问题上始终是愈挫愈奋，越战越勇，恩威并用的"大中东民主"战略从未偃旗息鼓。终于，2010年底至2011年初，在非洲西北角的小国突尼斯发生了政变。人民要求本·阿里总统下台的政治示威活动持续进行，并发展为骚乱和激烈冲突。本·阿里不得已而前往沙特阿拉伯寻求庇护。美国长达十余年的战略终于结出了"硕果"，突尼斯是第一个自发推翻统治政权，走向"民主"和"自由"的国家。由于茉莉花是突尼斯国花，这次政治更迭也被称为"茉莉花革命"。茉莉花革命在阿拉伯世界掀起了一连串的多米诺效应，北非的多数伊斯兰国家都受到影响。阿尔及利亚、利比亚、埃及、苏丹甚至叙利亚都爆发了反对当局的示威和游行等活动。从客观上说，"茉莉花革命"是这些国家长期以来政治腐化、分配不公等社会问题的总爆发。但不可否认的是，美国等西方国家长期以来的政治、文化和军事渗透，是这些地区政治变迁的重要外部原因。为了促进这个地区的"民主化"进程，美国等西方国家这时候又拿出了"胡萝卜加大棒"的恩威并用策略，在2011年，对利比亚进行了长达8个多月的军事干涉。以点带面，见微知著，美国等西方国家终于在北非实现了"民主化"的目标，将这些地区纳入霸权的版图之中。就连美国坚定的中东盟友——埃及前总统穆巴拉克也丧失了政权，在监狱中郁郁而终。目前，这场恩威并施的行动还没有结束，在叙利亚，"茉莉花革命"还在进行中。从美国等西方国家的中东战略和行动中，我们可以看到绩效性因素与惩戒性因素综合运用的强大效果。

结语 构建的认同

——科学时代量产的合法性

合法性问题与公民和共同体的德性密切相连。当公民与共同体的德性仍然保持其终极、完整的评断意义时，公民的个体性就容易通过统一的规范标准上升为公共性下的政治认同。在这种情况下，政治共同体的合法性的规范程度就是较高的。但是当公民与共同体的德性下降，这种"公意"的形成过程变得困难时，合法性中就不可避免地掺入了一些"非规范"的因素，欺骗意义下的同意变得不可避免，人为制造的政治合法性就产生了。这就是构建的认同的经典理论分析。

从现实来看，在科技、信息高度发展的晚期资本主义社会中，解构的浪潮让社会价值普遍破碎了。统一、终极的价值标准变成了局部、偏执的原子化评断。公民的个体性和公共性之间的平衡被打破了，对于个人自由的极端强调和群体性的丧失导致了原子化公民的诞生。他们个个精明强干，对个人私域的利益锱铢必较，按照自身的原子化价值对共同体的政治问题进行着评断。公民社会被解构了，科学技术进一步抹平了传统政治价值生长的经济基础和社会基础的差距，极大丰富的市场产品改变了社会的结构，为原子化公民的生存奠定了经济基础。物质领域无限的排列组合标榜了公民极端自由的自我生存状态，在这种生存状态中，公民就是莎士比亚笔下的"果壳之王"。他们有自己原子化的价值观念，标新立异而特立独行。群体性的生活状态一去不返，公民之间的价值融合变得极其困难，公共意义上的政治评判价值变成了一具空壳，传统的代议制民主也难以整合社会的同意。民粹主义、极端主义、种族主义、民族主义、邪教等光怪陆离的现象就是这种原子化社会的写照。极端的个性成为新时代的标志，公共性在社会层面面临着极大的挑战。政治冷漠、极端事件的长期、大面积存在，无不凸显着公共性的极度缺乏。

公共性的缺乏意味着政治合法性的下降和共同体的危机。为了弥补这种公共性的缺乏，资本主义国家人为构建的合法性就变得必要了。科学技术为晚期资本主义国家提供了强大的技术、信息等物质凭借，国家日益变成了超级强大的、具有无限面貌和功能的利维坦。在这种条件下，资本主义国家一方面标榜着"绝对的自由"，保持着对每一个公民权利的尊重；另一方面又运用先进的技术手段对全社会实施无形的合法性构建。在用自由、公平和正义等价值空壳包裹着绩效性的物质满足来诱导公民、用无形的技术手段提供着社会服务的同时，它也把这些服务变成一种潜在的惩戒和压制。新时代的赏、罚界限已经难以分明：无处不在的摄像头在打击犯罪的同时也在监控着整个社会，提高生活水平的次贷杠杆同时也绑架着全社会的中产阶级，等等。资本主义国家正变得无比狡诈而富于欺骗性，"无为而无不为"之下的政治统治一方面放任极度自由的原子化公民社会自行发展，另一方面又用无限多面的绩效性诱导着各个原子化的公民，使当局即便抛开已经开始失效的代议制民主仍然能够生产出公民对自身的同意。这种同意体现在信息海洋中貌似自由的个体对专家等权威的无意识认可中，体现在对立党派政治主张脱离实际的相互趋同中，体现在公民基于自身极端利益而对候选人承诺的跟从之中，体现在对资本主义国家提供的现代化物质生活回路的严重依赖中，体现在原子化公民对自身持有的种族主义、民族主义甚至纳粹主义等极端价值的自我陶醉中，如此种种不一而足。即便有大规模的公民不去投票，资本主义国家仍然能够通过社会意义上的以"非政治面貌"出现的合法性构建而取得公民对政治统治的认同。

需要指出的是，原子化的公民在构建的政治认同中仍然在进行着积极的规范评断，个体意义上的自由没有消失。"单向度的人"并没有产生，极端化的原子公民却产生了。他们像独立的恒星，每一个个体都是自由的领主。但是从社会整体看，公民个体性的极端膨胀却导致了公共性的极度缺乏。每个人都是不可侵犯的神圣个体，然而他们却找不到自身公民含义上的公共性和社会意义上的群体性。原子化的公民在各自的孤岛上零零散散地生活着，享受着自说自话的自由，却在公共领域进行着"理性的胡闹"（rational irrationality）。从这个意义上说，晚期资本主义国家政治合法性的构建，就是当局对原子化公民进行结构化的"各个击破"的过程。换用比喻的说法，有无尽面貌的利维坦挨门挨户地用公民们各自的极端利益和需要说服并收买着他们，从而在社会层面上收集而非汇集认同。构建的合法性不再是政治共同体终极意义上的不可分割的政治同意，在科学技主导的新时代，认同变成了可以计算、衡量和加总的数据。"每个公民都是国家"意义上的合法性正在衰退，公民个性化同意的简单累计代替了公民共同精神的凝聚。超验价值的完整性、终极性被解构了，公民社会不再是规范化价值的统一概括，而是变成了极端同意的数字加总。

这就是构建的认同的实质——终极价值的解构和极端多元化下公民和政治共同体德性的消失。

参考文献

一 政治合法性研究相关译著

1.《马克思恩格斯选集》第一至四卷，人民出版社，1995。

2.〔古希腊〕柏拉图:《理想国》，商务印书馆，1986。

3.〔古希腊〕柏拉图:《柏拉图全集》，人民出版社，2002。

4.〔古希腊〕亚里士多德:《政治学》，商务印书馆，1965。

5.〔古希腊〕亚里士多德:《尼各马可伦理学》，商务印书馆，2008。

6.〔古罗马〕西塞罗:《国家篇·法律篇》，商务印书馆，2002。

7.〔古罗马〕查士丁尼:《民法大全》，商务印书馆，2011。

8.〔古罗马〕奥古斯丁:《上帝之城》，人民出版社，2006。

9.〔意〕阿奎那:《神学大全》，第六册（论法律与恩宠）、第九册（论智慧与正义）、第十册（论正义的功能及其附德），中华道明会/碧岳学社联合出版。

10.〔英〕霍布斯:《利维坦》，商务印书馆，1997。

11.〔法〕卢梭:《社会契约论》，商务印书馆，2008。

12.〔法〕孟德斯鸠:《论法的精神》，商务印书馆，2005。

13.〔英〕洛克:《政府论》，商务印书馆，2011。

14.〔英〕阿克顿:《法国大革命讲稿》，贵州人民出版社，2004。

15.〔英〕阿克顿:《自由与权力》，商务印书馆，2001。

16.〔法〕托克维尔:《论美国的民主》，商务印书馆，2008。

17.〔法〕托克维尔:《旧制度与大革命》，商务印书馆，1996。

18.〔美〕汉密尔顿、杰伊、麦迪逊:《联邦党人文集》，商务印书馆，1980。

19.〔德〕康德:《纯粹理性批判》，商务印书馆，2004。

20.〔德〕康德:《实践理性批判》，商务印书馆，1999。

21.〔德〕康德:《法的形而上学原理——权利的科学》,商务印书馆,1991。

22.〔德〕康德:《道德形而上学基础》,中国社会科学出版社,2009。

23.〔德〕康德:《历史理性批判文集》,商务印书馆,1991。

24.〔德〕费希特:《自然法权基础》,商务印书馆,2004。

25.〔德〕费希特:《国家学说——或关于国家与理性王国的关系》,中国法制出版社,2010。

26.〔德〕黑格尔:《法哲学原理》,商务印书馆,2007。

27.〔荷〕斯宾诺莎:《神学政治论》,商务印书馆,1997。

28.〔荷〕斯宾诺莎:《伦理学》,商务印书馆,2007。

29.〔英〕边沁:《道德与立法原理导论》,商务印书馆,2006。

30.〔英〕边沁:《政府片论》,商务印书馆,1997。

31.〔英〕边沁:《论一般法律》,生活·读书·新知三联书店,2008。

32.〔英〕休谟:《人性论》,商务印书馆,2008。

33.〔英〕亚当·斯密:《国民财富的性质和原因的研究》,商务印书馆,1983。

34.〔英〕亚当·斯密:《道德情操论》,商务印书馆,1997。

35.〔英〕约翰·密尔:《论自由》,商务印书馆,2007。

36.〔英〕凯恩斯:《就业、利息和货币通论》,商务印书馆,1999。

37.〔英〕约翰·穆勒:《政治经济学原理》,商务印书馆,1991。

38.〔英〕霍布豪斯:《自由主义》,商务印书馆,1996。

39.〔英〕乔·柯尔:《费边社会主义》,商务印书馆,1984。

40.〔英〕安东尼·吉登斯:《第三条道路——社会民主主义的复兴》,北京大学出版社、生活·读书·新知三联书店,2000。

41.〔英〕哈耶克:《通往奴役之路》,中国社会科学出版社,1997。

42.〔英〕哈耶克:《致命的自负》,中国社会科学出版社,2000。

43.〔英〕哈耶克:《自由秩序原理》,生活·读书·新知三联书店,2003。

44.〔美〕米尔顿·弗里德曼:《资本主义与自由》,商务印书馆,2006。

45.〔德〕马克斯·韦伯:《经济与社会》,商务印书馆,2006。

46.〔德〕马克斯·韦伯:《新教伦理与资本主义精神》,广西师范大学出版社，2005。

47.〔德〕马克斯·韦伯：《儒教与道教》，江苏人民出版社，1997。

48.〔德〕马克斯·韦伯：《学术与政治》，生活·读书·新知三联书店，1998。

49.〔美〕T. 帕森斯：《现代社会的结构与过程》，光明日报出版社，1988。

50.〔美〕T. 帕森斯：《社会行动结构》，译林出版社，2003。

51.〔德〕卢曼：《权力》，世纪出版集团、上海人民出版社，2005。

52.〔德〕卢曼：《法律的社会学理论》，中国社会科学出版社，1999。

53.〔德〕卢曼：《社会的法律》，人民出版社，2009。

54.〔德〕卢曼：《社会的经济》，人民出版社，2008。

55.〔德〕卢曼：《信任：一个社会复杂性的简化机制》，世纪出版集团、上海人民出版社，2005。

56.〔美〕戴维·伊斯顿著，王浦劬译：《政治生活的系统分析》，华夏出版社，1999。

57.〔美〕加布里埃尔·A. 阿尔蒙德等：《比较政治学：体系、过程和政策》，上海译文出版社，1987。

58.〔美〕加布里埃尔·A. 阿尔蒙德、西德尼·维伯：《公民文化——五个国家的政治态度和民主制》，华夏出版社，1989。

59.〔美〕熊·彼得：《资本主义、社会主义和民主主义》，商务印书馆，1979。

60.〔意〕加埃塔诺·莫斯卡：《政治科学要义》，世纪出版集团、上海人民出版社，2005。

61.〔美〕米尔斯：《权力精英》，南京大学出版社，2004。

62.〔德〕罗伯特·米歇尔斯：《寡头统治铁律》，天津人民出版社，2003。

63.〔意〕葛兰西：《狱中札记》，人民出版社，1983。

64.〔意〕葛兰西：《现代君主论》，上海世纪出版集团，2006。

65.〔法〕阿尔都塞：《哲学与政治》，吉林人民出版社，2004。

66.〔法〕阿尔都塞：《保卫马克思》，商务印书馆，1984。

67.〔匈〕卢卡奇：《历史与阶级意识——关于马克思主义辩证法的研究》，商务印书馆，1996。

68. 〔匈〕卢卡奇：《理性的毁灭》，山东人民出版社，1988。

69. 〔德〕马克斯·霍克海默、西奥多·阿道尔诺：《启蒙辩证法——哲学断片》，世纪出版集团、上海人民出版社，2006。

70. 〔德〕马克斯·霍克海默：《批判理论》，重庆出版社，1989。

71. 〔德〕马克斯·霍克海默：《霍克海默集》，上海远东出版社，1997。

72. 〔美〕马尔库塞：《单向度的人》，上海世纪出版集团、上海译文出版社，2008。

73. 〔美〕马尔库塞：《理性和革命》，重庆出版社，1993。

74. 〔美〕德鲁克：《工业人的未来》，上海人民出版社，2002。

75. 〔德〕卡尔·曼海姆：《意识形态与乌托邦》，商务印书馆，2000。

76. 〔英〕汤姆森：《意识形态与现代文化》，江苏出版集团，2005。

77. 〔美〕约翰·罗尔斯：《正义论》，中国社会科学出版社，1988。

78. 〔美〕约翰·罗尔斯：《政治自由主义》，译林出版社，2000。

79. 〔美〕罗伯特·诺齐克：《无政府、国家与乌托邦》，中国社会科学出版社，1991。

80. 〔美〕罗伯特·A.达尔：《民主及其批评者》，吉林人民出版社，2006。

81. 〔美〕罗伯特·A.达尔：《论民主》，商务印书馆，1999。

82. 〔美〕罗伯特·A.达尔：《多元主义民主的困境》，求实出版社，1989。

83. 〔美〕乔·萨托利：《民主新论》，东方出版社，1998。

84. 〔德〕哈贝马斯：《合法化危机》，上海世纪出版集团、上海人民出版社，2009。

85. 〔德〕哈贝马斯：《在事实与规范之间——关于法律和民主法治国的商谈理论》，生活·读书·新知三联书店，2011。

86. 〔德〕哈贝马斯：《交往行动理论》，重庆出版社，1994。

87. 〔德〕哈贝马斯：《交往与社会进化》，重庆出版社，1989。

88. 〔德〕哈贝马斯：《包容他者》，上海人民出版社，2002。

89. 〔意〕尼可洛·马基雅维利：《君主论》，商务印书馆，2012。

90. 〔美〕哈罗德·D.拉斯韦尔：《政治学——谁得到什么？何时和如何得到？》，商务印书馆，2006。

91.〔法〕让·夸克:《合法性与政治》,中央编译出版社,2002。

92.〔美〕沃尔夫:《合法性的限度》,商务印书馆,2005。

93.〔法〕埃米尔·涂尔干:《社会分工论》,生活·读书·新知三联书店,2000。

94.〔法〕勒庞:《乌合之众》,中央编译出版社,2000。

95.〔法〕孔多塞:《人类精神进步史表纲要》,江苏教育出版社,2006。

96.〔美〕利普塞特:《政治人——政治的社会基础》,商务印书馆,1993。

97.〔美〕利普塞特:《一致与冲突》,上海人民出版社,1995。

98.〔美〕法思:《怎样展示权力》,台湾桂冠图书股份有限公司,1986。

99.〔英〕赫尔加·德拉蒙德:《奔向权力》,新华出版社,1994。

100.〔美〕普费弗:《用权之道》,新华出版社,1998。

101.〔美〕丹尼斯·朗:《权力论》,中国社会科学出版社,2001。

102.〔英〕罗素:《权力论》,东方出版社,1988。

103.〔美〕西奥多·W.阿道诺:《权力主义人格》,浙江教育出版社,2002。

104.〔德〕尼采:《查拉图斯特拉如是说》,生活·读书·新知三联书店,2007。

105.〔德〕尼采:《权力意志》,商务印书馆,2007。

106.〔奥〕弗洛伊德:《精神分析引论》,商务印书馆,1984。

107.〔奥〕弗洛伊德:《超越快乐的原则》,长春出版社,2004。

108.〔法〕贡斯当:《古代人的自由与现代人的自由》,商务印书馆,1999。

109.〔美〕道格拉斯·C.诺思:《制度、制度变迁与经济绩效》,生活·读书·新知三联书店,1994。

110.〔美〕道格拉斯·C.诺思:《经济史上的结构和变革》,商务印书馆,1999。

111.〔美〕塞缪尔·亨廷顿:《文明的冲突与世界秩序的重建》,新华出版社,2002。

112.〔美〕塞缪尔·亨廷顿:《变动社会中的政治秩序》,生活·读书·新知三联书店，1997。

113. 〔英〕戴维·赫尔德：《民主的模式》，中央编译出版社，1998。

114. 〔英〕戴维·赫尔德：《民主与全球秩序》，上海人民出版社，2003。

115. 〔美〕柯尔达：《权力的取得与应用》，台湾桂冠图书股份有限公司，1987。

116. 〔美〕约翰·P. 科特：《权力与影响力》，中国国际广播出版社，1992。

117. 〔美〕罗伯特·基欧汉、约瑟夫·奈：《权力与相互依赖》，北京大学出版社，2002。

118. 〔英〕罗素：《西方哲学史》，商务印书馆，1982。

119. 〔美〕施特劳斯、克罗波西主编《政治哲学史》，法律出版社，2009。

120. 〔美〕施特劳斯：《什么是政治哲学》，华夏出版社，2011。

121. 〔美〕施特劳斯：《自然权利与历史》，生活·读书·新知三联书店，2002。

122. 〔英〕克里斯·桑希尔：《德国政治哲学——法的形而上学》，人民出版社，2009。

123. 〔美〕萨拜因：《政治学说史》，商务印书馆，1986。

124. 〔美〕梯利：《西方哲学史》，商务印书馆，2000。

二 政治合法性研究相关中文文献

1. 王浦劬：《政治学基础》，北京大学出版社，1995。

2. 李景鹏：《权力政治学》，北京大学出版社，2008。

3. 燕继荣：《西方政治学名著导读》，中国人民大学出版社，2009。

4. 许耀桐：《政治学》，对外经济贸易大学出版社，2010。

5. 张康之、李传军：《行政伦理学教程》，中国人民大学出版社，2009。

6. 马宝成：《论政治权力的合法性基础》，北京大学博士学位论文。

7. 周光辉：《论公共权力的合法性》，吉林出版集团公司出版，2007。

8. 郭晓东：《重塑价值之维——西方政治合法性理论研究》，华东师范大学出版社，2007。

9. 岳天明:《政治合法性问题研究》,中国社会科学出版社,2006。

10. 彭拥军:《精英的合法性危机》,广西师范大学出版社,2011。

11. 王海洲:《合法性的争夺——政治记忆的多重刻写》,江苏人民出版社,2008。

12. 曹任何:《治理的兴起与政府合法性的重建》,吉林大学博士学位论文。

13. 崔雪峰:《当代中国政府权威论》,吉林大学博士学位论文。

14. 姜朝晖:《权力论:合法性合理性研究》,苏州大学博士学位论文。

15. 简军波:《权力与合法性:冷战后美国国际权力合法性困境研究》,复旦大学博士学位论文。

16. 刘勇:《重塑权威、重塑核心》,复旦大学博士学位论文。

17. 林松柏:《中国共产党执政权威问题研究》,山东大学博士学位论文。

18. 叶旺根:《中国共产党执政合法性资源研究》,华东师范大学博士学位论文。

19. 张贤明:《论政治责任》,吉林大学出版社,2000。

20. 刘文科:《权力运作中的政治修辞》,人民出版社,2010。

21. 孙季萍、冯勇:《中国传统官僚政治中的权力制约机制》,北京大学出版社,2010。

22. 张程:《泛权力透视中国历史上的权力法则》,浙江大学出版社,2010。

23. 刘诚龙:《暗权力历史上的那些官事儿》,重庆出版社,2010。

24. 吴钩:《隐权力中国历史弈局的幕后推力》,云南人民出版社,2010。

25. 黄光国、胡先缙等:《人情与面子》,中国人民大学出版社,2010。

26. 郭道晖:《社会权力与公民社会》,译林出版社,2009。

27. 胡训玉:《权力伦理的理念建构》,群众出版社,2010。

三 政治合法性研究相关英文文献

1. Talcott Parsons, *The Social System*, *Routledge*. Taylor & Francis Group, 1991.

2. Cohen, Ronald, *State Formation and Political Legitimacy*, New

Brunswick, U. S. A: Transaction Books, 1988.

3. Allen Buchanan, *Justice Legitimacy and Self-Determination*, Oxford University Press Inc, New York, 2004.

4. Allen Buchanan, *Political Legitimacy and Democracy*, Ethics 112.

5. Allen Buchanan, *Human Rights, Legitimacy, and the Use of Force*, Oxford University Press, 2009.

6. Payrow Shabani, *Democracy, Power, and Legitimacy: the Critical Theoryof Jurgen Habermas*, Toronto: U Toronto Press, 2003.

7. L. Pye, *The Legitimacy Crisis*, Princeton University Press, 1971.

8. Carl Schmitt, Jeffrey Seitzer, *Legality and Legitimacy*, Duke University Press, 2004.

9. Carl Schmitt, *Constitutional Theory*, Duke University Press, 2008.

10. Bruce Gilley, *The Right to Rule: How States Win and Lose Legitimacy*, Columbia University Press, 2009.

11. Bruce Gilley, *States and Legitimacy: The Politics of Moral Authority*, Princeton University, 2007.

12. A John Simmons, *Justification and Legitimacy*, Cambridge University Press, 2001.

13. Pierre Rosanvallon, *Democratic Legitimacy: Impartiality*, Reflexivity, Proximity, Princeton University Press, 2011.

14. Rodney Barker, *Political Legitimacy and the State*, Clarendon Press, 1990.

15. Kenneth Ewart Boulding, *The Role of Legitimacy in the Dynamics of Society*, Pennsylvania State University. College of Business Administration. Center for Research, 1967.

16. Achim Hurrelmann, Steffen Schneider, Jens Steffek, Legitimacy in an Age of Global Politics, *Palgrave Macmillan*, 2007.

17. Cecilia Garme, *Newcomers to Power*, Uppsala University, 2001.

18. John H. Schaar, *Legitimacy in the Modern State*, New Brunswick, New Jersey, 1981.

19. Frederick M. Barnard, *Democratic Legitimacy: Plural Values and Political Power*, McGill-Queen's Press, 2001.

20. Fabienne Peter, *Democratic Legitimacy*, Routledge, 2009.

21. Jean-Marc Coicaud, David Ames Curtis, *Legitimacy and Politics*, Cambridge University Press, 2002.

22. Roger B. Porter, *Efficiency*, *Equity*, *and Legitimacy*, Brookings Institution Press, 2001.

23. Athanasios Moulakis, *Legitimacy*, *Walter de Gruyter*, 1986.

24. Wojciech Sadurski, *Equality and Legitimacy*, Oxford University Press, 2008.

25. Isabel Alfonso, Isabel Alfonso Anton, Hugh N. Kennedy, Julio Escalona, Building legitimacy, Koninklijke Brill NV, Leiden, The Netherlands, 2004.

26. J. James David Armstrong, Theo Farrell, Bice Maiguashca, *Force and Legitimacy in World Politics*, Cambridge University Press, 2005.

27. Chiyuki Aoi, *Legitimacy and the Use of Armed Force*, Taylor & Francis, 2010.

28. Frank Burton, *The Politics of Legitimacy*: *Struggles in a Belfast Community*, Taylor & Francis, 1978.

29. Rudolph C. Barnes, *Military Legitimacy*: *Might and Right in the New Millennium*, Routledge, 1996.

30. Martin Conway, Peter Romijn, *The War for Legitimacy in Politics and Culture*, 1938–1948, Berg, 2008.

31. Italo Pardo, *Morals of Legitimacy*: *Between Agency and System*, Berghahn Books, 2000.

32. Michael Saward, *Co-optive Politics and State Legitimacy*, Dartmouth, 1992.

33. William Donald Coleman, *Unsettled Legitimacy*: *Political Community*, *Power*, and Authority in a Global Era, UBC Press, 2009.

34. Mlada Bukovansky, *Legitimacy and Power Politics*, Princeton University Press, 2009.

35. Steffen Mau, Benjamin Veghte Social Justice, *Legitimacy and the Welfare State*, Ashgate Publishing, 2007.

36. J. Michael Williams, *Chieftaincy*, *the State*, *and Democracy*, Indiana University Press, 2010.

37. Kenneth Prewitt, *The Legitimacy of Philanthropic Foundations*, Russell Sage Foundation, 2006.

38. Hans Blumenberg, *The Legitimacy of the Modern Age*, The MIT Press, 1985.

39. Italo Pardo, Giuliana B. Prato, *Citizenship and the Legitimacy of Governance*, Ashgate Publishing, 2011.

40. Antonio L. Rappa, *Globalization: Power, Authority, and Legitimacy in Late Modernity*, Institute of Southeast Asian, 2011.

41. Michel Rosenfeld, *Constitutionalism, Identity, Difference, and Legitimac*, Duke University Press, 1994.

42. F. M. Barnard, *Pluralism, Socialism, and Political Legitimacy*, Cambridge University Press, 2008.

43. Christopher Gelpi, *The Power of Legitimacy: Assessing the Role of Norms in Crisis Bargaining*, Princeton University Press, 2003.

44. Aiji Tanaka, *Legitimacy in a Maturing Democracy*, Ohio State University, 1985.

45. D Ramona Bobocel, Aaron C Kay, Mark P Zanna, *The Psychology of Justice and Legitimacy*, Taylor & Francis, 2009.

46. Mattéi Dogan, *Comparing Pluralist Democracies: Strains on Legitimacy*, *Westview Press*, 1988.

47. Tony Prosser, *The Regulatory Enterprise: Government, Regulation, and Legitimacy*, Oxford University Press, 2010.

48. Dag Anckar, Hannu Nurmi, Matti Wiberg, *Rationality and legitimacy: Essays on Political Theory*, Finnish Political Science Association, 1988.

49. Darrow Schecter, *Beyond Hegemony: Towards a New Philosophy of Political Legitimacy*, Manchester University Press, 2005.

50. Susan Brown, *Leadership and Legitimacy*, African Minds, 2007.

51. Milena Michalski, James Gow, War, *Image and Legitmacy: Viewing Contemporary Conflict*, Routledge, 2007.

52. Matthew S. Weinert, *Democratic Sovereignty: Authority, Legitimacy, and State in a Globalizing Age*, Taylor & Francis, 2007.

53. Vatro Murvar, *Theory of Liberty, Legitimacy, and Power*, Routledge &

Kegan Paul，1985.

54. James S. Fishkin，*Tyranny and Legitimacy*：*A Critique of Political Theories*，Johns Hopkins University Press，1979.

55. Joseph Berger，Morris Zelditch，Jr.，*Status*，*Power*，*and Legitimacy*：Strategies & Theories，Transaction Publishers，1998.

四　法哲学相关背景文献

1. 〔美〕E. 博登海默著，邓正来译：《法理学、法律哲学与法律方法》，中国政法大学出版社，2004。

2. 〔德〕考夫曼、哈斯默尔主编《当代法哲学和法律理论导论》，法律出版社，2002。

3. 〔奥〕凯尔森：《法与国家的一般理论》，中国大百科全书出版社，2003。

4. 〔德〕拉伦兹：《法学方法论》，五南图书出版公司（台湾），1996。

5. 〔美〕波斯纳：《法理学问题》，中国政法大学出版社，2001。

6. 〔英〕哈特：《法律的概念》，中国大百科全书出版社，2011。

7. 〔英〕哈特：《惩罚与责任》，华夏出版社，1989。

8. 〔美〕德沃金：《认真对待权利》，中国大百科全书出版社，1998。

9. 〔日〕谷口安平：《程序的正义与诉讼》，中国政法大学出版社，1996。

10. 〔英〕梅因：《古代法》，商务印书馆，1959。

11. 〔日〕川岛武宜：《现代化与法》，中国政法大学出版社，1994。

12. 〔德〕迈耶：《德国行政法》，商务印书馆，2002。

13. 〔日〕大木雅夫：《比较法》，法律出版社，1999。

14. 〔美〕庞德：《通过法律的社会控制——法律的任务》，商务印书馆，1984。

15. 〔美〕贝勒斯：《法律的原则》，中国大百科全书出版社，1996。

16. 〔英〕米尔恩：《人的权利与人的多样性——人权哲学》，中国大百科全书出版社，1995。

17. 〔美〕L. 亨金：《权利的时代》，知识出版社，1997。

18. 〔美〕麦金太尔：《谁之正义？何种合理性？》，当代中国出版社，1996。

19.〔美〕科斯:《企业、市场和法律》,上海三联书店,1990。

20.〔美〕波斯纳:《法律的经济分析》,中国大百科全书出版社,1997。

21.〔美〕伯尔曼:《法律与宗教》,三联书店,1991。

22.〔美〕庞德:《法律史解释》,中国法制出版社,2002。

23.〔英〕科特威尔:《法律社会学导论》,华夏出版社,1989。

24. 张旭:《国际刑法——现状与展望》,清华大学出版社,2005。

25. 马克昌:《犯罪通论》,武汉大学出版社,2005。

26. 高明暄主编《刑法专论》,高等教育出版社,2002。

27. 张明楷:《刑法分则的解释原理》,中国人民大学出版社,2004。

28. 陈兴良:《当代中国刑法新境遇》,中国政法大学出版社,2002。

29. 芮沐:《民法法律行为理论之全部》,中国政法大学出版社,2003。

五 其他相关文献

1.〔美〕艾伦·C. 艾萨克:《政治学:范围与方法》,浙江人民出版社,1987。

2.〔德〕柏伊姆:《当代政治理论》,商务印书馆,1990。

3.〔法〕米歇尔·克罗齐埃:《被封锁的社会》,商务印书馆。

4.〔美〕托马斯·库恩:《科学革命的结构》,北京大学出版社,2003。

5.〔美〕彼得·布劳:《社会生活中的交换与权力》,华夏出版社,1988。

6.〔英〕迈克尔·曼:《社会权力的来源》,上海人民出版社,2002。

7.〔英〕维尔:《宪政与分权》,三联书店,1997。

8.〔英〕格雷厄姆·沃拉斯:《政治中的人性》,商务出版社,1995。

9.〔美〕亚伯拉罕·马斯洛:《动机与人格 = Motivation and personality Abraham Maslow》,中国人民大学出版社,2007。

10.〔美〕乔恩·埃尔斯特:《政治心理学 = Political psychology Jon Elster》,吉林出版集团有限责任公司,2010。

11.〔美〕斯通(Stone, W. F.):《政治心理学》,黑龙江人民出版社,1987。

12. 梁钧平:《企业组织中的"圈子文化":关于组织文化的一种假

说》，2000。

13. 梁钧平、俞达：《对领导者-成员交换理论（LMX）的重新检验：一个新的理论模型》，2000。

14. 梁钧平：《文化对领导者-成员交换关系和组织结果变量的影响》，1998。

15. 于鲲：《从权力视点看领导者-成员交换关系》，北京大学管理学硕士学位论文。

16. 王雪松：《大众传媒的交换与权力——以香港报业为例》，北京大学管理学硕士学位论文。

17. 蔡配红：《领导者个人能力在领导者成员交换关系中的作用》，北京大学管理学硕士学位论文。

18. 吴晓燕：《集市政治交换中的权力与整合——川东圆通场的个案研究》，中国社会科学出版社，2008。

19. 阎云翔：《礼物的流动，一个中国村庄中的互惠原则与社会网络》，上海市人民出版社，2000。

20. 马起华：《政治行为社会心理学》，台湾商务印书馆，1969。

21. 何颖：《行政学》，黑龙江人民出版社，1998。

22. 张康之：《行政伦理学教程》，中国人民大学出版社，2003。

23. 张康之：《寻找公共行政的伦理视角》，中国人民大学出版社，2003。

24. 张康之：《超越官僚制：行政改革的方向》，《求索》2001/1。

25. 张康之：《行政人员的道德意识与行政人格的生成》，《云南行政学院学报》1999 年第 2 期。

26. 张康之、杨艳：《论行政人格历史类型》，《江海学刊》2004 年第 6 期。

27. 彭和平：《国外公共行政理论精选》，中共中央党校出版社，1997。

28. 罗豪才：《行政法学》，中国政法大学出版社，1999。

29. 王伟：《行政伦理概述》，人民出版社，2001。

图书在版编目（CIP）数据

构建的认同：政治合法性的"祛魅"分析／赵滕著
. -- 北京：社会科学文献出版社，2017.11
　　ISBN 978-7-5201-1573-5

　　Ⅰ.①构…　Ⅱ.①赵…　Ⅲ.①政治社会学-研究-中
国　Ⅳ.①D6

　　中国版本图书馆 CIP 数据核字（2017）第 250350 号

构建的认同

——政治合法性的"祛魅"分析

著　　者／赵　滕

出 版 人／谢寿光
项目统筹／周　琼
责任编辑／钱越洋　周　琼

出　　版／社会科学文献出版社·社会政法分社（010）59367156
　　　　　地址：北京市北三环中路甲 29 号院华龙大厦　邮编：100029
　　　　　网址：www.ssap.com.cn
发　　行／市场营销中心（010）59367081　59367018
印　　装／三河市尚艺印装有限公司

规　　格／开　本：787mm×1092mm　1/16
　　　　　印　张：17　字　数：285 千字
版　　次／2017 年 11 月第 1 版　2017 年 11 月第 1 次印刷
书　　号／ISBN 978-7-5201-1573-5
定　　价／69.00 元